总体国家安全观视域下
信息安全的刑法保护

武珊珊 著

哈尔滨工程大学出版社
Harbin Engineering University Press

内容简介

总体国家安全观是以习近平同志为核心的党中央对国家安全理论和实践的重大创新，是新形势下指导国家安全工作的强大思想武器，将信息安全上升到国家安全的高度。信息安全关乎政治安全、军事安全、经济安全、科技安全和文化安全等国家安全的各个要素，是一个综合的、系统的、宏观的、动态的概念。信息安全的保护体系是一个由技术保障、管理保障和法律保障共同构建的，同时发挥人、技术、管理等要素作用的，多层次的复合体系。当信息主体的信息权利和信息资产受到严重威胁和侵害时，刑法应当成为强有力的救济途径，信息安全的刑法保护具有必要性，也具有可行性。本书围绕着信息安全涉及的核心范畴，从信息系统安全的刑法保护、特定信息保密性的刑法保护及信息内容安全的刑法保护三大方面展开研究，归纳主要的立法缺陷与司法困境，通过适当的域外借鉴，提供相关罪名立法修改及司法完善的思路。

图书在版编目（CIP）数据

总体国家安全观视域下信息安全的刑法保护／武珊珊著. — 哈尔滨：哈尔滨工程大学出版社，2020.12
ISBN 978 - 7 - 5661 - 2881 - 2

Ⅰ．①总… Ⅱ．①武… Ⅲ．①互联网络 – 计算机犯罪 – 研究 – 中国 Ⅳ．①D924.364

中国版本图书馆 CIP 数据核字（2020）第 269265 号

总体国家安全观视域下信息安全的刑法保护
ZONGTI GUOJIA ANQUANGUAN SHIYU XIA XINXI ANQUAN DE XINGFA BAOHU

出版发行	哈尔滨工程大学出版社
社　　址	哈尔滨市南岗区南通大街 145 号
邮政编码	150001
发行电话	0451 - 82519328
传　　真	0451 - 82519699
经　　销	新华书店
印　　刷	北京中石油彩色印刷有限责任公司
开　　本	787 mm × 1 092 mm　1/16
印　　张	13.25
字　　数	248 千字
版　　次	2020 年 12 月第 1 版
印　　次	2020 年 12 月第 1 次印刷
定　　价	49.80 元

http://www.hrbeupress.com
E-mail:heupress@ hrbeu.edu.cn

前　　言

2014年4月15日上午,习近平总书记在主持召开中央国家安全委员会第一次会议时提出,坚持总体国家安全观,走出一条中国特色国家安全道路,既重视传统安全,又重视非传统安全,构建集政治安全、国土安全、军事安全、经济安全、文化安全、社会安全、科技安全、信息安全、生态安全、资源安全、核安全等于一体的国家安全体系。国家安全体系之下的"信息安全"关乎国家安全的各个要素,对政治安全、军事安全、经济安全、科技安全和文化安全等都发挥着重要的作用,是综合的、系统的、宏观的、动态的概念。在当前大数据时代、信息化社会的背景下,信息安全向国家安全其他领域的渗透作用越来越凸显,已成为国家安全最突出、最核心的问题。没有信息安全,国家安全无从谈起。现代意义上的信息安全,已然是一个纷繁复杂的格局,它并非一个空洞、抽象的概念,而是具体地存在于由生产者发布到被传播,再到被他人采集、存储、分析、处理并加以利用的全链条当中。对于刑法学的研究而言,我们必须清晰认识到信息已经逐渐从过去计算机犯罪中的次要客体向主要客体演进,其危害对象已经脱离计算机的虚拟世界和计算机的运行状态,转而向现实的法益靠拢。信息安全威胁的既可能是个人法益,也可能是商业主体的相关权益,还可能上升到社会秩序、国家法益的层面。

虽然我国刑法在信息安全问题上取得了一定的成就,无论是在信息系统安全方面,还是在信息保密性方面,抑或在信息内容安全方面都有相关罪名予以保障。但是随着大数据时代的来临,过去基于传统工业社会的刑法保护体系也逐渐显露出了诸多漏洞与不足,在当前信息安全刑法保护体系中,法益保护不周全、行为规制存在漏洞、入罪情节认定模糊、处罚力度不足、处罚方式单一等问题突出。我们应围绕着信息安全涉及的核心范畴,对计算机安全操作系统的侵入,网络安全协议的破坏,信息数据的侵害,反动信息、虚假信息、低俗信息的泛滥,国家秘密、军事秘密、商业秘密、个人信息泄露等问题及其刑法规制进行深入研究,并适当借鉴美、英、德、法、日、俄等国家多年在信息化社会的建设进程中积累的经验,着力使复杂多样的信息安全问题在各个领域、各个层面清晰展开,以期对刑法的修改与完善提出参考性的意见和建议。

本书为中央高校基本科研业务费专项资金项目"大数据时代公民个人信息风险及其刑法应对"(2572020BN04)及黑龙江省教育科学规划课题"新形势下法学本科教育与法律职业良性互动模式研究"(GBD1317008)的阶段性研究成果。

目　　录

第一章　信息概述

第一节　信息的概念与分类

一、信息的概念

　　"信息"一词在英文、法文、德文、西班牙文中均是"information",其源于拉丁文的"informatio",意思为"传递消息";日文中为"情报";我国台湾地区称之为"资讯"。《现代汉语词典》将其解释为"音信、消息"。作为科学术语,信息一词最早出现在哈特莱(R. V. L. Hartley)于 1928 年所撰写的《信息传输》一文中。20 世纪 40 年代,信息论的奠基人香农(C. E. Shannon)对信息的含义进行了较为明确的界定,此后许多研究者从各自的研究领域出发,给出了不同的定义。

　　何为信息? 这是一个看似简单但实则抽象的问题。尤其到了 20 世纪 80 年代,人类进入信息社会以后,随着信息技术的飞跃以及人类思维的发展,特别是信息论的研究范围从狭义拓展到广义,信息论的实践应用从自然科学扩展到社会科学,信息的概念有了许多经典论述,经过研究者们不断思考和完善,信息被赋予了越来越丰富的内容。1948 年,美国数学家、信息论的创始人香农在题为《通信的数学理论》(A Mathematical Theory of Communication)的论文中指出:"信息是用来消除随机不定性的东西,它是两个不确定性之差,是信宿对信源的统计不确定性的消除或者减少的量度。"香农从通信的角度出发,揭示了信息作为通信内容的独立地位,将信息从载体和形式的研究中独立出来,为信息的进一步研究奠定了基础。美国著名应用数学家、控制论的创始人诺伯特·维纳(Norbert Wiener)则认为:"信息就是信息,既不是物质,也不是能量。信息是我们在适应外部世界,并使这种适应反作用于外部世界的过程中,同外部世界进行互相交换的内容和名称。"这一概念提供了关于信息的另一种思维方式,明确了信息的地位和价值,推进了信息的客观化(即相比于主体对于信息认识的隐藏性和难以传递性,客观化的信息更能准确表达和迅速传播),从而有利于发挥信息的价值和作用。"全信息理论"的提出者钟义信教授在《信息科学原理》中则提出了这样的经典论述:"信息是被反映的物质属性。认识论层次上所指的信息是主体所感知或表述的事物存在的方式和运动状态。主体所感知的是外部世界向主体输入的信息,主体所表述的则是主体向外部世界输出的信息。在本体论层次上,信息的存在不以主体的存在为前提,即使根本不存在主体,信息也仍然存在。在认识论层次上则不同,没有主体,就不能认识信息,也就没有认识论层次上的信息。"这是一种同时考虑事物运动状态及其变化方式的形式、含义和效用的认识论层次信息。

当代信息的概念已经广泛地渗透到许多科学中,包括人文科学、社会科学、自然科学和一部分工程科学。而每一门科学基于自身的要求和不同的目的,对于信息会有不同的认识和观点。在自然科学家眼中,信息是以物质能量在时空中某一不均匀分布的整体形式所表达的物质运动状态和关于运动状态反映的属性,人通过获得、识别自然界和社会的不同信息来区别不同事物,进而认识和改造世界。信息是自然界的组成部分,它与物质和能量一起构成了我们的世界,在一切通信和控制系统中,信息是一种普遍联系的形式,生命进化、社会发展,乃至基因变异,全都在信息的作用下完成。信息对于系统的运行效益具有决定作用,因而成为系统秩序的标志。

而站在社会科学的角度,哲学层面对信息的界定是最为基础的,哲学意义上的信息是指对于物质运动状态的描述,是一定载体上显示出来的他物的运动和变化的属性。虽然在信息社会中,信息的收集、开发、利用变得越来越普遍,社会政治、经济、军事决策对信息也越来越依赖,但是各国对于法律意义上信息的定位却始终处于比较模糊的状态。直到 20 世纪 90 年代,信息技术高速发展,计算机、因特网等逐渐遍布世界的每个角落,信息才开始作为独立的概念成为法学研究的重点之一。时至今日,绝大多数国家都已经制定了与信息相关的法律法规,且直接阐明了信息的概念。

法律意义上的信息并不等同于自然科学意义上的信息或者哲学意义上的信息。本书以哲学和自然科学意义上的信息概念为基础,借鉴域外法中的信息概念,再结合我国现阶段的相关立法以及法学研究现状,将法律意义上的信息界定为能为人所感知和支配的、对人类具有一定意义的、反映事物属性及动态的消息、情报、指令、数据和信号等及其所包含的内容。因此,作为法律概念的信息应当具有以下几个方面特征。

第一,法律意义上的信息是一种对事物属性及动态的描述和表达。信息是社会发展过程中人们对生产和生活的各个领域、各个层次所产生和使用的各种事物属性的反映的集合。其通过表现或描述事物内部属性、状态、结构、相互联系及与外部环境的互动关系,从而减少事物的不确定性。信息并非物质,不能直接产生现实的效用,只能影响人们的观念和行为,从而对现实发生作用。

第二,法律意义上的信息必须与人相关联。从法律干涉的角度来看,法律所处理的总是人与人之间的关系和人与事物之间的关系,如果某个信息不与人发生任何关联,则该信息无法成为法律所调控的对象。处于混沌状态下的信息不具有法律上的意义,只有与人发生关联的信息,即人们能够通过嗅觉、听觉、味觉、触觉、视觉等予以获取、接收并进行加工、表达、交流、管理、评价的,才属于法律意义上的信息。

第三,法律意义上的信息必须具有意义,即信息必须具有一定的效用,能够满足人们的某种需求,其意义、价值和效用才使得它应当在法律上受到保护或关注,没有任何利用价值的信息不是法律上的信息。至于信息的意义究竟如何,则因需求或接收主体的不同而不同。信息的意义可以体现为经济方面,如作为交易对象而存在,成为财产构成的重要内容;也可以体现为精神方面,如个人信息关乎信息主体的精神价值,体现其人格尊严和隐私权益等。虽然对于每一种具体信息而言,意义的大小、种类有所不同,但必须对人具有意义。

二、信息的分类

信息是对客观世界的反映,由于客观世界五光十色,信息的外延也十分广泛,因此我们可以基于多种标准将其分门别类。如从信息与人类认识的关联角度,可将信息分为文化信息和自然信息;按信息的社会属性可分为政务信息、军事信息、科技信息、经济信息、市场信息、法律信息等;按研究方法不同可分为定量信息与定性信息;按信息的处理、加工程度可分为一次信息(未经加工或略加工的原始信息,如会议记录、论文、专著、统计报表等)、二次信息(在原始信息基础上加工整理而成,如文摘、目录、索引等)、三次信息(根据二次信息提供的线索查找、使用一次信息和其他材料,并对其进行概括、整合后的信息,如研究报告、综述等）；按价值观念可分为有用信息、无用信息、有害信息、无害信息等。对于信息安全的刑法保护研究而言，更有价值的是以下几种分类：

（一）按信息是否涉及专属权利分类

按信息是否涉及专属的权利可分为专属信息和公共信息。专属信息和公共信息的分类取决于信息与特定主体之间是否具有某种支配或控制关系。

1. 专属信息

"专属"强调的是信息与特定主体之间的归属、持有的事实或法律关系。信息与主体之间的归属关系可以基于对信息的事实控制，如商业秘密信息的控制人对商业秘密的控制；也可以基于信息来源的专有性，如特定主体的人身信息；或者基于法律规定的信息专有性，如法律赋予的商标权和专利权等。实际上，专属信息就是指信息上附着主体的权利，无论是何种权利，只要主体通过运用此种权利实现其对信息存储或传播的某种限制，则该信息与主体之间就存在归属关系。专属信息是法律调整的主要对象，主体对信息的控制及保护是法律规定的主要内容，而信息侵权行为及许多侵害信息安全的犯罪行为都表现为侵犯专属信息支配和归属性的行为。专属信息的主体包括自然人、法人和非法人组织、国家三类，自然人是信息主体最基本的样态，是享有信息权利、承担信息义务的基本单位，任何信息活动都离不开自然人的参与。法人具有法律拟制的人格，能够以自己的名义享有权利、承担义务，是被法律赋予了独立意志和人格的社会组织，当然可以参与信息活动，控制和管理信息。非法人组织虽然不具备法人的实质条件，但依然应当肯定非法人组织占有和控制信息的能力，虽然不具有独立人格性，但并不妨碍其享有信息权利。国家也是重要的信息专属主体，一些信息活动必须由国家参与，国家可以高效地收集、储存和管理信息，部分信息甚至只能由国家掌握和管理，如国家秘密、情报，军事秘密、情报等。专属信息的持有者出于保持竞争优势或者其他目的的考虑，对信息予以保密，只要未侵害国家和公众利益，法律应当予以认可和保护。

2. 公共信息

与专属信息相反，公共信息是指其获取和利用无须经过任何人许可的信息，它不具有专属于某个个人、组织甚至国家的特性，任何人都可以公开地收集和利用。无论是报纸上的新闻，还是国家机关公布的文件，或是民间流传的所谓"小道消息"，都可以是公共信息。公共信息的本质属性就是可以自由地利用和传播，没有任何使用范围的限制，不允许个体对其提出权利方面的要求。公共信息是重要的社会资源，也是当今社会发展的重要动力之一，由于公共信息上并不附着主体的权利，因此法律并不单独保护公共信息，一般情况下公共信息无法进入法律的视野。但公共信息也存在限制，不能对他人权益和社会利益造成侵害，例如，公共信息不得侮辱和诽谤他人，不得散布淫秽或非法信息诱导他人或造成不良影响，如果违背了这一要求，法律的介入就成为必要了。公共信息的种类繁多，只要信息的收集、使用不需要经过他人许可的，就属于公共信息。但诸如知识产权信息、个人人身性信息、独有信息、国家秘密及军事秘密、非公开政务信息等与某些主体具有专属关系的信息则不能视为公共信息。

（二）按信息传播的规则分类

按信息传播的规则可分为自由传播的信息、相关人同意而提供的信息、国家法律规定应当提供或传播的信息和国家法律禁止或限制传播的信息。

1. 自由传播的信息

自由传播的信息指信息可以任意地进行传播，无须经过他人或权利人的批准和许可。公共信息是典型的自由传播的信息，其传播无须经过任何人的许可。但自由传播的信息不限于公共信息，还包括专属信息中信息权利主体不享有或放弃信息传播权的信息。专属信息中，信息主体享有的权利种类很多，有的独占信息，不允许他人获取，更不允许进行传播，如商业秘密信息；有的允许他人传播信息，但不得作为商业用途，或者不得篡改信息内容。只要信息主体允许他人自由传播信息，则该信息就属于自由传播的信息。信息可以自由传播，并不意味着信息主体对传播行为没有任何的限制，信息主体虽然允许他人传播信息，但往往不允许他人以传播来获取利益，或不允许他人对信息的内容进行修改，但总体而言，这些信息依然具有自由传播性。自由传播的信息又可以称为共享信息，任何人可以自由地获取和传播该信息，因此不存在以传播方式侵犯该种信息权利的情况，法律保护的往往只是该信息的销售权或者其他权利。

2. 相关人同意而提供的信息

相关人同意而提供的信息指该种信息的获取或传播必须经过相关人的同意,即经过权利人许可。该种信息又可分为两种类型,第一类是必须经过权利人的许可方可获取的信息,如商业秘密信息,他人对于商业秘密信息的获取必须经过权利人的许可同意,否则就侵犯了他人的商业秘密,构成侵权,情节严重的还可能构成刑事犯罪。第二类是必须经过权利人的许可方可传播的信息,典型的为著作权信息,他人可以免费获取或付费获取,但信息的接收者不能随意传播,其复制、出版、发行、传播必须经过著作权人的许可,否则就是侵权。相关人同意而提供的信息包含许多具体类型,如个人身份信息、非公开政务信息等,这些信息都具有较强的专属属性,权利人并不希望此类信息被肆意地扩大化使用,而是希望通过信息的许可获取或传播来保障或获得利益。因此,行为人在获取或传播此类信息时是否经过权利人的同意是法律关注的要点。

3. 国家法律规定应当提供或传播的信息

国家法律规定应当提供或传播的信息强调的是信息的传播性,对于这类信息,如果不依法提供或者传播,则侵犯了他人的知情权。信息的知情权也是一项至关重要的权利。有些信息产生之时就应该被迅速地公之于众或汇报给特定的机构,公众和特定机构对于这些信息享有天然的获取权。侵犯这种知情权、获取权的行为也会受到法律制裁。如我国刑法规定了不报、谎报安全事故罪,规定了在安全事故发生后,负有报告职责的人员不报或者谎报事故情况,贻误事故抢救,情节严重的将面临刑事制裁。一般而言,国家法律规定应当提供或传播的信息具有重大的影响,对社会公众和特定机构、个人做出判断具有重大意义,因此应当被他人知晓。例如,产品质量问题的说明、重大事故的报告、企业的经营状况和财务报告等。这些信息的公开具有巨大的社会价值,如果拒不公布或者篡改欺瞒的,应当承担法律责任。国家法律规定应当提供或传播的信息中还包括虽不向公众公布,但应当满足具体对象知情权的信息,如公民自己保管在公共机构中的信息,当公民提出查询要求时,公共机构应当告知。

4. 国家法律禁止或限制传播的信息

该分类是考虑到传播该信息可能带来的社会危害,如内容反动的信息、垃圾信息、淫秽信息等。这类信息的传播会导致社会信息交流不畅,或使公众的正常生活受到影响,抑或有损社会风气等,因而国家通过立法形式对其予以否定性或部分否定性评价,不允许随意加以扩散传播。

(三)按信息的功能分类

按信息的功能可分为功能性信息和产品性信息。

1.功能性信息

功能性信息指用来传递某种事实的信息,在市场交易中,这些信息的用途主要是促进交易或服务于交易的需要。在大数据时代,功能性信息呈现出电子化和数字化趋势,以电子文档、电子指令的形式出现,代替传统的书面信函、文件,以表达交易条款及其他信息,如电子邮件、电子订单、电子支付信息、身份认证信息等。功能性信息在交易过程中是以使用价值的状态出现的,其本身不具有价值,只是人类经济活动和交往所依赖的工具。

2.产品性信息

产品性信息指作为交易标的而出现的信息,其并非用于传达某种事实或意愿,而是本身就成为交易标的,如数字化的影像、计算机软件、文学作品等。这些产品性信息通过传递给接收者某些内容、知识或感受而产生了交易价值。

在特定情况下,功能性信息和产品性信息可以发生转化,例如将功能性信息予以收集并出售,就使得功能性信息转化为产品信息。因此,这一分类旨在关注信息在交易过程中是以何种样态出现的,是作为交易的对象,还是作为辅助交易、传递事实的工具。这就使得对二者进行法律保护的角度有所不同:对于产品性信息而言,是注重保护信息的本体价值和交易价值;对于功能性信息而言,则是注重保护信息的正常使用,防止信息被篡改或盗用。

(四)按信息产生与客观实际发生的时间关系分类

按信息产生与客观实际发生的时间关系可分为滞后性信息与超前性信息。

1.滞后性信息

滞后性信息指客观事实往往发生在前,人们的认识和获取相关信息往往在后,即使信息以光速传递,人们所获得的信息也仍然具有严格意义上的滞后性。

2.超前性信息

超前性信息通常是指预测信息,预测是对过去的总结,人们在积累了足够的同步信息、滞后信息之后,可以通过主观思考挖掘其内在的规律,继而对事物的发展趋势做出研判。预测性信息的准确程度会受到预测者所占有信息的质量、数量,所运用的处理技术等多方面影响,因此超前性的信息是人脑的思维结果,其真实性和准确性必须要在未来经过验证后才能确定。

(五)按信息本身的法益属性分类

按信息本身的法益属性可分为国家信息、社会信息、商业信息和个人信息等。这种分类关注了信息所承载的不同法益和核心社会关系,更符合现实的保护需要,也更切合我国现行刑法的保护体系。

第二节　信息传播的历史

信息的获取、处理和应用在人类发展史上一直扮演着重要角色。从文明之初的"结绳记事",到文字出现后的"文以载道",再到近现代科学的"信息网络",展现了人类收集信息、认识世界的努力和进步。信息的产生和传播经历了被动、主动、自动三个阶段,包含六个相对独立的时期,分别是信息的原始传播时期、信息的语言传播时期、信息的文字传播时期、信息的机器传播时期、信息的电子传播时期以及大数据时代的信息传播。前五个时期的信息传播虽然各具特色,但与大数据时代的信息传播方式截然不同,故分别阐述如下:

一、以往各时期的信息传播

在不同历史时期,生产力水平不同,人类文明的发展程度不同,科技对生产、生活的影响程度也具有显著差异,这直接导致了信息传播方式、幅度、速度的天壤之别。在大数据时代来临前,信息传播大体先后经历了五个时期。

第一个时期是信息的原始传播时期。这个时期信息传播的特点是传播的信息量少,传播信息的手段或工具简单,仅仅靠简单的动作、简单的物体来传递信息。这与当时生产力发展水平低下、社会生活简单的客观状况大体上是契合的。

第二个时期是信息的语言传播时期。语言的产生,既是人类文明史上划时代的大事,也是人类信息传播史上划时代的大事。语言作为信息传播和交换的载体,使所传播的信息摆脱简单、枯燥,而变得丰富多彩,除了传达必要的、多样的信息,还可以准确地表达信息传播者的喜怒哀乐,等等。可以说,语言的产生是人类信息传播史上第一次伟大的革命。

第三个时期是信息的文字传播时期。语言作为信息传播的载体虽然有很大的优越性,但其局限性也是显而易见的。主要是:第一,时空的局限性。作为信息传播载体的人,其生活的时间和空间是有限的,因而信息传播的时间和空间也是有限的,不利于信息和知识的积累,不利于人类文明的继承和发展。第二,内容的变异性。语言是一种极具个人感情色彩的东西,因而靠语言传播的信息在传播的过程中必然会受到传播者个人感情色彩的影响而发生不同程度的变异,从而影响信息的准确性,继而影响信息的利用。随着文明的进步,文字产生了。文字作为信息传播的新载体,突破了只靠语言传播的时空局限,使信息的传播得以跨越地域和年代的限制而扩大范围。以文字为载体的信息传播还具有保持信息准确、真实的特点,也便于人类知识的积累和世代相传。以文字为载体的信息传播时期还可以分为两个阶段。第一阶段主要是靠手抄和篆刻传播。但随着生产力的发展、信息量的增加,随着人们对信息传播更大范围、更快速度的要求,蔡伦的造纸术、毕昇的印刷术应运而生,人类迈进信息文字传播的第二阶段,即以印刷品为载体的传播阶段。造纸术和印刷术的发明使信息和知识得以大量复制,快速交流,从而大大提高了信息传播的水平,使信息在社会生产、社会生活中越来越重要。

第四个时期是信息的机器传播时期。以印刷品为载体的信息传播虽然在效率上大大前进了一步,但这些毕竟还建立在以手工劳动为基础的生产方式之上,其效率和速度还是具有显著的局限性,于是,信息的机器传播时期到来了。在这一时期,信息传播的载体主要有两类:一类是报刊,以报刊为载体的信息传播使信息传播定期化、社会化;另一类是电报、电话、广播等利用无线电波进行传播的载体,这标志着人类开启了以电子为手段的,远距离、快速度的信息传播时代。

第五个时期是信息的电子传播时期。人类社会的发展进入 20 世纪 50 年代以后,科学技术日新月异,信息传输和处理技术飞速发展。电视、录音、录像技术和设备先后出现。这些技术和设备的使用使信息传播的手段更加多样化、系统化,信息储存的手段也更加灵活、快捷。信息传播现代化始于电子计算机的诞生。随着移动互联网的出现,信息交流和储存的速度得到提升,从而进一步扩大了信息的传播和应用。"信息高速公路"理论的提出和应用,在很大程度上改变了人类几千年来信息交流和传递的方式,使不同国家和地区的人们能够跨越时间、空间、国界、语言、文化、政治等条件的限制,利用"信息高速公路"快速传播思想、文化,交流、共享知识和信息。

二、大数据时代的信息传播

互联网科技的发展在最近几十年内不断更新迭代,新的技术突破不仅改变着二进制世界的规则与运行方式,也将这种变化投射到现实生活之中,自动式数据出现使得大数据应运而生。信息借助计算机系统运行、网络连接以及大数据运算,在范围和性质上发生着根本性的变革。公认的最早使用"大数据"这个词汇的人是20世纪90年代在美国硅图公司担任首席科学家的约翰·马西(John Mashey)。1980年,美国著名未来学家阿尔文·托夫勒(Alvin Toffler)在其颇负盛名的代表作《第三次浪潮》(The Third Wave)一书中,将大数据热情地赞颂为"第三次浪潮的华彩乐章"。2008年对大数据而言算得上一个分水岭,因为国际知名杂志《自然》(Nature)推出专刊,对其做了介绍。2011年,美国的《科学》(Science)杂志也从互联网技术、互联网经济学、超级计算、环境科学、生物医药等多个方面介绍了海量数据所带来的技术挑战。鉴于《自然》《科学》等杂志在国际学术圈中的权威及影响,这些专刊介绍无异于为大数据做了背书,它不再是商人、学者零散的激情,而是成为学界研究的热点和整个社会的共鸣。2012年,英国著名数据科学家维克托·迈尔 – 舍恩伯格(Viktor Mayer-Schönberger)和肯尼思·库克耶(Kenneth Cukier)在《大数据时代》(Big Data)一书中,用通俗易懂的语言、形式多样的案例对大数据做了一次既具有科普性又不失趣味性的解读,从理论的层面预言大数据将引发人类思维、商业以及管理领域的变革。以思维为例,之前人们以"因果"作为拓展新知、产生洞见的固有逻辑,但大数据的出现将"相关关系"上升到思维的高度。大数据标志着人类在寻求量化和认识世界的道路上前进了一大步,它将重塑我们的生活、工作和思维方式。不知不觉间,大数据作为一种资源和一种工具,已经与人们的生活密切联系,大数据在不断地累积,并不断对世界产生越来越大的影响。大数据的技术在快速发展,令人眼花缭乱,大数据纷繁复杂,名目繁多。我国在2014年首次将"大数据"写入政府工作报告,指出应设立新兴产业创业创新平台,在新一代移动通信、集成电路、大数据、先进制造、新能源、新材料等方面赶超先进,引领未来产业发展,并总结了大数据的四个关键特征,分别是海量化、多样化、快速化和价值化。由此将大数据提升到了国家战略的高度,体现了我国在顶层设计上对大数据问题的关注。近年来,大数据在民意调查、社会福利、社会治安与犯罪预防、自然灾害防治、民主制度建设等诸多方面都展现了数据创新的非凡成就。

作为技术性概念,大数据并不是一个泛化的符号,而是有其独特的含义。然而,大数据毕竟属于新生事物,目前还处在被人们渐渐认识、开始应用的初始阶段,每个行业对大数据的理解也不尽相同,目前还没有形成完整的大数据理论体系。同时,正如诸多的概念会发生意义流变一样,大数据的初始内涵与它现在的意义也不甚相同。在对大数据一词的含义做出界定时,我们不能仅停留在表象层面,还必须着眼于大数据的理论以及可能的应用范围,使其概念既较为明晰,又较为严谨。

从字面含义看,大数据(big data)是指那些大小已经超出了传统意义上的尺度,一般的软件工具难以捕捉、存储、管理和分析的数据。麦肯锡全球研究所(McKinsey Global Institute)对大数据的定义是:大数据是一种数据集合,其在获得、存储、管理、应用上的规模,远超传统数据库软件的能力范畴。维基百科对大数据的定义为:"大数据是指无法在可承受的时间范围内用常规软件工具进行捕捉、管理、处理的数据集合。"《互联网周刊》则认为,"大数据是通过对海量数据进行分析,获得有巨大价值的产品和服务,或深刻的洞见,最终形成变革之力"。维克托·迈尔-舍恩伯格和肯尼思·库克耶在《大数据时代》一书中则对大数据做出了更为翔实的界定,认为大数据是数据的集合,具有大容量、多类型、快存取、高利用值的特点,正快速发展为新一代重要的信息技术和服务与管理方法,这种新技术和方法可以获取数量巨大、来源分散、格式多样的数据并进行深挖分析,使新知识得以发掘、新价值得以创造、新能力得以提升。

在大数据时代,数据处理的规模、结构、模式、方式等均产生了显著变化。目前,业界普遍认为大数据时代的数据具有"5V"特征,即数据的海量性(volume)、数据的多样性(variety)、数据的时效性(velocity)、数据的真实性(veracity)、数据的潜在价值(value)。还有学者主张大数据时代的特征还应包括数据的复杂性(complicated)。"数据的海量性"指数据规模按指数级增长。能够称之为大数据,首先是强调数据容量急剧增长,达到了一个与传统意义的数据本质上不同的级别。据互联网数据中心(IDC)统计,全球数据量出现爆炸式增长,数据成为当今社会增长最快的资源之一。即使在遭遇金融危机的2009年,全球信息量也比2008年增长62%,达到80万PB(千万亿字节),2010年增至120万PB(千万亿字节)。而据中国数据网的资料显示,至2020年,全球以电子形式存储的数据规模已达44 ZB(十万亿亿字节)。按照进率1024计算,现在以TB、PB、EB、ZB作为计量单位,未来将以YB、BB、NB、DB作为计量单位,传统数据量明显望尘莫及。"数据的多样性"指大数据来源广泛、种类丰富。大数据的来源极其宽泛,甚至我们已经无法周密地界定大数据的外延,因为大数据是无所不包的,既包括结构化数据、半结构化数据,也包括非结构化数据,且非结构化数据占比越来越大;既可能来源于互联网世界,也可能来源于物理世界。几乎人们生活中的一切都可以用数据来予以描述,无论是在现实社会里的地理位置数据,还是网络空间中的浏览痕迹及个人在网络社交中的回复、评论、朋友关系,抑或物理世界中的智慧城市、物联网建设,都可以被量化、被记录、被数据化。大数据使得越来越多的数据被汇集起来,各类纷繁复杂的数据都成为大数据的组成部分。"数据的时效性"指大数据的生成、处理是快速实时的。"数据的真实性"指大数据对于众多数据的抓取、分析总体具有真实性、准确性,从而可以为精确的预测、可靠的指导、正确的决策提供依据。"数据的潜在价值"指大数据的价值在于对有意义的数据进行处理以实现数据"增值"。大数据被视为人工智能的一部分,利用算法和模型对海量数据进行分析,让数据"发声",依托云计算、云存储等信息技术,抓取、分析出更多有价值的信息并预测事情发生的概率,从而实现信息"增值"的目的。

需要注意的是,大数据并不单纯等于"海量数据"。后者通常只强调数据量的庞大,而大数据不仅是对量的特征的描述,还包括数据的其他特征,如数据形式的复杂性、数据统计的及时性等。大数据时代的来临源自信息技术的不断廉价化与互联网及其延伸所带来的信息技术应用。在大数据时代,人们的信息获取与传播方式发生了翻天覆地的变化,人们几乎可以将生活中的各种事情都与这样的大范围数据加工、提炼,最终形成有用信息的过程结合起来。由此可见,大数据的概念科技性更强,涵盖了更多且更为复杂的数据特征,从数据(data)到大数据(big data),背后是惊天动地的巨大变革。

第三节 信息的特点

大数据时代的来临带来了全方位的社会变革,无论是政府决策、能源开发、治理犯罪、金融投资、电子商务、广告投放,还是医疗健康、天气预报、航班延误、购物信息、搜索咨询、翻译,都可以借助大数据调用其内置的独特算法对信息加以整合,以满足各层面的灵活需求。这也使得信息的产生、传播、利用等环节发生了全方位的改变,体现出一些以往时代所不具备的全新特点。

一、信息的普遍性与多样化

首先,从传播途径来看,信息可以借由面对面、报刊、电视、广播、电话、音像制品、计算机网络等多种渠道进行扩散和传播。大数据时代的来临,一方面,使物理世界,即现实世界逐渐被数字化,另一方面,使互联网世界逐渐趋于现实化。通过"量化"这一核心步骤的整合,人们的虚拟世界和现实世界生活不断交错叠加,也不断催生着信息量的膨胀,从而标志着信息社会的真正诞生。得益于科技创新,各类信息数据采集设备遍布各领域、各角落,时刻掌握着人们的一举一动,如谷歌、亚马逊、百度等互联网企业及智能手机应用程序自动获取数据,政府部门利用公共管理服务手段大规模采集社会数据信息等,海量信息得以被廉价且快速地捕捉、记录和汇集。其次,从外延方面来看,信息的范围从传统的核心信息逐渐向无所不包的广泛信息扩展。未来,随着技术的进步和传感器技术的发展,所有的人、事、物等都可能被数据化,由此组成一个无限庞大的信息集合,信息以多种样态存在,并经识别、扩充、压缩、传递等环节而普遍存在。最后,从载体方面来看,信息可以文字、图像、符号、声音、动画、视频、音频、表情、动作、数据等多种多样的形态表现出来。随着信息技术的发展,信息主要是以数字化的形式存在于计算机、网络等信息系统及相关设备或者存储介质中,这样的信息也被称作"数据信息"。

二、信息的相对独立性

信息的生产、处理、存储、传播和利用在某种程度上必须依附于某种物质载体,这种依附性通过记录技术、载体技术和传播技术反映出来。如信息的传播速度取决于物质载体的传递速度以及物质载体间的相对运动速度。信息可能因物质载体的变换和能量形式的变换而消失,如记载有大量信息的书籍被付之一炬,计算机系统出现故障导致信息无法复原等。但信息又很明显地具有相对独立性,首先,信息从产生开始,就是客观的存在。信息来源于客观世界,是对于事物属性、内在联系和含义等的描述,这种描述无论是否经过传输、处理、联网,都是一个独立存在的事物。其次,信息与载体之间没有固定的关系,信息既可以存在于这个载体中,也可以存在于另外一个载体中,并不会因为载体的不同信息的内容就发生变化。不管信息的载体是什么,是位于某个计算机信息系统内部,还是被存储到 U 盘或者是移动硬盘中,抑或是存储在个人、单位或云端的数据库里,或者信息处于传输的过程中,信息本身的内容都不会因此而发生改变。信息也可以对其所要依附的物质载体进行选择,例如,同样内容的商品广告信息,其载体既可以选择报纸,又可以选择电台、电视台,还可以选择互联网。最后,信息具有独立的价值。个人信息,行为轨迹,商业秘密、情报,国家秘密、情报,甚至一篇论文、新闻,这些信息都具有独立的价值,和系统、载体之间并无必然的联系。大数据是围绕信息的采集、集中、处理、挖掘的革新,在这样的理念下,系统、载体等只是相当于一个容器,最有价值的是容器里面的信息,而不是容器本身。信息在由一维到二维、再到三维的发展过程中,越来越体现出独立性的色彩。

三、信息的流动性与传递性

一方面,从存在的样态上看,信息本身就处于流动过程中,具有可存储性、可传递性。信息往往经历了从现实世界空间到存储空间、价值空间的一个个循环往复的过程,从产生信息到存储信息、挖掘信息、交换信息、利用信息、删除信息,呈现出一个清晰的流动过程,每一个环节都显示出信息的流动性。信息的这一特征类似自然界的水,涓涓细流不停流动,汇聚成大海,又经蒸发升华,最后回归自然和社会,滋润万物。在大数据时代,信息往往从一点一滴的个人、物体的参数,经过采集、传输,汇聚到某些大型的数据库里,再经分析挖掘,之后服务于个体、社会。可以预见的是,在不久的将来,每个人都离不开信息,每个人都在产生信息,同时又需要各种信息。另一方面,信息的流动性还表现为其在时间上可以从某一时段传递到另一时段,在空间上可以从一个点转移到另一个点。信息在流动的过程中可能保持原有样态,也可能出现形态上的转化或内容上的扩充、丰富、压缩、删减。信息流动、传递速度的快慢往往会影响信息价值的高低,与物质资源相比,信息的供给容易饱和,时效性要求往往更高,一些新闻信息、科研信息如果姗姗来迟,便可能因过时而减少或失去价值。

四、信息的共享性

信息的共享性是指当某条信息被一个使用者使用的时候,它可以同时被其他使用者使用。尤其在大数据时代背景下,在信息资源池中以电子数据形式存在的信息,其价值不会因为这种共享而发生减少和损耗,通过与具有访问权限的组织和个人分享相关数据,反而能够实现其信息效用的最大化。信息的共享性使得其与物质和能量区别开来,这体现在物质和能量的交换是以一方放弃占有和使用来完成的。信息在分享和传递过程中能更好地实现其价值,互联网和大数据不仅仅是计算机在技术上或者理念上的突破,更多的是为人类社会带来了颠覆性的关系转变。互联网技术缩小了世界的距离,让信息的传递突破了空间的束缚,让人与人之间的信息数据共享变得简单而高效。而大数据技术则是对数据概念的彻底转变,它所具有的数据规模大、数据种类多、数据处理速度快、数据价值密度低等特点使人们在各项决策和研究中都能轻而易举地获得更加丰富的信息,为现实的各个领域带来革命性的变革。大数据时代,信息的大规模共享使得信息的生产成本随着其使用规模的扩大而趋向于零,也使信息得到了比物质资源更广泛的开发和利用。

五、信息的增值性

在大数据时代,我们能够以新数据处理技术为手段,在海量、结构复杂、内容多样的信息中,以较快速度解析出规律性或根本性的判断、趋势或预见。从这个意义上讲,信息的价值绝不仅仅体现在某条或某些信息本身,而是更多地在于通过海量信息的交换、整合与分析,对特定的元数据进行技术处理,挖掘发现其背后的意义,从而生成更有价值或指向性新信息的整个过程。信息作为一种资源,对其价值的分析、挖掘和动态研究已经从单机自动处理数据发展到静态数据库和信息系统分析,再发展到当前的依托互联网、大数据的平台式分析,从而在原始的庞大数据基础上生产和集成出超越原信息内容的新知识。

此外,基于信息的无限性,其价值会因人们的目的不同而产生价值上的无限可能。所谓信息的无限性,是指信息会变化和繁衍,现实存在的信息并不是一成不变的,它会随着时间、地点和其他因素的改变而改头换面。同时,信息还会不断地充实和完善自己,并生产出更多的信息。信息的无限性既可能使某种信息随着时间的推移而失去作用,也可能使其对于另一个过程而言表现出较高的价值。例如,昨天的天气预报信息通常到了明天就只有历史意义了,但对于研究一段时期的天气变化规律来说,又是重要的信息来源,其价值又得到了新的挖掘。

六、信息的真伪性

从整体上看,信息是无限的,但人们对信息的认识却很难达到充分、彻底的程度。这造成了信息的获取者、使用者手里所掌握和解读的信息可能并不完全符合客观实际,并由此带来后续的某些消极影响,信息的价值会因此而受到损害甚至完全丧失。信息在共享和传递的过程中,其内容还可能被人为地篡改以达到某种目的,在人类社会发展史上,在个人竞争、商业角力、派系争斗和军事对抗中,利用伪信息来制伏对手的例子并不鲜见。将不符合客观实际的错误信息或虚假信息作为决策的依据可能会导致政府施政、行政管理、商业决策、市场运行、个人生活等方面的混乱与错位。社会上虚假信息蔓延,轻则对个体,重则对社会秩序、国家安全都可能造成极大危害。

第四节　信息的价值

从本质上看,人类文明的进步就是一个有效信息在数量上不断积累和质量上不断提高的过程,从而实现从无序到有序、从低级到高级的渐近演化。正如美国著名未来学家阿尔文·托夫勒所说的那样,谁掌握了信息,控制了网络,谁就拥有整个世界。具体而言,在大数据时代,信息的价值与作用主要表现在以下几个方面:

一、信息是思维的材料和主客体的中介

如果没有信息作为人和客观事物的中介,人与客观事物之间的关系只能是

物与物的关系,而不是认识和被认识的关系,信息的存在是人类发挥认识能力的必要条件。人不同于其他动物种类的根本原因在于人具有高度发达的思维能力,而思维又是人的认识能力的核心所在,它是人脑这种特殊物质构成的一种功能,该功能的实现如果没有信息作为材料基础,则仅是一种潜在功能。而基于信息进行思维得出的结果同样是信息,因此,信息的利用使人类能够建立起一套先进的科学技术知识和社会科学知识。

二、信息是人类社会生存、发展和进步的基础

信息是客观世界在与人类彼此作用时的再现,它反映了被感受对象和所考察事物的状态、特征和变化。信息的基本作用就是增强世界的有序性,没有信息,物质和能量构成的世界将只能是一个杂乱无章的空间,因为信息可以消除人的认识的不确定性。从这点出发,在人类漫长的进化过程中,每一次质变和飞跃,无不与信息的接收能力、处理能力的不断提升密切相关。正是获取并利用信息的能力使人类能与世界相沟通,不断确定和调整生存空间,延续自我,繁衍后代,并且形成相互联系的社会。因此,信息成为人类社会不断进化的资源要素。在现代社会中,信息的高速流动节约和替代了物质和能源,从而节约了宝贵的社会资源。例如,商品广告可以使人们不见其物而知其物,股市行情信息可以使人们进行异地买卖,从而促进了市场经济活动的发展。伴随着人类对信息的掌握和利用能力的不断提高,信息已被人们视为社会发展的基本条件和现代文明社会的重要支柱。电子计算机、人造卫星、电视机、光纤通信、多媒体技术及不断建成的"信息高速公路",更是使信息变为了社会发展的决定性手段。

三、信息是社会组织的保证和社会管理的基础

随着社会分工的发展、阶级的出现,人们之间的社会关系以及人们的社会活动日趋复杂,社会组织适应社会及社会成员的需要逐渐形成并发挥作用,信息的交流成为人与人之间联系的纽带,是社会形成和发展的保证。组织性主要体现为社会活动的有序性,而信息对事物的有序性具有非常重要的作用,任何组织的解体都是以信息交流不复存在为标志的。人类社会的有序发展离不开管理,而任何管理都离不开信息,没有信息的输入、输出和反馈,管理的机能就

无法得到充分发挥。信息为社会管理的决策提供了可靠的依据,没有决策信息、控制信息、状态信息、反馈信息等信息的存在,社会就难以为继。准确的信息对于社会管理的重要意义是毋庸置疑的,无论是政府还是组织机构,相关信息的收集和分析利用已经成为基本要求。从保卫国土安全、防范和打击恐怖活动、惩治腐败、有针对性地制定政策和法规、社会治安治理,到医疗健康、智慧城市建设都是如此,尽可能以信息为抓手,将社会管理从事后处罚转向事前防备。以智慧城市建设为例,就是建立在物联网与大数据联合运用所获取的信息的基础之上。美国的迈阿密戴德县是目前比较著名的智慧城市,该县通过物联网、云计算平台、仪表化市政信息系统等的综合运用,对县内的 35 项关键性县政工作进行信息统计与分析,最终在水资源治理、交通管理和公共安全等方面取得了巨大的成绩,仅该县公园管理部通过信息反馈及时修复的破损水管就为该县节约了 100 万美元的水费。我国也在着力搭建信息化驱动型社会,"信息驱动的社会管理"理念日渐深入社会管理的各个领域。

四、信息对经济发展发挥着日益重要的作用

在经济发展中,信息也充分地展现了自身的"魔力"。信息在人类社会商品经济发展到一定阶段后,其交换价值越来越高,它脱胎于物质商品,后逐步演变成独立的商品形态进入信息市场。在信息社会,一条信息甚至可以救活一个企业。信息已然成为商业决策、管理、运营、竞争的核心要素,是必不可少的重要环节,正确的、及时的和针对性强的信息可以辅助企业做出正确的决策,从而有效提高企业的竞争力。信息对企业竞争力的影响体现在客户洞察、营销策划、产品创新、物流管理、流程优化、人力资源管理、风险控制等诸多方面,信息让营销策划和产品创新变得有据可依,让物流管理、流程优化以及人力资源管理变得更易操控,也为风险控制提供了更加理性的佐证。例如,淘宝、百度、谷歌、亚马逊等公司基于自身拥有的海量用户信息提供精准化营销和个性化广告推介。又如,中国招商银行就通过消费记录的大数据分析获得了其用户群的习惯消费场所等信息,从而有针对性地在该场所中开展用卡优惠活动,以此来吸引更多优质客户。该行还有针对性地收集相关信息并构建起了客户流失预警模型,通过该模型的运用将招行的金卡与葵花卡用户流失率分别降低了 15% 和 7%。再如,在物流管理中,美国 UPS 快递公司利用自身构建的车辆物联网系统全面

地对所有车辆的运行轨迹及运行状况的相关信息进行实时采集和分析,最后给车辆驾驶员提供最佳的行车路线,从而每年至少帮助公司节省了 4 000 万千米的行车路程。由此可见,借助各种客观收集的精确信息,各类市场经济主体的决策能力明显提升,内涵质量及竞争力显著提升,促进了生产增长,变革了生产经营模式,极大地节约了管理成本,为商业活动带来了效益和效率。

五、信息为个人生活提供了个性化便利

随着智能手机等智能终端的不断普及和性能的不断提高,在大数据的强有力支撑之下,个人生活出现了信息化、数字化的趋势,人们生活的方方面面都因此发生了显著的变化,每个个体都成为信息的接收者,也都是信息的发出者。淘宝、京东、亚马逊等购物平台的大数据分析帮助我们更加快速地找到自己需要的商品;美团、大众点评等 APP 上的信息让我们明确地了解周边所有商家的特色及品质;高德地图、百度地图等强大的信息库帮助我们科学规划路线,直观地了解城市实时的路况;滴滴等打车平台将我们的行程信息传递、分配给提供运营服务的车主,使我们的出行变得更加便捷、舒适;而微信运动,则先是通过智能手机的运动感应装置,详细地测算和记录使用者的运动状况,之后上传至大数据云平台进行信息数据的分析和存储,最后使每一位用户都能得到一份属于自己的运动分析报告。信息悄然地在我们每一个人的生活当中发挥着至关重要的作用,改变着人与人之间的社会关系,使每个人的衣食住行、工作学习都因为信息时代的来临而获得了独有的、个性化的便利。

第二章　信息安全概述

第一节　总体国家安全观与信息安全

一、新时代国家安全的新形势与新特点

国家安全伴随国家的诞生而产生,随时代的变迁而发展。国家安全的概念有广义和狭义之分。从狭义上看,国家安全是指隐蔽战线上的情报搜集、侦察保卫等专门工作,俗称反间谍、刺探情报工作,各国都设立专门机构来开展这项工作。从广义上看,国家安全是指一个国家处于没有危险、免受威胁、不出事故的客观安全状态,并拥有保持这种安全状态的能力。国家安全的内容不是一成不变的,不同的时代背景下,国家安全的内容和侧重点都有所不同。最初的国家安全主要是指军事安全,抵抗他国的军事入侵。后来经济安全成为国家安全的中心,防止经济出现衰退,促进经济发展成为重中之重。在资本主义社会,科技安全被纳入国家安全的范畴。社会主义社会由于与资本主义社会在意识形态领域存在复杂尖锐的冲突,因此意识形态安全成为国家安全的重要部分。随着科技,尤其是信息科技的进步,国家安全的内容又有了新的变化,人类不断地向前发展,国家安全的内涵和外延也不断丰富和发展。

从党的十八大到十九大,习近平总书记站在国家长远发展和民族伟大复兴的历史高度,针对中国特色社会主义新时代国家安全面临的新形势、新任务,着眼更好统筹国内国际两个大局、安全发展两件大事,创造性地提出总体国家安全观,不断推动国家安全体制机制建设,不断完善中国特色国家安全道路。进入 2020 年以来,习近平总书记明确要求把生物安全纳入国家安全体系,十三届全国人大三次会议决定建立健全香港特别行政区维护国家安全的法律制度和执行机制,这两件大事显著推动了国家安全理论和法治建设的不断深化和发展。面对新时代、新使命,需要准确研判国家安全面临的新形势、新特点。

(一)国家安全内涵外延的拓展前所未有

中华人民共和国成立以来,国家安全大致经历了四次大的发展。中华人民共和国成立后的头 30 年,来自外部的政治和军事安全威胁突出,国家安全主要是政治安全和国土安全,首要任务在于保卫新生的社会主义政权、确保国家独立、维护国家主权和领土完整,国家安全建设主要集中在军事建设和国际斗争的开展。改革开放后,国家工作重心转向经济建设,国家安全不仅是军事和政治安全问题,也包括经济、科技等安全问题。进入 20 世纪 90 年代,随着中国与外部世界联系的显著增加,党中央提出"互信、互利、平等、协作"的新安全观,开始更多关注和参与地区和全球性的和平与安全建设。进入 21 世纪,新的安全形势和安全要素不断涌现,新的安全领域和安全内涵不断拓展,经济安全、科技安全、文化安全、网络安全、生态安全、公共卫生安全等的重要性被提高到了前所未有的历史高度。面对突如其来的新冠肺炎疫情,习近平总书记明确要求:"把生物安全纳入国家安全体系,全面提高国家生物安全治理能力。"与此同时,安全的世界维度越来越宽广,国家安全与地区安全、全球安全的互联互动显著增强,全球安全对中国自身安全的影响显著增强,中国对全球安全的贡献显著增加,参与构建全球安全的能力也显著提高。

(二)国家安全时空领域的拓展前所未有

传统意义上,地理边界就是安全边界。但随着新科技革命和新军事革命深入发展,以及中国与世界关系的显著变化,国家安全边界呈现虚拟化、全球化和太空化的新态势。特别是"新边疆""高边疆"问题的不断涌现,深海、极地、太空、网络、生物等议题进入国家安全视野,跨境、跨国、跨地区安全问题日益突出,国家安全的时空边界变得日益模糊。同时,随着"一带一路"的稳步推进及中国大规模"走出去",中国海外利益遍及全球,如何有效维护中国不断增长的海外利益,已经成为新时期中国国家安全的重要内容。

(三)各种内外安全因素连锁联动的复杂程度前所未有

随着内外安全因素的关联更加紧密、发展与安全融为一体,安全形势正在发生前所未有的显著变化,不仅新的安全风险和安全挑战不断增多,更为关键的是,各种安全因素相互交织、相互渗透、相互作用、相互影响,认识和解决的难度越来越大,交织共振连锁联动的风险越来越大。影响国家安全的内外因素不断合流,敌对势力不断合流,新老问题不断合流,跨国界、跨区域、跨领域、跨群体的联动性更加突出。老问题在新技术手段下推陈出新,互联网、新媒体的大发展以及现代交通物流技术的革命性进步,能够快速放大既有安全风险的社会效应。其危险性在于:小风险演变为大风险,个别风险演变为综合风险,局部风险演变为系统性风险,经济风险演变为社会政治风险,非传统风险演变为传统风险,国际风险演变为国内风险。

总体来看,当前中国发展正处于由大向强的关键节点,中国日益走近世界舞台中央。这一特殊时期,既是中华民族伟大复兴的关键期,又是国内改革发展的攻坚期和深水期;既是中国全球地位的提升期,又是中国与外部世界关系复杂程度的增长期;既是中国发展的战略机遇期,又是重大安全风险的凸显期。习近平总书记强调指出:"当前,我国正处于一个大有可为的历史机遇期,发展形势总的是好的,但前进道路不可能一帆风顺,越是取得成绩的时候,越是要有如履薄冰的谨慎,越是要有居安思危的忧患,绝不能犯战略性、颠覆性错误。"

二、"总体国家安全观"的基本内涵

2014 年 4 月,习近平总书记在主持召开中央国家安全委员会第一次会议时首次明确提出并系统阐述了"总体国家安全观",即:既重视外部安全,又重视内部安全;既重视国土安全,又重视国民安全;既重视传统安全,又重视非传统安全;既重视发展问题,又重视安全问题;既重视自身安全,又重视共同安全。由此可见,信息安全是国家安全的重要组成部分。随着人类社会迈入大数据时代,国家信息安全开始成为国家安全需要重点关注的内容。2015 年施行的《中华人民共和国国家安全法》(简称《国家安全法》)明确了国家安全的定义,清晰界定了国家安全是指国家政权、主权、统一和领土完整、人民福祉、经济社会可持续发展和国家其他重大利益相对处于没有危险和不受内外威胁的状态,以及保障持续安全状态的能力。习近平总书记强调:"当前我国国家安全内涵和外延比历史上任何时候都要丰富,时空领域比历史上任何时候都要宽广,内外因素比历史上任何时候都要复杂。"

总体国家安全观的基本内涵可以概括为"五大要素"和"五对关系",这是理解把握总体国家安全观的"金钥匙"。

五大要素就是"以人民安全为宗旨,以政治安全为根本,以经济安全为基础,以军事、文化、社会安全为保障,以促进国际安全为依托"。五大要素以最简明的语言勾勒出中国国家安全的主要内容与基本框架,极为精辟地揭示出国家安全的内在逻辑。以人民安全为宗旨,就是始终把人民安全放在中心位置,坚持国家安全的人民导向,筑牢国家安全的人民基础,始终把以人民为中心体现在国家安全工作的方方面面,这是中国共产党性质的根本要求,是实现国家安全的根本目的。以政治安全为根本,是始终把政权安全、制度安全、意识形态安全放在首要位置,确保党的长期执政和中国特色社会主义制度不动摇,这是中国社会制度的根本需要,是为国家安全提供最为根本的制度基础和政治保证。以经济安全为基础,就是始终筑牢国家安全的物质基础,确保国家和人民的经济利益不受侵害,确保经济实现健康和可持续发展,不断提高国家安全赖以依靠的经济实力。以军事、文化、社会安全为保障,就是要不断增强国家安全所需的国防军事力量,不断夯实民族永续发展的精神和文化支撑,不断增进社会团结、和谐和稳定,为国家安全提供必要的硬实力和软实力保障。以促进国际安全为依托,就是始终奉行独立自主的和平外交政策,积极推动构建新型国际关系,促进世界和平与稳定,实现国家安全与共同安全的相互促进。

五对关系就是"必须既重视外部安全,又重视内部安全,对内求发展、求变革、求稳定、建设平安中国,对外求和平、求合作、求共赢、建设和谐世界;既重视国土安全,又重视国民安全,坚持以民为本、以人为本,坚持国家安全一切为了人民、一切依靠人民,真正夯实国家安全的群众基础;既重视传统安全,又重视非传统安全,构建集政治安全、国土安全、军事安全、经济安全、文化安全、社会安全、科技安全、信息安全、生态安全、资源安全、核安全等于一体的国家安全体系;既重视发展问题,又重视安全问题,发展是安全的基础,安全是发展的条件,富国才能强兵,强兵才能卫国;既重视自身安全,又重视共同安全,打造命运共同体,推动各方朝着互利互惠、共同安全的目标相向而行"。

深刻理解总体国家安全观的基本内涵,需要领会以下几点:

(一)总体国家安全观的核心要义在于始终坚持人民安全、政治安全、国家利益至上的有机统一

在党的十九大报告中,习近平总书记指出,总体国家安全观"必须坚持国家

利益至上,以人民安全为宗旨,以政治安全为根本,统筹外部安全和内部安全、国土安全和国民安全、传统安全和非传统安全、自身安全和共同安全,完善国家安全制度体系,加强国家安全能力建设,坚决维护国家主权、安全、发展利益"。其内在逻辑在于,人民安全是首要安全,是第一安全,它居于国家安全的中心地位。中国的国家性质决定了国家安全的根本目的是保障人民利益,国家安全的根本基础在于人民的认同,国家安全的根本力量在于人民的支持。政治安全是维护人民安全和国家利益的根本保证,其核心是政权安全、制度安全和意识形态安全,其根本要求就是维护中国共产党的领导、维护中国特色社会主义制度、维护以习近平同志为核心的党中央的领导权威。中国共产党的命运与民族、国家命运的一体性,决定了政治安全是其他一切安全的前提、基础和保障。国家利益至上是实现人民安全和政治安全的基本途径,这就要求我们坚定维护国家核心利益,保障国家主权、领土完整,政治制度、重大经济利益不受任何内外势力的侵犯和干涉。实现人民安全、政治安全、国家利益至上的内在统一,就是要实现人民安居乐业、党的长期执政、国家长治久安,更加筑牢人民、党和国家这个永不分割的命运共同体。三者的有机结合和辩证统一,深化了中国共产党对中国特色国家安全的规律性认识。

(二)总体国家安全观的特征在于总体性和辩证性

总体国家安全观的关键在于"总体"二字,意在强调两点:一是强调国家安全观念的创新,即全面和辩证地把握国家安全的内涵和外延,认识到国家安全是一个相互联系、相互影响、不可分割的有机整体,各种安全领域、安全形势、安全要素、安全风险相互联动、相互影响;二是强调国家安全治理的创新,即强调以综合、系统的方法、举措应对国家安全威胁,避免"头痛医头、脚痛医脚"。思考和研判新时代国家安全,必须做到统分结合,既要有具体的问题意识,又要有超越具体领域的宏观视野和整体性思维。因此,总体国家安全观超越了历史上的大安全观、新安全观、综合安全观等概念,体现了中国共产党认识国家安全形势、应对国家安全风险的一种总体性、复杂性和系统性的国家安全新思维、新方法、新理念。由此可见,总体国家安全观具有认识论和方法论的双重意义。同时,总体国家安全观的"总体"又是具有辩证思维的"总体"。总体国家安全观强调外部安全与内部安全、国土安全和国民安全、传统安全和非传统安全、发展问题和安全问题、自身安全和共同安全的辩证统一,但又不是简单的"两点论"或"两分法",而是一种注重联动又有不同侧重点的科学辩证思维。例如,它强调外部安全和内部安全的有机统一和相互促进,要求在安全上要有效统筹国内国际两个大局,同时也强调外部安全和内部安全的紧迫性在不同时期会有不同的表现,国家安全工作的重心也需要根据国内国际形势的变化而随时做出应有的调整;它强调发展和安全是一体两面,二者不可偏废,要求有效统筹发展和安全两件大事,同时也认识到,发展是国家工作的重心,通过发展来解决发展过程中出现的问题,通过发展来提升国家安全能力,是实现国家长治久安的根本要求。

（三）总体国家安全观的最根本要求在于国家安全工作必须统筹协调、综合施策

在新时代,传统安全与非传统安全因素相互交织,内外安全因素相互渗透、相互影响,国家安全的内涵和外延显著拓展。当前安全问题大多是复合安全问题,安全成因极为复杂,安全要素高度联动,安全威胁极其严重,安全影响广泛而深刻。这就要求国家安全工作必须建立广泛涉及政治、国土、军事、经济、文化、社会、科技、信息、生态、能源、海外利益等领域的一体化的国家安全体系,正如习近平总书记强调的那样,必须"建立集中统一、高效权威的国家安全体制"。总体国家安全观坚持五个统筹,其精神实质就是要突出强调国家安全的综合性、整体性和系统性,强调国家安全应对的统筹协调和综合施策。

总体国家安全观是以习近平同志为核心的党中央对国家安全理论和实践的重大创新,是新形势下指导国家安全工作的强大思想武器,体现了中国共产党奋力开创国家安全工作新局面的战略智慧和使命担当,因而具有重大的理论与实践意义。总体国家安全观丰富和发展了中国特色社会主义理论体系,开辟了中国特色国家安全理论新境界,为建设普遍安全的世界进而推动构建人类命运共同体提供了中国方案。

三、"总体国家安全观"视域下信息安全的概念

实际上,信息发展的每一个时期都存在着信息安全的问题。例如,我们熟悉的周幽王烽火戏诸侯的故事,周幽王身为国君,为博妃子一笑而违反了烽火

的使用规则,按现代的观点看,这就是一个在信息发布环节滥用信息基础设施,从而危害信息安全的典型事例。又如,在已进入信息的文字传播时期的中国封建社会中,老百姓和皇帝之间一般要隔着七道信息关卡,而关卡的把守者则是各级官吏,尽管历代封建王朝对于信息的传输机构——驿站均十分重视,并用强硬的刑事手段保障其正常运作,但在有些情况下,信息的客观真实性对于皇帝而言还是一种奢望。明朝崇祯皇帝直到被李自成逼得上吊之前的几个月,还为一个并不存在的胜仗奖励了宰相。可见,如何保证信息的完整性和可用性是这一时期信息安全的焦点所在。但是由于缺乏意识,信息安全并未作为一个独立因素受到封建统治者的高度重视,因此,当信息安全遭遇严重情况时,就只能通过朝代的更迭对其做出回应。

具有现代含义的信息安全概念是在 20 世纪 40 年代香农创立了信息论之后才被逐渐确立和发展起来的,此时的人类社会已步入了被称为信息时代的电子信息交流时代,正是在这个社会信息化的大背景下,信息安全才突显出其重要性。2013 年 6 月,美国中央情报局前雇员爱德华·斯诺登爆料称,2007 年开始,美国国家安全局实施代号"棱镜"的绝密等级电子监听项目,要求美国威瑞森公司上交数百万用户每天的通信记录。美国国家安全局、联邦调查局可直接进入微软、苹果、谷歌等互联网企业的服务器,实时跟踪、监控网络用户的即时消息、音视频、文件、照片、电邮等网络信息。美国借助"棱镜"项目对包括盟国在内的多个国家实施 24 小时不间断监控,获取想要的任何数据,并对数据进行分析,最终获取有价值的情报信息。通过该项目,美国威胁、侵害了他国的国家信息安全乃至国家安全。美国总统奥巴马在对"棱镜"项目进行辩解时称:"人们不可能有百分之百的安全,同时享受百分之百的个人隐私和完全的便利。作为一个社会,我们必须做出某种选择。"最初,美国根据《外国情报监控法》(1977 年)开展外国情报监控活动,该法规定了针对外国进行情报监控需获得美国外国情报监控法庭的授权。2007 年,美国国会通过《保护美国法》,提升政府监听能力,授予美国公司司法豁免权,并扩大监听范围到外国与美国的网络数据传输。"棱镜"项目就是在这个背景下制定的。"棱镜门"事件暴露出,在美国国内,美国不惜牺牲公民隐私权,以维护国家安全、打击恐怖主义为由收集数据;在国际社会上,美国肆意对敌对国家、竞争对手,甚至盟国进行网络监视、网络侵入。"棱镜门"事件掀开了美国对全球信息控制的冰山一角,也给各国政府、企业及个人上了一堂真实版的信息谍战课,为当代信息安全防护敲响了警钟。

从字面含义看,前文已经界定了法律层面的"信息"一词。而"安全"则是指所处的一种状态,是远离危险或不存在危险的一种状态。信息安全是任何国家、政府、部门、行业都必须十分重视的问题,是一个不容忽视的国家安全战略。但是,对于不同的部门和行业来说,其对信息安全的要求和重点是有区别的。我国的法律尚未对信息安全进行明确的法律定义,但是在部分法律条款中对信息安全的含义有相关或近似的描述:《中华人民共和国计算机信息系统安全保护条例》(简称《计算机信息系统安全保护条例》)第三条规定:"计算机信息系统的安全保护,应当保障计算机及其相关的和配套的设备、设施(含网络)的安全,运行环境的安全,保障信息的安全,保障计算机功能的正常发挥,以维护计算机信息系统的安全运行。"《计算机信息网络国际联网安全保护管理办法》第六条规定:"任何单位和个人不得从事下列危害计算机信息网络安全的活动:(一)未经允许,进入计算机信息网络或者使用计算机信息网络资源的;(二)未经允许,对计算机信息网络功能进行删除、修改或者增加的;(三)未经允许,对计算机信息网络中存储、处理或者传输的数据和应用程序进行删除、修改或者增加的;(四)故意制作、传播计算机病毒等破坏性程序的;(五)其他危害计算机信息网络安全的。"但是,计算机信息系统的安全以及计算机信息网络安全并不等同于信息安全,信息安全明显是一个内涵更为丰富的概念。

关于信息安全的具体概念,国内外的立法与学界学者众说纷纭。2002 年12 月,美国颁布了《联邦信息安全管理法案》,它是《电子政务法案》的组成部分,从技术的角度出发,以立法的形式明确地将美国联邦政府信息安全工作的对象定义为信息和信息系统,并将信息安全的目标指定为保证信息的保密性、完整性和可用性。《俄罗斯联邦信息安全学说(2016)》指出,信息安全是俄罗斯国家利益的一个独立组成部分,特别是在军事领域。敌对信息活动、对信息基础设施的攻击和信息争夺已成为未来军事斗争初期的重要行为样式,确保信息安全并在激烈的信息对抗中获得优势是保证未来军事行动获得成功的重要条件。国际标准化组织(ISO)则把信息安全定义为"信息的完整性、可用性、保密性和可靠性"。这个定义包含了运行系统安全与信息本身安全两层意思,信息本身安全是指防止信息财产被故意地和偶然地非法授权、泄露、更改、破坏或使信息被非法系统识别、控制。国内许多学者也就"信息安全"和"网络安全"提出过许多看法。有学者从技术角度来定义信息安全,认为信息安全是指"一个国家的社会信息化状态不受外来的威胁与侵害;一个国家的信息技术体系不受外来的威胁与侵害"。有学者主张,"信息安全包括信息的处理、存储、传输设备设施的安全和信息交流使用的正常秩序"。也有学者认为,"信息安全通常包括的是数据安全、信息系统安全、计算机安全、国家信息主权和个人隐私权的内容"。上述概念从不同角度和层面对信息安全加以界定,或定义外延,或归于技术,或归于应用,或侧重原因,或侧重结果,不一而足。

客观来看,信息安全的内涵在不断延伸。从单机时代的信息安全发展到网络时代的信息安全,时至今日,信息安全早已囊括了诸多方面,且仍在不断拓展。从电脑诞生到 20 世纪 80 年代,这是面向单机、面向数据的主机时代,人们把信息安全理解为对信息的机密性、完整性和可获性的保护。随着电脑被单位和个人越来越多地采用,20 世纪 80 年代开启了微机和局域网时代。与单机时代相比,虽然有了网络,但此时的网络结构比较简单,安全防护主要依靠技术性保护措施,同时在行业内部制定了大量的管理制度和行为规范,因此,此时的信息安全主要是利用技术规范和行为规范来约束计算机使用者和网络管理员等特定人员。从 20 世纪 90 年代开始,互联网时代正式拉开了序幕,随着互联网技术的不断发展,基于信息化背景和理论,人与计算机从相互独立到互相结合,这种质的变化使得现代的信息系统在更加完善的同时,也更加复杂,从而变得无比巨大。在这个系统中,人与各种信息资源是一种主体和客体的关系。为了使主体对信息资源能够实行更为有效的控制,在互联网时代,信息安全的主体实现了从机器到人的转变,信息安全从对信息的保密性、完整性和可获性的着重保护,扩展到了对身份、授权和隐私的保护。

基于上述信息安全外延的不断拓展,我们可以审时度势、因地制宜地提出总体国家安全观视域下信息安全的概念。信息安全是指处于信息化进程中的社会给国家安全带来的挑战,除了信息自身的安全,还包含了与信息相关的产业、技术、设备的安全,以此维系一国政治、经济、文化等社会生活的方方面面持续运转。总体国家安全观视域下的信息安全囊括了一个国家社会生活的诸多领域,区别于传统的安全范畴,它是国家安全领域的重要组成部分,是信息时代信息安全战略的核心所在。"总体国家安全观"视域下信息安全包括的范围庞大,其外延可以划分为微观、中观、宏观等多个层面:从宏观层面看,信息安全涵盖信息安全体系、信息安全战略、国际合作机制等方面,与政治、经济、文化、军事等国家安全方面密切相关。现代的信息安全是国家信息安全、网络安全、数据安全、信息内容安全、物理安全和信息基础设施安全的总和。从中观层面看,信息安全的内涵指国家对信息和信息载体的管理以及相应管理政策的制定。从微观层面看,信息安全是计算机安全的延伸,包括计算机终端和服务器的安全以及信息本身的安全,由信息的保密性、真实性、完整性、可用性、可控性和所寄生系统的安全性等方面构成,包括信息静态安全和信息动态安全。由此可见,即使是微观视角上的信息安全,也不是只涉及以电子计算机为基础的电磁信息网络,而是包含方方面面,比如记录在纸墨载体上的国家秘密、模拟信号下的唱片、电话、广播、电视等形式的信息安全和网络安全。情报、军事、政治中的收发报的安全,包括密码的安全,都是非常重要的信息安全。甚至地理测绘、一个国家独特的动植物基因、人的基因等非常重要的自然信息,也属于信息安全的内容。从微观视角上看,信息安全的实质就是要保护信息系统或信息网络中的信息资源免受各种类型的威胁、干扰和破坏,这也符合国际标准化组织对信息安全所给出的定义,属于信息安全中的核心要义。网络环境下的信息安全体系是保证信息安全的关键,包括计算机安全操作系统、各种安全协议、安全机制(电子签名、消息认证、数据加密等),直至安全系统,其中任何一个安全漏洞都可以威胁信息存储、处理、输出的安全,甚至威胁全局安全。

综上所述,总体国家安全观视域下的信息安全是一个繁杂而浩大的工程,会影响政治、经济、文化等众多领域,故而信息安全风险及其防控问题必将是一个长期而艰巨的课题。

四、信息安全在总体国家安全中的地位

在当前的全球化和信息化时代,网络和信息安全是我们面临的一个紧迫和突出的安全问题。中国在电子商务和数字经济方面发展迅速,在人工智能应用领域取得了快速发展,有些方面甚至取得了突破性进展。但是在网络和信息技术方面,中国在部分关键硬件和关键软件上对发达国家的依赖依然存在,在信息和网络领域中的安全风险依然存在。习近平总书记特别强调,"互联网核心技术是我们最大的'命门',核心技术受制于人是我们最大的隐患",因此"我们

要掌握我国互联网发展主动权,保障互联网安全、国家安全,就必须突破核心技术这个难题,争取在某些领域、某些方面实现'弯道超车'"。因此,总体国家安全观中将信息安全上升到国家安全的高度,信息安全关乎国家安全的各个要素,对政治安全、军事安全、经济安全、科技安全和文化安全等都有重要的作用,是综合的、系统的、宏观的概念。信息安全向国家安全其他领域的渗透作用越来越凸显,已成为国家安全最突出、最核心的问题。没有信息安全,国家安全无从谈起。

(一)信息安全影响政治安全

一个国家的政治战略、政治策略,国内政治形势的走势,政治人物的活动,甚至政策制定者的生活状态和身体状况都存在着信息安全的问题。政治活动所牵扯到的信息会极大地影响政府的稳定运行,甚至会影响政权的更替,一国政府在民众中的形象在虚假信息的冲击下有时会显得极为脆弱。某些国家会通过散播虚假信息等手段来影响目标国家的政府行为,破坏其政府形象,随后再通过操纵大众观点的方式,反过来向其政府施压,使其进入恶性循环,最终导致政权崩塌。这并非耸人听闻,实例并不鲜见。

(二)信息安全影响经济安全

一方面,信息安全事关国家经济安全大局。经济全球化使得经济信息成为国家间经济交流活动必不可少的因素。经济信息安全是经济安全的核心,国家经济建设机密信息泄露将威胁国家经济安全大局。中国互联网协会发布的数据显示,2015年下半年至2016年上半年,信息安全问题造成915亿元的经济损失。另一方面,信息产业发展受制于人,导致经济安全面临巨大风险。信息产业发展推动国民经济持续、健康、稳定增长。信息产业安全决定着信息安全、国民经济安全。我国信息产业快速发展,但是部分核心部件、核心技术依然掌握在国外公司手里,一旦国外公司禁止或限制我国企业使用相关产品,我国相关信息产业将陷入停工停产。因此,信息产业依赖于人,会使得信息安全领域岌岌可危,国家经济安全风险巨大。

(三)信息安全影响文化安全

文化安全包括传统文化、语言文字、意识形态、风俗习惯、价值观念、生活方式等方面的安全。信息安全对国家文化安全的影响主要表现为：一是受文化霸权主义侵害。美国政治学家汉斯·摩根索（H. Morgenthau）指出，文化帝国主义的目的不在于征服领土和控制经济，而在于征服、控制人心。当今，西方国家持续向文化弱势国家实施文化渗透侵蚀，为其经济、政治、军事等策略服务，而信息网络为文化霸权主义提供了土壤和传播渠道。丧失信息安全保护能力，将使国家文化遭受被渗透、被侵蚀的风险。二是传统文化受冲击。目前，我国只是文化大国而非文化强国，文化"软实力"与物质"硬实力"不匹配。近些年在我国大多数城市，中华传统节日的氛围远没有西方传统节日热闹，这是传统文化受冲击的后果。互联网技术与图书馆、教育等传统文化产业融合发展，增进了各国文化的交流和理解，也给西方文化渗透提供了新的渠道。三是意识形态遭到威胁。信息"强国"借助信息网络优势向信息"弱国"实施意识形态渗透，渗透速度快，渗透手段隐蔽。我国长期遭到西方资本主义国家的思想文化渗透，国内外敌对组织和敌对分子利用信息网络对我国进行攻击、抹黑、诋毁，危及我国意识形态领域安全。四是价值观念和道德规范受冲击。中华民族历经 5 000 年形成的价值观念和道德规范，是我国区别于他国、屹立于世界且不断发展进步的精神支柱。西方发达国家在信息化建设上占有优势，长期通过信息网络传播资本主义道德规范和价值观念，不良信息和错误思想进入国内，容易对国内网民的思想观念和道德行为产生潜移默化的影响，最终对我国核心价值观和传统道德规范造成冲击。

（四）信息安全影响军事安全

军事国防是国家生存的根本保障，一国军队的调动、驻防地点、军队构成、军人的思想动态、运作机制等，往往都涉及信息安全的问题。然而，对于国家的军事信息来说，在信息时代却失去了往日壁垒森严的有形高墙保护，取而代之的则是防火墙等还远未成熟的网络安全措施的无形保护。由于擅自发布或无心之举而造成的军事信息泄露并不鲜见。尤其是到了 21 世纪，"信息战"从理论变成了现实，美国仅用了一个病毒就摧毁了伊拉克的整个防空控制、指挥体系，使得伊拉克各部队之间、上下级之间的信息传递完全无法进行，未及地面部队投入美国就已锁定胜局。网络信息战已作为全新的战争形态出现在战争舞台上，无处不在、无时不在，是敌我双方影响、决定战争走向和胜负的手段，是战争的重要组成部分。信息战虽然是发生在信息虚拟空间的没有硝烟的战争,但交战双方为争夺制信息权而进行的对抗甚至比传统战争更激烈,其高效性、快速性、隐蔽性、摧毁性和软硬杀伤的特点,使其比传统战争更残酷。

综上所述,信息安全是国家安全的压舱石,信息演变成了一种战略性的资源,是推动国家发展的关键一环。在全球信息化的大背景下,如果信息资源贫瘠、关键信息缺失、信息安全不能保证,国家发展是不可能实现的。一个国家拥有信息的规模、活性及解读运用的能力将成为综合国力的重要组成部分,没有了信息安全,国家安全则难以得到有效保障。因此,信息安全出现问题所带来的危害是全方位的,如何保障信息安全已成为各国当前及今后整体发展战略最优先考虑的方面之一。

第二节　信息安全面临的各类风险

信息安全问题并不是抽象地隐藏在一个个信息之下,而是具体地存在于由生产者发布到被传播,再到被他人采集、存储、分析处理并加以利用的全链条当中。信息处于这样一个可能十分漫长、也可能十分庞大的传播网上,每个环节都面临着一定的信息风险。

一、发布与传播环节的信息风险

信息发布是指生产信息者首次通过一定方式让他人知晓其所生产的信息。信息传播是指对已发布的信息进行扩大范围的传送和散布。传播方式是多种多样的,或是通过口头的形式向社会公众传播,或是通过散发传单等纸质材料向社会公众传达,或是通过网络媒体向社会发布。无论其采取的是何种传播方式,只要在客观上该信息能够为社会公众所知悉,就都属于传播行为。传播的信息既包括自己发布的信息,也可以是他人发布的信息,还可以是原本由他人发布,再经过自己一定程度加工以后的信息。传播的对象包括特定人员、非特定人员、组织或机构,甚至政府。信息的发布与传播之间总是存在交叉和混淆,实质上二者之间有明显的区别,发布一定是信息首次被信息生产者之外的人知晓,而传播所针对的一定是已经发布了的信息。信息发布方面的安全问题一方面是指信息发布的主体非法,也就是某主体擅自发布不应由其发布的信息;另一方面是指国家机密或个人隐私等依法不能发布的消息被发布出去。信息传播安全方面出现的问题主要是指信息的不当传播,以及对社会有害或者虚假信息的传播。

网络时代使得信息发布、传播方式和机制发生了变革。首先,网络上制作和传播信息的成本极低,甚至为零,这导致网络空间上各种信息被不断发布,众多的信息之间不断出现分歧、形成统合,令人无所适从。其次,传统的信息传播,其信息从生成到传播,再到逐渐扩散开来需要一定的时间,信息的实时性较差。这就使得监管部门有相应的时间进行信息拦截,事实也证明,在传统的信息传播时空中,某些有害信息还未到达受众之前就已被清除。而在网络空间,信息的生成与发布几乎是同步的,信息扩散开所需时间非常短暂,许多情形下监管部门根本就没有时间进行处理。最后,传统时空的信息传播是单向流动的,由传统媒体提供信息,受众被动接受。所谓的选择也只能是在传统媒介所提供的信息范围内选择。最重要的是,传播者与受众之间缺乏交互。而网络时代蓬勃发展的自媒体使得人人都可以发布信息,每个人既是传播者,同时也是受众,传播者与受众之间界限模糊,交流频繁。这虽然增加了信息之间的交流,却使得信息发布不够规范,监管愈加困难。

二、采集环节的信息风险

信息采集环节直接决定信息的可靠度和精确度,影响后续对信息的处理。在科技时代,先进的电子计算机技术与网络技术让信息的采集变得极为迅速、智能和廉价,无论是街边的摄像头,还是我们手中的智能手机,甚至汽车的坐垫都能成为信息数据的采集终端。但是这些信息采集终端使用的基本都是公用的传输网络,且罕有服务商会对这些信息进行加密传输,使相关信息的采集过程始终都处于被窃取和篡改的隐患之下。美国的"棱镜门"事件其实就是对采集过程中的数据进行截留与窃听的典型性案例。又如2016年网易邮箱数据泄露事件、2017年全球遭受勒索软件攻击事件、2018年Facebook剑桥分析事件等。大数据的高数量级传输特性也让大数据对信息的采集传输过程本身成为一种黑客的攻击手段,也就是高级持续性威胁(APT),它一般只针对高价值目标。攻击者首先利用大数据的信息传输过程,将攻击代码隐藏在海量数据当中,对攻击对象的业务流程和目标系统进行精确信息收集,然后主动挖掘出被攻击对象授信系统和应用程序的漏洞,最后再利用这些漏洞组建攻击者所需的网络,并利用零日漏洞(又叫零时差攻击,是指被发现后立即被恶意利用的安全漏洞)进行攻击。大数据采集传输过程中的巨量性和低密度性,使得安全分析工具很难聚焦在价值点上,也就难以对隐藏在大数据当中的攻击代码进行甄别和防范。黑客可以很容易地制造误导,让厂商的检测偏离正确方向。利用大数据的特征发起的 APT 攻击使传统的防护策略检测困难,并给安全服务提供商的分析制造了很大困难。而且,由于 APT 攻击是一个持续的动态过程,直到危害发生之前,APT 攻击都仅仅只是对数据进行嗅探和收集,寻找系统的漏洞,攻击被肢解到实施过程的各个环节中,因而根本不可能被实时检测出来。当漏洞被找到的时候,所有的系统基本上就处于任人宰割的境地了。

三、存储环节的信息风险

存储环节的信息安全是指要确保存储的信息不被窃取,不会泄露。在传统时代,信息存储主要依靠有形的物理隔绝或物理阻断,信息的保存与传播是相对独立的两个部分,信息的泄露多是偶发事件,信息的窃取难度较大。而在网络时代,信息的存储与传统的信息存储存在着巨大的差别,互联网、物联网、云存储等信息技术迅速发展,网络的开放性和低准入性等确实给民众带来了极大的便利,但负面影响也是显而易见的,主要表现为服务商内部人员非授权访问和泄露信息;其他恶意租户或黑客的非授权访问导致数据丢失和泄露;由于数据的跨境流动,个人和企业的隐私等敏感信息易被泄露;软硬件故障、电力中断、自然灾害等造成的数据丢失等。究其原因,主要包括以下几点:

首先,在大数据时代,信息存储所需要的载体不再是白纸黑字,甚至不再局限于 U 盘、移动硬盘、SD 卡等电子设备,而是发展为云存储。所谓云存储,其实就是云计算概念延伸和发展出来的一个新的概念,是指通过集群应用、网格技术或分布式文件系统等,将网络中大量不同类型的存储设备集合起来,协同工作,共同对外提供数据存储和业务访问功能的一个系统。简单来说,云存储就是将存储的资源放到云上供人存取的一种新兴方式。使用者可以在任何时间、任何地方,通过任何可联网的装置连接到云上方便地存取。例如,百度云、阿里云、腾讯微云、360 云盘等都属于国内较受欢迎的云存储空间。但现阶段云存储数据所面临的主要风险包括云服务商内部工作人员对信息数据的泄露;网络黑客对于云服务器的攻击所造成的信息数据泄露;跨境云存储时信息数据的泄露;云存储服务器本身因自然灾害或者人为破坏而产生的故障性数据丢失;等等。综合分析来看,云存储的安全问题在本质上就是用户数据与用户主体分离的问题。在传统的信息存储方案中,无论是硬盘存储,还是 U 盘存储,实际上信息都是在一个相对封闭的空间内进行点对点传输的,并且存储媒介与用户本体不会有实质上的分离。而大数据背景下的云存储方案为了实现突破性与便携性,设计出的方案是由用户提供数据,服务方处理数据,但数据的实际存储地却在第三方。云存储平台就像是一个公用的信息数据大仓库,所有人都能暂时租用仓库的位置用于放置和提取自己的信息数据。在公用的云存储服务器当中,诸多复杂的数据全都由服务商进行存储磁盘的分配,整体的存储磁盘不仅在空间上会被分配到不同种类的数据,而且在时间上同一磁盘区域也会接受不同数据的存储。也就是所有人所有类型的数据都有可能被集中存储在一个磁盘扇区之内,一旦发生违规操作,就有可能产生数据提取错乱。

云存储服务中的信息数据安全还面临着一个剩余数据安全的问题,当云服务的用户不再继续使用该服务时,只对存储器进行简单的格式化并不能有效地清理数据,从而产生剩余数据。在这种情况下,新的租户可以通过数据恢复读取过去租户的信息,从而造成信息资料的泄露。

其次,传统的网络公司运营模式是封闭的,由于数据量小,其在自己的服务器上存储数据,在自己的系统内分析数据并实现数据应用,直接通过终端形成结果的输出,通常情况下不需要借助其他外部运算平台的支持。而大数据的整个过程是开放式的,诸多用户的大量复杂的信息都是集中存储在云端服务器中,整体的磁盘空间不仅可能同时承载来源各异的数据,而且具体到某特定的磁盘空间作为存储位置来说,还会在时间先后上容纳来源不同的数据。同时,技术链条也存在多个参与主体,包括信息的发布者、信息处理服务者和信息使用者等,该服务器的其他用户可以共同使用和开发这些数据,一旦操作不当,就可能出现某些生产数据与经营数据的存储位置混同的情况。此外,虽然分布式存储使得数据丢失的可能性大大降低,但黑客仍可通过分析数据分片规律达到复原被分割的数据的目的。

最后,在网络这个新的信息传播系统中,信息的存储保护形式不再是以物理隔绝为主要手段,取而代之的是抽象虚拟的逻辑程序的保护,也就是以防火墙和各种杀毒、安全软件等代替了高墙深院里的保险柜。为了信息的充分利用和交流,信息的保存和传播不再相对独立,而是整合到网络这一个系统当中。但如果用户未采用加密手段,服务商也未能提供相应强度的加密措施,加之网络技术本身就具有易攻难守的特点,使得信息泄露的可能性陡然增加,信息的窃取难度相对降低,以往需要众多人员、各式手段的信息窃取和篡改,在全媒体时代往往只需要一个人和一台电脑就可完成。

四、分析处理环节的信息风险

对已有信息的归纳和加工处理是大数据时代信息增值的核心步骤。大数据被誉为"未来的新石油",其核心在于大数据拥有无限可能的可分析性,在掌握了庞大的信息资源后,我们几乎可以通过大数据的分析得到任何想要的信息,这一分析过程产生了魔法般的价值。但是也恰恰是这样一个无限可能的大数据分析过程,成为当前信息安全的重要隐患。

第一,网络化社会的形成为大数据在各个行业领域实现资源共享和数据互通搭建了平台和通道。基于云计算的网络化社会为大数据提供了一个开放的环境,分布在不同地区的资源可以快速整合,动态配置,实现数据集合的共建共享。大数据依托的基础技术之一 NoSQL(非关系型数据库)因大数据来源的多样性而难以定位重要信息,缺乏内在保密性与完整性,将不同系统、不同应用程序和不同活动的数据进行关联,也加大了信息安全所面临的风险。而且,在逐步开始发展布局的 SaaS(Software-as-a-service,软件即服务)服务模式中,SaaS 提供商为企业搭建信息化所需要的所有网络基础设施及软件、硬件运作平台,并负责所有前期的实施、后期的维护等。企业无须购买软硬件、建设机房、招聘 IT 人员,即可通过互联网使用信息系统。网络访问便捷化和数据流形成,服务重点转移到通过软件实现资源的快速弹性推送和个性化服务,也使得攻击者可以以相对低的成本获得"滚雪球"式的收益。

第二,大数据在分析处理信息过程中所依托的"云计算"自身就具有一定的安全漏洞。云计算具备强大的运算、整合能力和任务分布式结构分析能力,这是大数据处理的必要依托,决定了海量信息与现实需求之间的鸿沟能否消除,价值能否最大限度实现。易言之,云计算技术决定了纷繁复杂的大数据源能否成为有价值的信息数据,它就如同高超的冶炼技术一般,没有云计算,大数据永远都会处于低价值密度的"矿石"阶段。云计算中的虚拟机技术是利用软件而非硬件的连接,在计算机平台和终端用户之间创建一种环境,而终端用户则是基于这个软件所创建的环境来操作和运算。一旦出现虚拟机逃逸、虚拟机被滥用、多租户间隔离失效、虚拟机的安全策略迁移等问题,分析处理环节的信息安全必然会受到冲击。所谓虚拟机逃逸,是指原来的虚拟机和宿主机由正常情况下的隔离状态变成联通状态,这将影响到虚拟机监管层上的所有虚拟机。一旦有攻击者突破虚拟机管理器,便可以获得宿主机操作系统的管理权限,进而既可攻击同一宿主机上的其他虚拟机,也可控制所有虚拟机对外发起攻击。因为同一平台的虚拟机都是处于同一物理服务器上的,也就相当于所有的虚拟机都处于同一个"仓库"内,一旦虚拟机中出现了"家贼","仓库"对外的防护手段也就基本失效了。逃逸的虚拟机能毫无阻碍地访问和读取其他虚拟机当中所运行的明文信息,并通过合法的手段将这些信息数据传输出去。同时,一旦网络黑客突破虚拟机并掌握了多个强大的计算机宿主后,他们也就相当于拥有了一台超级计算机,此时他们的攻击能力就已远非传统的僵尸网络攻击(botnet,是指采用一种或多种传播手段,使大量主机感染僵尸程序病毒)可以比拟的了。因此,虚拟机逃逸被认为是在当下分析处理环节对信息安全最严重的威胁之一。

此外,云计算在安全控制方面的漏洞,如 API(application programming interface,应用程序编程接口)访问权限控制以及密钥生成、存储和管理方面的不足等,都可能使黑客有机可乘并获取到云计算平台的控制权限,从而对公共云平台上所有信息数据的传输、运算、结果随意掌控和支配。传统的家用或小型的企业用计算机在这种运算能力的攻击面前毫无招架之力,其各种信息,如社交网络、邮件、微博、电子商务、电话和家庭住址,等等,都暴露在黑客的目光之下,毫无安全性可言。

五、利用环节的信息风险

在信息时代,信息的交流和利用是必然的,否则信息的价值就无从体现。信息利用环节的主要安全隐患表现为信息利用的方式不当,包括非法使用合法取得的信息、非法使用非法取得的信息、不当使用来源不明的信息、故意利用被篡改的信息等。对信息的非法利用是信息化背景下的频发情况,如某些人使用各种渠道获取的信息为自己从事违法犯罪活动服务；某些媒体为提高收视率，对某些敏感的、不得发布的信息进行利用，故意造成所谓"失误"引起的信息泄露来博取关注；某些媒体对来源不明的信息不加鉴别就予以发布使用，造成恶劣影响；某些人对信息恶意篡改后加以利用，借此获利，而给后续的信息接收者造成难以预料的损失；等等。

第三节　信息安全涉及的核心范畴

从信息论的视角来看，人类社会的进步伴随着信息的生产、交流、存储、分析、运用等各个环节技术的进步。然而，这种进步不仅受到当时社会条件的制约，而且受到了各种不良因素的破坏。在大数据时代，信息的作用越来越关键，作为一种高价值的资源，也必然会成为违法犯罪分子所觊觎的目标，信息安全面临着全新的安全挑战。正如前文所述，信息安全有广义与狭义之分，即使是狭义的信息安全也是一个十分庞杂的概念。根据主要矛盾与次要矛盾的辩证关系原理，在研究信息安全相关问题时，我们要首先抓住重点和关键。结合信息社会的特点，信息安全涉及的核心范畴主要包括以下几个方面：

一、信息系统安全

通过分析不难发现，信息安全事件与案件之所以层出不穷，通常都与信息发布、传播、采集、存储、处理、利用等无时无刻不在依赖的物理设备，即信息系统的安全直接相关。虽然信息具有相对独立性，但它总要由一定的载体承载。信息系统在信息收集、传递、分析等过程中遭受的侵入、破坏、非法控制等直接导致信息安全遭到威胁和破坏。随着信息社会的逐步发展，由于大数据的海量数据特征和价值低密度特征，以及云计算平台的开放性、联通性，信息从产生到扩散、发挥作用的整个技术环节发生了质变。信息技术和管理措施、法律规制尚不完善，加之犯罪分子处心积虑，使得信息系统频繁面临着应用程序被植入病毒，硬件设备发生故障，网络服务瘫痪，数据存储、运算平台安全措施缺失等安全问题，继而引发信息泄露、丢失、被篡改等恶劣后果。而且实践中新手段、新情况层出不穷，传统的安全防范手段难以奏效，影响范围和后果的严重性都在剧增。因此，有必要首先维护好信息系统的安全，为信息的传递、存储创造良好、有序的环境。

二、特定信息保密性

2016 年 1 月初，美国时代华纳公司掌握的 30 多万条用户信息被盗；5 月，土耳其发生了大规模的公民个人信息泄露事件，约有 5 000 万公民的个人信息被黑客窃取；10 月，我国湖南一银行支行行长出售自己的查询账号给中间商，导致 257 万条公民银行个人信息被泄露。这些信息安全问题致使特定信息的保密性遭到破坏，也让我们充分认识到，基于特定法益保护的需要，并非所有的信息都可以公开、透明地展示或者为他人所随意使用。

首先，必须保守国家秘密。《中华人民共和国保守国家秘密法》（简称《保守国家秘密法》）第三条规定，国家秘密受法律保护，一切国家机关、武装力量、政党、社会团体、企业事业单位和公民都有保守国家秘密的义务，任何危害国家秘密安全的行为，都必须受到法律追究。2019 年 4 月 3 日，国务院公布了修订后的《中华人民共和国政府信息公开条例》（简称《政府信息公开条例》），其中第十四条规定，依法确定为国家秘密的政府信息，法律、行政法规禁止公开的政府信息，以及公开后可能危及国家安全、公共安全、经济安全、社会稳定的政府信息，不予公开。国家秘密制度意在保护关乎国家利益的秘密事项不被其他无关人员知晓和利用，以保障我国国家利益。

其次，不得泄露、公开披露、报道依法不公开审理的案件中不应当公开的信息。在刑事诉讼、民事诉讼、行政诉讼领域，相关诉讼法都规定了有些案件是不应当公开审理或者可以依申请不公开审理的。例如，《中华人民共和国刑事诉讼法》（简称《刑事诉讼法》）第一百八十八条就规定，人民法院审判第一审案件应当公开进行。但是有关国家秘密或者个人隐私的案件，不公开审理；涉及商业秘密的案件，当事人申请不公开审理的，可以不公开审理。《最高人民法院关于进一步深化司法公开的意见》第十七条也指出，人民法院工作中承办司法公开事项时应当同步进行保密审查，加强对国家秘密、审判秘密、商业秘密、公民隐私权和个人信息安全的保护，实现依法公开与保守秘密的有机统一。因此，司法工作人员、辩护人、诉讼代理人或者其他诉讼参与人对涉及国家秘密、商业秘密、个人隐私和未成年人犯罪的案件信息，以及其他依照法律法规和最高人民检察院有关规定不应当公开的信息，不得公开。其他案件旁听人员、知情人员、新闻媒体也不得随意披露、报道上述案件信息。

再次,不得侵犯商业秘密。根据《中华人民共和国反不正当竞争法》(简称《反不正当竞争法》)第九条的规定,经营者或经营者以外的其他自然人、法人和非法人组织不得以各种手段实施侵犯商业秘密。1998年修正的《关于禁止侵犯商业秘密行为的若干规定》也禁止侵犯商业秘密行为。对于商业机密被泄露的权利人来说,一夕之间,优势不在,不仅损失了大量金钱利益,甚至有可能因为不再具备核心竞争力而逐渐被市场淘汰,对商业机密进行保护的重要性不言而喻。

最后,个人信息、隐私不受侵犯。根据2020年5月28日审议通过的《中华人民共和国民法典》(简称《民法典》)第一百一十一条、第一千零三十四条的规定,自然人的姓名、出生日期、身份证件号码、生物识别信息、住址、电话号码、电子邮箱、健康信息、行踪信息等个人信息受法律保护。任何组织或者个人需要获取他人个人信息的,应当依法取得并确保信息安全,不得非法收集、使用、加工、传输他人个人信息,不得非法买卖、提供或者公开他人个人信息。同时,根据《民法典》第一千零三十二条、第一千零三十三条的规定,自然人享有隐私权,其私人生活安宁和不愿为他人知晓的私密空间、私密活动、私密信息等受到法律保护。任何组织或者个人不得以刺探、侵扰、泄露、公开等方式侵害他人的隐私权。可见,除法律另有规定或者权利人明确同意外,任何人不得随意侵犯公民的隐私信息及其他个人信息,这是文明社会公民权利的应有之义。收集、存储、使用、加工、传输、提供、公开个人信息的,应当遵循合法、正当、必要原则,原则上必须征得该自然人或者其监护人同意;不得过度处理个人信息;信息处理者不得泄露或者篡改其收集、存储的个人信息;未经自然人同意,不得向他人非法提供其能够识别特定个人的个人信息;信息处理者应当采取技术措施和其他必要措施,防止信息丢失;不得随意处理他人的私密信息。

三、信息内容安全

信息内容安全是指信息必须有价值、真实和可靠。无论是国家政治领域,还是社会舆论,抑或公民生活当中,当充斥大量反动信息、虚假信息、低俗信息之时,何谈信息安全。以虚假信息为例,在互联网时代,没有或缺乏事实依据的网络谣言成为虚假信息的主要表现形式。传统谣言绝大部分以文字为主,网络谣言则是将文字、图片、视频等结合起来,更便于向公众展示,具有更大的欺骗性、煽动性,造成的危害更大。网络时代、全媒体时代的到来使得信息的生成机制产生了显著变化。传统空间中信息的生成是遵循严格程序的:传统媒体的行业准入和新闻主管机关的审查,使得传统媒体信息的发出需要经过严格的过滤,无论是媒体内部的审查,还是外部新闻主管机关的监管,都在最大程度上保证了信息的真实可靠、政治方向正确。同时,在传统空间中,信息的制作是高技术、高成本的,这样的"门槛"自然将其他机构或个人排除在外。然而在网络空间中,这种高技术屏障失去了作用,大量信息的制作过程中已然不存在内部监督、外部监管了,人们只管发布而不考虑对信息加以过滤,信息的真实性难以保证。此外,网络平台上的信息发布者与受众之间的互动会使得某些虚假信息由于支持者众多而产生比其他信息更大的影响力,并且不断地吞噬、整合其他或真或假的信息,成为左右现实的信息,让人难辨真假。尤其当该虚假信息直指突发事件、政治人物、公共管理等社会关注度高的内容时,则会吸引更多人的眼球,造成的负面影响往往更为巨大。因此,确保信息内容的全面、真实、可靠,也是信息安全问题的核心要义。

第三章　信息安全刑法保护概述

第一节　信息安全刑法保护的必要性

信息安全是一个动态的过程,安全是相对的,安全问题及风险无法避免,打击和防范的重点在于反应速度和应急能力的提高。信息安全的保护体系是一个由技术保障、管理保障和法律保障共同构建的,同时发挥人、技术、管理等要素作用的,多层次的复合体系。尽管技术手段和管理手段在信息安全的保护方面发挥着积极且重要的作用,但它们并不是可以完全信赖的灵丹妙药,世界各国都在不断制定各种法律规范,对互联网及其他信息系统进行管制,希望通过法律保障为信息提供一个健康安全的运行与存储环境。在法律保障的各项措施中,当信息主体的信息权利和信息资产受到严重威胁和侵害时,刑法应当成为强有力的救济途径,信息安全的刑法保护具有必要性,也具有可行性。

一、信息安全的总体形势不容乐观

在当前的大数据时代背景下,信息安全频频受到冲击,也呈现出一些与以往不同的特点,主体之广、行为之隐蔽、手段之花样翻新,尤其是对各领域造成的危害之严重,使得我们不得不将其作为刑法学上的一个重要议题加以审视和研究。

(一)主体的智能性

大多数危害信息安全者都具有较高的专业技术水平和娴熟的操作技能,甚至有些就是信息职业部门和从事信息产业的工作人员。他们熟悉各系统软件运行的原理和机制,洞悉信息流通各环节的缺陷与漏洞,作案前经过周密的预谋和精心的策划,通过直接或间接地向计算机输入非法指令等智能型手段实现其不法目的。有的是篡改、伪造他人的银行账户、存折和信用卡等实施贪污、盗窃、诈骗、破坏等行为,也有的是非法侵入国家军政机关或企事业单位的网络系统,窃取政治、经济和军事机密。例如,2017 年 11 月至 2018 年 1 月,由于某品牌手机的网上支付系统遭黑客入侵,导致 4 万余名用户的信用卡信息遭盗取。攻击者将恶意脚本注入支付页面代码中,该恶意脚本能直接从消费者付款时的浏览器窗口中捕获完整的信用卡信息,包括信用卡号、到期日期和安全代码。又如,2018 年 9 月,某省公安厅破获了一个由 21 人组成的非法获取公民信息的团伙,其非法窃取的信息是在校大学生的快递信息,其中包含姓名、手机号、身份证号等敏感信息,且数据的准确率极高。该案的犯罪人并非采取以往的直接网络攻击盗取模式,而是对安装在物流网点手持终端中的快递 APP 进行破解后,植入控件程序,再直接通过数据回传获得数据。可见,此类案件中的行为人智能性、专业性的特点十分鲜明,手段隐蔽,不易被抓获,甚至可能来自世界各地。

(二)主体心理的多元化

在日趋多元化的今天,实施危害信息安全行为者的内心状态大相径庭。有的是出于利益驱动心理,往往借助自己精通电脑、网络技术的优势或有条件接触金融机构、电信系统、银行系统内部的计算机程序的便利,在巨额利益的诱惑下铤而走险,窃取商业秘密与市场情报,非法收集个人信息。有的则是出于政治反动心理,怀有不可告人的政治野心,四处散布反动言论,宣扬异端邪教、种族歧视、恐怖主义,扰乱社会秩序,在意识形态领域腐蚀民众,甚至图谋颠覆国家政权。还有的"网迷"是出于技术较量心理,由于对电脑过分地关注和依赖,意图通过在电脑世界里与他人进行信息技术较量来获取自信、实现自身价值,从而直接或间接地实施了破坏行为。另有一些人,为了发泄不满情绪,在认为遭受了他人、单位、社会的不公正对待之后,或者在感到焦虑烦恼、生活无趣时,利用个人的兴趣爱好或专长,通过实施各类危害信息安全行为来排解烦闷与压力。这些主体的目的与动机千差万别,直接增加了防控的难度。

(三)危害行为的隐蔽性

在现代社会,以电子数据为表现形式的信息具有抽象性,行为人往往用数字化的手段来完成危害信息安全的行为,作案手段通常为对程序的无形操作,行为不受时间和地点的限制,实施后不留痕迹、十分隐蔽,成功率极高。而且,由于危害信息安全行为并不是发生在物理世界中,证据容易被转移或毁灭,尤其是利用远程通信网络实施的犯罪,犯罪人可能远在异国他乡,很难追寻,即使查出一些蛛丝马迹,犯罪人也早已逃之夭夭,使破案难度和专业性程度大幅增加。即使在号称"网络王国"的美国,也有高达85%以上的危害信息安全行为根本就没有被发现,信息犯罪的破案率还不到10%,其中定罪的则不到3%。

(四)危害手段的多样性和与时俱进性

借助迅猛发展的网络技术,信息违法犯罪的实施方法、手段也层出不穷,如偷窃机密、调拨资金、金融投机、剽窃软件、偷漏税款、盗码并机、发布虚假信息、私自解密入侵网络资源,等等,花样繁多、不胜枚举。同时,随着信息安全技术的不断增强,一些低层次的侵害手段将会逐渐消失或被新型侵害手段所替代。例如,当移动通信处于模拟技术阶段时,盗码并机(即利用一定的科技手段盗用正常用户的移动电话号码供自己或他人使用)一度成为用户和电信部门头疼的一件大事。1999年9月,武汉警方破获了全国首例跨境盗码并机案,被盗码的移动电话用户涉及300多位,这些电话被盗码后漫游至广东沿海地区,话费损失达1 200余万元,也为用户的通信保密带来了严重的威胁。而当移动通信进入数字时代之后,数字蜂窝电话配备了更复杂的电话代码,这些代码不会被传送出去,犯罪分子也难以复制。此外,电信容量侦破软件、新的文电鉴别代码和署名检验等数字保护技术,也在一定程度上帮助各公司和用户堵住了盗码并机这一漏洞,盗码的可能性大大降低,此类危害行为也就销声匿迹了。

(五)危害后果的严重性

技术的进步总会伴随着不同的阴影,当一个事物能够发挥更大的作用时,其所造成的危害也必定更大。在物联网、云平台、大数据三驾马车的带动之下,大数据时代的信息交流也呈现出一股空前繁荣与无所不包的气势,所有的社会管理、企业运营与个人生活都逐渐走向网络化与信息化。同时,一旦发生侵害信息安全的违法犯罪行为,其所产生的法益威胁或实害后果也必远胜于过去。从危害性的广度与深度来看,无论是物联网交互的漏洞、云存储平台的突破,还是大数据资源泄露,所危害的对象都可能数以万计乃至数以亿计,所涉及的领域也都突破了单纯的网络空间、虚拟空间,给公民财产权、人身权或社会经济秩序,抑或国家的稳定安全造成了巨大的负面影响。例如,2014 年美国"eBay 数据泄露事件"导致 1 028 亿的 eBay 用户的密码、联系方式、家庭住址等信息遭到大面积泄露。中国互联网络信息中心发布的《2019 年中国网民信息安全状况研究报告》显示,77.7% 的被调查网民遭遇过信息安全事件,并且遭受不同程度的损失,总额大约为 194 亿元。《2019 数据泄露调查报告》(DBIR)显示,全球每分钟由于网络入侵造成的损失为 1.77 万美元(包括直接损失以及系统恢复成本、业务中断成本等间接损失)。新华社《经济参考报》也指出,企业信息安全事件给企业造成的损失每年达百亿元之巨,并有继续快速增长的趋势。

没有信息安全,国家安全就如釜底抽薪,难以得到保障。如果国家的基础数据系统被侵入,必定会给国家安全带来灾难性的后果。更为可怕的是,即使表面看来是商业秘密、个人隐私数据的泄露,但在大数据的分析挖掘技术之下最终都能够成为直指国防、军事的关键性数据,其最终所造成的危害根本无法准确预估。例如,名为"海莲花"的境外黑客组织自 2012 年 4 月起针对中国海事机构、海域建设部门、科研院所和航运企业展开精密组织的 APT 网络攻击,使用木马病毒攻陷、控制政府人员、外包商、行业专家等目标人群的电脑,意图获取其电脑中的机密资料,截获该电脑与外界传递的情报,甚至操纵该电脑自动发送相关情报,从而达到掌握中方动向的目的。

尤其值得我们加倍警惕和关注的是,大数据时代的信息安全违法犯罪行为已经成为许多犯罪行为的前置手段,违法犯罪人通过非法获取、利用相关信息,为其提高成功率、增加犯罪收益、逃避打击等提供更多的便利,由此形成了黑色的产业链,信息风险所带来的扩散性后果不容小觑。

二、信息安全的技术保障存有漏洞

对于信息安全的保护而言,技术保障是基础。虽然带有恶意的程序代码已经存在多年,但网际网络的不断发展、上网速度的不断提高,以及入网计算机的日益增多,使得计算机病毒得以在几分钟的时间内传布全球各地,并让使用者在毫不知情的情况下变成无辜的病毒散播者。计算机入侵攻击所导致的信息泄露事件也变得日益普遍。

对此,信息提供者、传播者和使用者都应当遵循必要的确保安全的技术方案。信息安全的技术保障应涵盖物理层、链路层、网络层、传输层以及应用层等各个层面。应用层的安全防护是面向用户和应用程序的,所有的安全服务均可在应用层得到落实和强化,在应用层可以实施基于用户的身份认证,实现数据加密、访问控制,加强数据备份和恢复等措施。信息安全的技术保障的具体要求包括信息存储系统要尽量与公网隔离,要有相应的安全连接措施;不同工作范围的网络既要保证互通,又要采用防火墙、安全路由器、保密网关等相互隔离;各相应环节应根据需要配置可单独评价的加密、数字签名、访问控制、业务流填充、路由控制、公证、鉴别审计等安全机制,并有相应的安全管理;远程客户访问重要的应用服务要有鉴别服务器严格执行鉴别过程和访问控制;网络和网络安全设备要经受住相应的安全测试;在相应的网络层次和级别上设立密钥管理中心、访问控制中心、安全鉴别服务器、授权服务器等,负责访问控制以及密钥、证书等安全材料的生产、更换、配置和销毁等相应的安全管理活动;信息传递系统要具有防侦听、防截获能力,能对抗对信息的篡改、删除、插入、重放、选取明文密码破译等主动攻击和被动攻击,保护信息的机密性,保证信息和系统的完整性;保密信息在传输过程中,在保密装置以外不以明文形式出现;等等。

虽然相关学科已经归纳了信息安全技术保障方面的相关措施并付诸实践,但如果仅希望通过技术手段对抗信息犯罪的话,前景将是暗淡的。

首先,尽管技术手段可以在某种程度上减轻未来的威胁,但它绝不是最后的答案,它只在有人发起新的攻击时有效。迄今为止,根本不存在万无一失的安全系统,所有的先进技术方法在被运用的同时,都几乎立刻遭到黑客的反击。技术保护措施的产生通常晚于危害信息安全的违法犯罪行为的产生,因此注定只能对信息犯罪被动地做出反应,并且在犯罪行为不断升级的情况下实现追随式的升级。信息犯罪和技术保护之间并非此消彼长的关系,而是水涨船高的关系。作为被动的追随者,技术保障措施不仅无法追赶上领跑者,而且稍不留神就会与之拉开距离。不论是犯罪行为,还是技术保护措施,都会在彼此的对抗中变得日益复杂。危害信息安全行为因为技术保护的刺激而变得更加隐蔽、更加难以查获,而技术保护在更加完备强大的同时却变得更加脆弱。

其次,我国基础信息网络存在较大安全风险。基础信息网络是信息安全得以实现的重要物质保障,然而受历史、现实因素的影响,现阶段我国在这一领域面临的风险和挑战十分复杂,如针对水利、电力等工业控制系统的网络攻击增多;以教育、能源、军事、科研等领域为主要攻击目标的高级持续性威胁(APT)常态化;针对智能设备的网络攻击事件呈上升趋势,网站数据和个人信息泄露导致的安全事件频发等。当前,通用软硬件漏洞数量持续增长,且影响面大、范围广。2019 年,国家信息安全漏洞共享平台(CNVD)新收录的通用软硬件漏洞数量创下历史新高,达 16 193 个,同比增长 14%。这些漏洞影响范围从传统互联网到移动互联网,从操作系统、办公自动化系统(OA)等软件到 VPN 设备、家用路由器等网络硬件设备,以及芯片、SIM 卡等底层硬件。上述基础信息网络及软硬件设备存在的漏洞也为信息安全问题的发生提供了契机。

最后,相比美国等信息强国,我国信息化建设起步较晚,信息化水平仍有较大差距。目前,我国政府级、企业级、个人级的信息技术设施或设备大多采用思科、IBM、高通、谷歌、英特尔、苹果、微软等美国公司的产品,我国每年需从美国等国进口超过 2 000 亿美元的芯片。统计数据显示,在我国的金融、公安、工商、教育等领域,美国思科公司的设备所占份额超过 50%;美国高通公司每年 50% 以上的市场销售额是在中国实现的。同时,云计算、大数据、物联网、人工智能等新技术均是美国首先提出,相关的核心技术主要掌握在美国手里。这导致在技术层面,由于他国技术垄断、价格垄断的存在,我们提升信息安全的技术手段和水准不得不在一定程度上受制于人。此外,美国借助强大的经济、科技、军事实力,通过遍布全球的信息设备、设施,利用其在核心信息技术方面的优势,以中国作为重点监控和攻击目标,获取所需的信息,也从外部技术层面造成了对我国信息安全的巨大威胁。

综上所述,信息安全离不开技术保障,没有技术上对违法者的锁定,法律的强制力将无从落实。但是技术防护措施并没有我们想象的那么坚不可摧,信息安全如果完全依靠技术防护,我们的社会无疑将会陷入"道高一尺、魔高一丈"的恶性循环,陷入受制于人的危险境地,而且违法者也会因为没有法律的约束而变得日益嚣张。

三、信息安全的管理保障仍不严密

信息的发布、传播、利用主体是人,其安全防护的短板同样也是人。人的无知、无畏和无为使得信息安全面临种种风险。因此,构建严密的管理制度是加强信息安全的关键环节。信息安全管理保障的具体措施包括:第一,对信息人员划分权限等级,实行定岗定责的责任体制。对敏感信息的接触者,各单位要设置明确的权限,实行身份和口令双重管理。对于载有重要信息的计算机应实行操作隔离,即系统的维护者和管理者不得利用其处理与公务无关的事务,而其他有权使用者禁止处理与系统维护相关的问题。对于重要信息要实行专人管理,并进行防篡改处理,任何对数据修改的行为,包括增加、删除和修改数据、数据行、数据库结构,乃至建立数据索引文件,都应通过授权来完成。第二,建立相互制约机制。经过软件维护的系统在正式投入使用前,必须经过维护人员、内审人员和用户等三方签字验收,以确保系统的同一性。数据录入和数据审核实行人员分离,以确保录入数据的准确性。在备份数据恢复的场合,应有包括系统操作员和部门领导在内的相关人员的批准和见证,以确保数据的客观性和同一性。第三,对载有重要信息的计算机要设立严格的物理操作规程。诸如外接存储器在系统断电或被系统移出前不得强行取出。同时要运行相应的记录程序,对计算机的使用情况进行专门记载,以检查系统是否被非法用户入侵和使用,或是否被合法用户越权使用。第四,对计算机病毒要设立周密的防范措施。使用正版的操作系统和软件是预防计算机病毒的前提条件;安装并实时更新正版的杀毒软件和及时地修补系统漏洞则是预防计算机病毒的必要要求;对计算机数据采取定期备份和及时备份相结合的备份方式则可以在感染病毒时将损失减至最小;对来历不明的电子邮件和软件慎重开启则是预防计算机病毒的万全之策。第五,建立对网络攻击的防护措施。载有关键信息的计算机不接入互联网或者通过物理隔离卡接入互联网;其他接入互联网的计算机要安装并设置好系统防火墙,并保证防火墙的实时更新,以应对非法入侵;应管理好系统的用户名和密码,为防止不法人员知晓或破译,用户名和密码应经常变动,让系统入侵者无机可乘;不能随意打开来历不明的网址链接和下载来历不明的程序软件,以防木马病毒的植入和钓鱼网站的入侵;对应用程序的网络接入要做到心中有数,并随时警惕某些应用程序对外擅自发送数据,一旦发现可疑链接应立即关闭进程,并利用杀毒软件和防火墙做好排查工作。

我国高度重视信息化发展,相继出台"互联网 +"行动、网络强国战略、大数据战略、《国家信息化发展战略纲要》《"十三五"国家信息化规划》等,要求将信息化贯穿我国现代化进程的始终,加快释放信息化发展的巨大潜能,以信息化驱动现代化,加快建设网络强国。通过近 30 年的发展,我国"齐抓共管"的信息安全管理格局已经基本形成,国家信息化领导小组、公安执法机关、国家安全机关、工业和信息产业部门、保密工作部门、密码管理部门、新闻管理机构、文化部门、工商管理部门、质量监督检验检疫部门、知识产权部门等多个部门、机构分别在自己管辖的范畴内执行各自的安全职能,维护国家信息安全。

但随着互联网科技的突飞猛进、大数据技术的不断开发与运用,信息发布、传播、采集、存储、分析、利用的诸多环节都可能发生显著变化,旧的方式被摒弃,新的危害信息安全的行为方式、手段又涌现出来。看似完备的管理保障措施会出现种种漏洞,不足以抵御不法之徒的进攻。因此,设立在技术分析基础之上的信息安全的保障措施虽然能够在一定程度上发挥防控信息安全侵害行为的作用,但也有捉襟见肘之时,使用刑法等法律手段来保护信息安全日益受到重视。

四、属于信息安全法律保障体系的重要组成部分

如前所述,在互联网的实际发展中,已有越来越多的人意识到,仅仅依赖技术手段或管理手段保障信息安全完全是一厢情愿,技术的进步和相应管理手段的推进并未使危害信息安全的行为减少,反而又引出了各式各样的新问题。信息安全的法律保障手段以技术和管理手段作为其发挥效应的依托,而技术和管理手段则将法律作为其保障信息安全的价值标尺。没有法律的规范,技术会误入歧途,到头来,即使投入大量的人力和物力也可能收效甚微,甚至适得其反。相较于技术保障和管理手段,法律可以事先发挥指引作用和威慑作用。

我国的信息技术发展起步于 20 世纪 90 年代,所以我国关于信息安全的法律建设也是在那时起步的。自 1994 年我国颁布第一部有关信息网络安全的行政法规——《中华人民共和国计算机信息系统安全保护条例》以来,伴随着信息技术特别是互联网技术的飞速发展,我国在信息网络安全领域的法治建设工作取得了令人瞩目的成绩。与信息网络及其安全有关的包括法律、行政法规、部门规章及规范性政策文件在内的法律政策体系基本形成,为保障我国信息化事业的健康发展做出了应有的贡献。总体来说,我国的信息安全相关法律法规可以分为三类:

（一）由全国人大及其常委会制定的法律

《中华人民共和国宪法》（简称《宪法》）规定："全国人民代表大会和全国人民代表大会常务委员会行使国家立法权。"保障信息安全领域的法律主要包括《中华人民共和国宪法》《中华人民共和国保守国家秘密法》《全国人民代表大会常务委员会关于维护互联网安全的决定》（简称《互联网安全决定》）、《中华人民共和国国家安全法》《中华人民共和国网络安全法》（简称《网络安全法》）、《中华人民共和国刑法》（简称《刑法》）、《中华人民共和国民法典》《中华人民共和国治安管理处罚法》（简称《治安管理处罚法》）、《中华人民共和国人民警察法》（简称《人民警察法》）、《中华人民共和国电子签名法》（简称《电子签名法》）等。如《互联网安全决定》指出，如何保障互联网的运行安全和信息安全问题已经引起全社会的普遍关注，应从保障互联网的运行安全；维护国家安全和社会稳定；维护社会主义市场经济秩序和社会管理秩序；保护个人、法人和其他组织的人身、财产等合法权利出发，提出对 4 类 15 种行为构成犯罪的，应依照刑法有关规定追究刑事责任。《人民警察法》第六条第十二款规定了公安机关的人民警察按照职责分工依法履行"监督管理计算机信息系统的安全保护工作"的职责。《网络安全法》规定，国家保障网络信息依法有序自由流动。同时，任何个人和组织不得危害网络安全，不得利用网络从事危害国家安全、荣誉和利益，煽动颠覆国家政权、推翻社会主义制度，煽动分裂国家、破坏国家统一，宣扬恐怖主义、极端主义，宣扬民族仇恨、民族歧视，传播暴力、淫秽色情信息，编造、传播虚假信息，扰乱经济秩序和社会秩序，以及侵害他人名誉、隐私、知识产权和其他合法权益等活动。该法还辟专章用 11 个条文专门规定了网络信息安全的相关问题。《电子签名法》被称为"中国首部真正意义上的信息化法律"，自此，电子签名与传统手写签名和盖章具有同等的法律效力，该法成为我国推进电子商务发展、扫除相应障碍的重要步骤。上述多部法律为我国建立和完善信息网络安全法律体系奠定了良好的基础。

（二）国务院颁布的行政法规

行政法规是国务院为领导和管理国家各项行政工作，根据宪法和法律而制定的政治、经济、教育、科技、文化、外事等各类法规的总称。在信息安全领域，国务院颁布的行政法规主要包括《计算机软件保护条例》《中华人民共和国计算机信息系统安全保护条例》《中华人民共和国计算机信息网络国际联网管理暂行规定》（简称《计算机信息网络国际联网管理暂行规定》）、《计算机信息网络国际联网安全保护管理办法》《商用密码管理条例》《信息安全等级保护管理办法》《互联网信息服务管理办法》《国务院关于大力推进信息化发展和切实保障信息安全的若干意见》《信息网络传播权保护条例》《中华人民共和国政府信息公开条例》（简称《政府信息公开条例》）、《中华人民共和国电信条例》（简称《电信条例》）等。其中，1994年2月发布实施的《计算机信息系统安全保护条例》是我国第一部涉及计算机信息系统安全的行政法规，它确定了公安部主管全国计算机信息系统安全保护工作的职能，其所规定的计算机信息系统的建设和使用、安全等级保护、计算机机房及其环境管理、国际联网备案、计算机信息系统使用单位的安全案件报告、有害数据的防治管理、安全专用产品销售许可证管理等计算机信息系统安全保护的九项制度，是公安机关从20世纪80年代初期就开始在全社会开展的计算机安全的普及、宣传、管理、查处等多年工作经验的总结。1997年12月由国务院批准，公安部发布的《计算机信息网络国际联网安全保护管理办法》是我国第一部全面调整互联网安全的行政法规，它所规定的计算机信息网络国际联网安全保护的四条禁则和六项安全保护责任，不仅对我国互联网在迅猛发展初期起到了重要的保障作用，而且为后续有关信息网络安全的法规或规章的出台起到了重要的指导作用。《信息安全等级保护管理办法》由公安部、国家保密局、国家密码管理局、国务院信息化工作办公室等四部委联合下发，建立了我国信息安全等级保护制度，要求对基础网络和重要信息系统进行有针对性的定级保护，为国内各类信息安全产品提供了广泛的应用空间。2012年6月颁布的《国务院关于大力推进信息化发展和切实保障信息安全的若干意见》明确指出，当前我国信息安全工作的战略统筹和综合协调不够，重要信息系统和基础信息网络防护能力不强，移动互联网等技术应用给信息安全带来严峻挑战。因此，必须进一步增强紧迫感，采取更加有力的政策措施，大力推进信息化发展，切实保障信息安全。并提出了7条意见，第一，明确指导思想和主要目标；第二，实施"宽带中国"工程，构建下一代信息基础设施；第三，推动信息化和工业化深度融合，提高经济发展信息化水平；第四，加快社会领域信息化，推进先进网络文化建设；第五，推进农业农村信息化，实现信息强农惠农；

第六,健全安全防护和管理,保障重点领域信息安全;第七,加快能力建设,提升网络与信息安全保障水平。

(三)国务院各部门和地方政府制定的部门规章和地方性法规

部门规章是国务院所属的各部、委员会,如工业和信息化部、教育部、国家广播电视总局、国家保密局、证监会等,根据法律和行政法规在本部门的权限范围内制定的规范性文件,其主要形式是命令、指示、规定等,数量较多。地方性法规,是指省、自治区、直辖市和较大的市的人民政府根据法律、行政法规和本省、自治区、直辖市的地方性法规制定的规章和规范性文件。与信息网络安全相关的部门规章和规范性文件主要包括:公安部制定的《信息安全等级保护管理办法》《计算机信息系统安全专用产品检测和销售许可证管理办法》《计算机病毒防治管理办法》;公安部和中国人民银行联合制定的《金融机构计算机信息系统安全保护工作暂行规定》;公安部和原人事部联合制定的《关于开展计算机安全员培训工作的通知》等。原信息产业部制定的《互联网电子公告服务管理规定》《软件产品管理办法》《计算机信息系统集成资质管理办法》《关于互联网中文域名管理的通告》《电信网间互联管理暂行规定》,以及与国务院新闻办联合制定的《互联网站从事登载新闻业务管理暂行规定》等。原国家安全生产监督管理总局制定的《网络运行和信息安全保密管理办法》。原信息产业部、公安部、原文化部、原国家工商行政管理总局联合制定的《互联网上网服务营业场所管理办法》。国家互联网信息办公室颁布的《互联网信息搜索服务管理规定》。国家保密局制定的《计算机信息系统保密管理暂行规定》《计算机信息系统国际联网保密管理规定》《涉及国家秘密的通信、办公自动化和计算机信息系统审批暂行办法》《涉密计算机信息系统建设资质审查和管理暂行办法》等。原新闻出版总署制定的《电子出版物出版管理规定》等。原邮电部制定的《中国公用计算机互联网国际联网管理办法》《中国公众多媒体通信管理办法》《专用网与公用网联网的暂行规定》等。原劳动和社会保障部发布的《关于加强劳动保障信息系统安全管理的通知》。原铁道部出台的《铁路计算机信息系统安全保护办法》。原国务院机关事务管理局发布的《关于加强人防信息安全保密管理有关问题的通知》。证监会颁布的《证券期货业信息安全保障管理办法》《证券期货业信息安全事件报告与调查处理办法》《证券期货业网络与信息安全信息通报暂行办法》等。原保监会发布的《关于开展保险业信息系统安全等级保护定级工作的通知》。工业和信息化部发布的《关于加强工业控制系统信息安全管理的通知》。原国家测绘地理信息局发布的《关于加强涉密测绘地理信息安全管理的通知》。国家邮政局、工业和信息化部、公安部等联合制定的《关于切实做好寄递服务信息安全监管工作的通知》等。此外,一些省、自治区、直辖市根据本行政区域的具体情况和实际需要制定了10多部有关信息安全的地方性法规和规章。

目前,我国的信息安全法律保护体系的特点表现为以《宪法》为统领,以《国家安全法》《网络安全法》等法律为指导,以刑法、行政法、经济法等相关法律为落脚点,以信息安全相关管理法规、司法解释、规章及规范性文件为有益补充。信息安全已上升到国家战略安全的高度,既涉及国家的国防安全、政治稳定、经济发展、文化传承以及社会繁荣,也关乎每一个公民、法人的合法权益能否受到保障。在上述庞大的信息安全法律保障体系中,刑法的重要性不容否认。信息安全的维护不仅需要其他法律,更需要制裁措施严厉的刑法介入其中。在各部门法中,刑法是其他法律的保护法,是法律的最后一道防线,运用刑法保护信息安全在理论上有非常重大的意义,在现实中也有重要的指导作用。无论侵害信息安全的犯罪分子采用的手段、方式如何变换和翻新,其危害社会的本质属性是无法改变的。刑法所关注的正是这种类型化的危害性,当侵害信息安全的行为符合刑法所规定的刑事违法性和应受惩罚性,该行为就是刑法所要打击的对象,被纳入了刑法打击的视野,而具体侵害手段、方式的升级换代并不影响刑法对其进行评价。如果不对信息安全的刑法保护问题展开深入研究,而是将传统刑法硬性移植到信息安全领域,则可能放纵犯罪分子,使得我们在同信息犯罪的较量中变得畏首畏尾、犹豫不前。

五、弥补其他部门法对信息安全问题制裁力度的不足

刑法在我国法律体系中是通过适用刑罚打击犯罪、惩罚犯罪,以保护国家安全、公共安全、经济安全、社会秩序、公民人身权利、财产权利、民主权利等方面的法益。刑罚是各类法律处罚措施中最为严厉的一种,不仅有财产刑,更有自由刑甚至生命刑,对各类违法犯罪行为具有强烈的威慑作用。人们普遍具有经济理性,当收益大于成本时,人们往往敢于承受被法律制裁的风险。因此,抑

制动机的力量必须超过其所预期的收益,当行政处罚、民事赔偿都不足以阻止行为人发布网络有害信息时,刑罚自然应当成为其所面临的法律后果之一。也正是因为制裁手段的极其严厉性,刑法也被认为具有补充性,它是其他各部门法的最后的保护屏障。刑法对网络不当信息的治理并不意味着对民事手段、行政处罚的否定,如果其他手段能够充分有效地保护信息安全,给侵害行为以迎头痛击,刑法就没有适用的必要。反之,当其他部门法不能充分保护法益时,刑法则必须挺身而出。当发生主观恶性较深、客观危害较大的信息犯罪行为时,行政法、民商法、经济法无法有效地做出制裁,那么就需要通过刑法对犯罪行为进行正当的法律报应,从而恢复法律秩序,并实现对类型行为的一般预防与特殊预防功能,成为权利保护的又一道防线。刑法虽然具备谦抑的本性,但它在维护社会分工和促进社会整合方面的功能是不容小觑的。如今信息安全所涉及的社会关系已经越来越复杂多样,国家秘密、社会秩序、商业机密、个人隐私都与信息数据的安全唇齿相依,信息的载体遭到入侵、破坏,信息的不当泄露,信息内容上的畸变随时都能对以上法益造成不可挽回的侵害,刑法在坚守最后手段性的基础上,应当与其他部门法共担时代重任,充分发挥出其在保障信息安全领域减弱犯罪条件和消除犯罪意图方面的强大优势。

大数据时代的信息安全面临着的大联网、大集中、大流动、大渗透、大变革的新趋势及相应的新挑战,从信息以数据方式结构化存储、平台式处理运算,到信息内容的广泛涵盖,都会带来刑事法制适用的新困境、新问题,刑法在对相关行为人的行为进行违法性判断时,价值标准与传统刑法视野下可能存在诸多不同。例如,在审查判断某一危害信息安全行为的客观违法性时,应以国家标准优先,还是以技术标准优先;行为的情节严重、后果严重如何认定;犯罪的管辖地如何确定;犯罪行为的证据如何获得与固定;等等。社会保护是刑法存在的重要价值依据,由于人们危害信息安全的行为进入了网络空间、大数据平台,刑法也应当随着信息犯罪现象的变化与延伸而同时进入相应领域并做出科学调整,以有效化解各类信息风险。因此,必须对信息安全的刑法保护问题展开切实而深入的研究,根据信息安全危害行为所发生的环节、违反的具体规则、侵害的法益属性来具体判断、分别处理,从而使刑法在治理信息安全犯罪时实现实质性、跨越式的发展、突破和完善,这是加强信息安全的应然之举。

第二节　信息安全刑法保护的基本思路

信息安全问题从古至今都受到统治阶层的高度重视,只是在社会发展的不同时期,信息安全所面临的威胁有着各不相同的表现形式。到了大数据时代,随着云计算处理技术的进步,信息本身的价值呈指数级地提高,并脱离了纸张、计算机等载体的禁锢,相对独立成为人类社会中关乎政治、经济、文化的重要"金矿"。近几年,随着网络与信息技术的发展,诸如黑客大规模攻击、工业病毒爆发等信息安全事件频繁出现,无论从影响范围还是结果上看,信息安全问题的严重性都在骤增。

对于刑法学的研究而言,我们必须清晰地认识到信息已经逐渐从过去计算机犯罪中的次要客体向主要客体演进,而且其危害对象已经脱离计算机的虚拟世界和计算机的运行状态,转而向现实的法益靠拢。从法益的角度分析,信息安全威胁的既可能是个人法益,也能是商业主体的相关权益,还可能上升到社会秩序、国家法益的层面。现代意义上的信息安全,已然是一个纷繁复杂的格局,涉及各层面法益、互联网络、数据信息、基础设施等软硬件方面的安全,辐射范围极其广阔。早在2000年,《全国人民代表大会常务委员会关于维护互联网安全的决定》就提出应从保障互联网的运行安全;维护国家安全和社会稳定;维护社会主义市场经济秩序和社会管理秩序;保护个人、法人和其他组织的人身、财产等合法权利四个大的方面出发,全面应对互联网的运行安全和信息安全问题。该决定还详尽地列举了应受到惩处的15种相关犯罪行为:(1)侵入国家事务、国防建设、尖端科学技术领域的计算机信息系统;(2)故意制作、传播计算机病毒等破坏性程序,攻击计算机系统及通信网络,致使计算机系统及通信网络遭受损害;(3)违反国家规定,擅自中断计算机网络或者通信服务,造成计算机网络或者通信系统不能正常运行;(4)利用互联网造谣、诽谤或者发表、传播其他有害信息,煽动颠覆国家政权、推翻社会主义制度,或者煽动分裂国家、破坏国家统一;(5)通过互联网窃取、泄露国家秘密、情报或者军事秘密;(6)利用互联网煽动民族仇恨、民族歧视,破坏民族团结;(7)利用互联网组织邪教组织、联络邪教组织成员,破坏国家法律、行政法规实施;(8)利用互联网销售伪劣产品或者对商品、服务做虚假宣传;(9)利用互联网损害他人商业信誉和商品声誉;

（10）利用互联网侵犯他人知识产权；（11）利用互联网编造并传播影响证券、期货交易或者其他扰乱金融秩序的虚假信息；（12）在互联网上建立淫秽网站、网页，提供淫秽站点链接服务，或者传播淫秽书刊、影片、音像、图片；（13）利用互联网侮辱他人或者捏造事实诽谤他人；（14）非法截获、篡改、删除他人电子邮件或者其他数据资料，侵犯公民通信自由和通信秘密；（15）利用互联网进行盗窃、诈骗、敲诈勒索。并提出从刑事、治安、行政三个层面对这些行为予以相应的打击处理。该决定已经为信息安全的刑法保护指明了基本方向，搭建了框架。

以前文所论述的"信息安全涉及的核心范畴"为基础，结合《全国人民代表大会常务委员会关于维护互联网安全的决定》中所列举的 15 类危害信息安全行为的具体样态，通过对最新立法动态以及复杂多样的司法实务情况进行汇总和思考，本书在对信息安全的刑法保护问题进行探讨时，遵循了信息系统安全的刑法保护—特定信息保密性的刑法保护—信息内容安全的刑法保护的大体思路，对计算机安全操作系统的侵入、网络安全协议的破坏、信息数据的侵害，反动信息、虚假信息、低俗信息的泛滥，国家秘密、军事秘密、商业秘密、个人信息泄露等问题及其刑法规制进行深入研究。后文将对上述三大领域中刑法保护的现状展开分析，归纳主要的立法缺陷与司法困境，通过适当的域外借鉴，提供相关罪名立法修改及司法完善的思路，力求各个击破。

第四章　我国信息安全刑法保护的现状

第一节　信息系统安全方面刑法保护的现状

根据最高人民法院、最高人民检察院（简称两高）2011 年 8 月 1 日发布的《最高人民法院、最高人民检察院关于办理危害计算机信息系统安全刑事案件应用法律若干问题的解释》（简称《计算机信息系统安全解释》）第十一条，"计算机信息系统"是指具备自动处理数据功能的系统，包括计算机、网络设备、通信设备、自动化控制设备等。据此，计算机硬件设备，如输出设备、输入设备、中央处理器、存储器和主板；网络硬件设备，如服务器、交换机、路由器、无线设备、网络安全设备、网络存储设备等，都可以认定为计算机信息系统的组成部分。而且，在当下的智能终端普及的情况下，手机、平板电脑、智能电器等都可以扩张解释为计算机信息系统。信息系统作为信息得以存储、加工、传输的主要平台，确保其可靠性、完整性等特性对于保障信息安全而言是至关重要的。信息系统首先应具有可靠性，即该信息系统能够在规定的时间条件下，可预期地实现规定功能，从而达到对计算机资产以及数据、计算机网络运营秩序的保护。可靠性是信息系统的最基本要求之一，是所有信息系统的建设和运行目标。信息系统还应具有完整性，这是指信息系统在未经授权的情况下不能进行改变，从而确保信息在存储或传输过程中保持不被偶然或蓄意删除、修改、伪造、乱序、重放、插入等以致破坏和丢失的特性。由于计算机信息系统具有数据量大、覆盖面广、可依赖性强等特点，该系统本身的可靠性、完整性一旦遭到破坏，可能会带来严重的社会危害后果。而且，不同的信息系统遭到破坏后所产生的社会危害也不尽相同。当前，我国《刑法》中对于信息系统安全的保护规定主要体现在第二百八十五条、第二百八十六条、第二百八十六条之一、第二百八十七条之一等法条当中，所涉及的罪名主要包括：

一、非法侵入计算机信息系统罪

根据《刑法》第二百八十五条第一款的规定,违反国家规定,侵入国家事务、国防建设、尖端科学技术领域的计算机信息系统的,应当以非法侵入计算机信息系统罪论处。

"违反国家规定",表现在行为人违反我国关于计算机信息系统安全的相关法律和行政法规的规定。"侵入"是指未获取合法授权的行为人通过非法手段获取访问权限,或者超越访问权限访问相关计算机信息系统或者进行数据截收的行为。非法侵入的方式在司法实践中主要包括:(1)冒充身份。这是指行为人为了达到侵入计算机信息系统的目的,冒充有合法授权的用户进入计算机信息系统的情形。(2)技术攻击。这是指行为人通过技术攻击使得计算机信息系统的安全保障机制失去屏障功能,从而可以进入系统的情形。(3)"后门"进入。"后门"一般是指软件开发者开发软件时为了以后系统的维护而设置的一个隐藏或伪装的系统入口。当这个后门被发现,就可能被行为人恶意使用。(4)"活门"进入。活门也叫陷阱门,是指为了调试系统或者处理计算机内部意外事件而预先设计的自动转移条件,一般只有软件开发者才知道。通常情况下,调试完系统以后会关闭这个活门,但是现实中若忘记关闭,就可能被行为人发现而由此进入系统。

在考虑以非法侵入计算机信息系统罪论处时,行为人针对的只能是三类重要领域的计算机信息系统,分别是涉及国家事务、国防建设、尖端科学技术领域的计算机信息系统。"国家事务"通常是指关乎整个国家利益的,如用于处理和存储影响国家层面的重大事项信息的计算机信息系统;"国防建设"是指军事部门用于存储和处理军事方面秘密信息的计算机信息系统;"尖端科学技术领域"是指国家最高级别的科研机构,如国家科委等部门确定研究世界领先水平的某类项目所涉及的计算机信息系统。这三类计算机信息系统的安全问题有可能关系到整个国家的安危,所以对其要予以特定保护,以本罪论处。若行为人侵入的是这三类以外其他的计算机系统的,则不成立本罪。对于是否属于"国家事务、国防建设、尖端科学技术领域的计算机信息系统"难以确定的,应当委托省级以上负责计算机信息系统安全保护管理工作的部门检验。

成立本罪,则行为人的责任形式只能是直接故意,即实施侵入行为时,行为人主观上是明知侵入的是本罪所保护的国家事务等三类计算机信息系统仍实施侵入行为,对于侵入的动机则没有进行限制。现实生活中,行为人实施此类犯罪的目的可能是五花八门的,有些是为了寻求某种刺激,满足自身的猎奇心理;有的是竞技表现,为了证明自己的电脑技术过硬而进行技术上的炫耀;还有些网络"黑客"对于非法侵入行为的实施具有成瘾性,但这些目的均不影响本罪的成立。

二、非法获取计算机信息系统数据、非法控制计算机信息系统罪

　　根据《刑法》第二百八十五条第二款、第四款的规定,如果行为人违反国家规定,侵入国家事务、国防建设、尖端科学技术领域以外的计算机信息系统或者采用其他技术手段,获取该计算机信息系统中存储、处理或者传输的数据,情节严重的,以非法获取计算机信息系统数据罪论处。如果个人或者单位违反国家规定,侵入国家事务、国防建设、尖端科学技术领域以外的计算机信息系统或者采用其他技术手段,对该计算机信息系统实施非法控制,情节严重的,则应以非法控制计算机信息系统罪论处。

　　非法获取计算机信息系统数据、非法控制计算机信息系统罪是 2009 年《中华人民共和国刑法修正案(七)》(简称《刑法修正案(七)》)增设的罪名,2015年《中华人民共和国刑法修正案(九)》(简称《刑法修正案(九)》)又增加了单位犯罪的规定。法条增设、修改的目的在于传统的非法侵入计算机信息系统罪的保护范围过于狭窄,日益落后于计算机应用水平的发展,无法满足惩治犯罪的客观需要。适用这个罪名的前提是,行为人针对的对象只能是《刑法》第二百八十五条第一款规定的三类重要领域的计算机信息系统以外的普通计算机信息系统中存储、处理或者传输的数据。例如,侵入的是教育、卫生、商业等行业以及个人所有的计算机信息系统。即成立本罪。若行为人入侵的是三类重要领域的计算机信息系统,鉴于其承载的法益十分重大,仅有侵入行为就可以入罪。但是,如果行为人入侵的是重要性相对较低的其他计算机信息系统,则仅有入侵行为或者仅有使用其他技术手段的行为通常还不足以入罪,还要有获取该计算机信息系统中存储、处理或者传输的数据的行为;或者有对该计算机信息系统实施非法控制的行为。可见,刑法中将这个罪名规定为复合行为犯,既有位于时间链条前端的手段行为,也有位于时间链条后端的目的行为。

行为人为达到非法获取计算机信息系统数据或非法控制计算机信息系统的目的,通常会首先实施两大类行为,一类是入侵,包括采取破解密码等技术手段,突破、穿越、绕过或者解除特定计算机信息系统的安全防护体系;二是采用其他技术手段,如对数据进行物理性拷贝和复制,设立假冒网站,欺骗用户输入账号、密码等信息。

在能够认定实施了上述两类行为的基础上,由于行为人后续的目的及行为不同,认定的具体罪名也有差异。(1)构成非法获取计算机信息系统数据罪,行为人旨在获取该计算机信息系统中存储、处理或者传输的数据。"数据"是指存储在某种介质上能够被识别的物理符号,其内容是通过科学实验、检验、统计等所获得的和用于科学研究、技术设计、查证、决策等的数值。网络时代的各类信息往往以数据的存在形态在电子世界中发布、传递和交换。在"存储、处理或者传输的数据"中,存储的数据是指用户在计算机信息系统的硬盘或者其他存储介质中保存的信息;处理的数据是指他人计算机信息系统正在运行中的信息;传输的数据是指他人计算机信息系统各设备、设施之间或者与其他计算机信息系统之间正在进行交换、传送的数据。"获取"是指通过非法侵入方式或者其他技术手段,违反他人意愿,擅自进入他人计算机信息系统,取得该系统中存储、处理或传输的部分数据或全部数据。至于获取后是否利用该数据不影响本罪的成立。(2)构成非法控制计算机信息系统罪,行为人旨在对该计算机信息系统形成非法控制。"非法控制"是指通过非法侵入方式或者其他技术手段,违反他人意志,完全控制或者部分控制他人计算机信息系统。即该计算机系统能够接受行为人发出的指令,完成相应的操作。明知是他人非法控制的计算机信息系统,而对该计算机信息系统的控制权加以利用的,也属于"非法控制"。(3)如果行为人非法控制了计算机信息系统以后,又获取了该系统内部的数据,则以非法获取计算机信息系统数据、非法控制计算机信息系统罪论处,仍为一罪。

构成本罪还要求行为人的行为达到"情节严重",否则不足以引起刑法的介入。根据《计算机信息系统安全解释》第一条,具有下列情形之一的,应当认定为非法获取计算机信息系统数据或者非法控制计算机信息系统情节严重:(1)获取支付结算、证券交易、期货交易等网络金融服务的身份认证信息十组以上的;(2)获取第一项以外的身份认证信息五百组以上的;(3)非法控制计算机信息系统二十台以上的;(4)违法所得五千元以上或者造成经济损失一万元以上的;(5)其他情节严重的情形。

需要注意的是,行为人实施侵入各类计算机信息系统行为,或者采用其他技术手段对计算机信息系统实施非法控制的行为,可能是以侵犯他人财产权为目的,进而造成了信息系统安全和被害人财产权同时受到侵犯。例如,通过计算机网络实施盗窃,将他人银行存款转移到自己银行卡内;或者非法侵入他人的计算机信息系统后加以非法控制,利用他人的账号在网上散布宣扬恐怖主义、极端主义的言论、视频等。这时,一方面行为人构成非法侵入计算机信息系统罪或非法控制计算机信息系统罪,另一方面根据其行为方式和主观目的,可能构成诈骗罪、金融诈骗罪、盗窃罪、抢夺罪、敲诈勒索罪、挪用资金罪、挪用特定款物罪、故意毁坏财物罪、破坏生产经营罪等罪名。似乎涉及牵连犯或者吸收犯的情形,但根据《刑法》第二百八十七条的规定,利用计算机实施金融诈骗、盗窃、贪污、挪用公款、窃取国家秘密或者其他犯罪的,依照本法有关规定定罪处罚,即以行为人意欲实施的犯罪定罪量刑。

三、破坏计算机信息系统罪

如果个人或单位违反国家规定,对计算机信息系统功能进行删除、修改、增加、干扰,造成计算机信息系统不能正常运行,后果严重的;或者对计算机信息系统中存储、处理或者传输的数据和应用程序进行删除、修改、增加的操作,后果严重的;或者故意制作、传播计算机病毒等破坏性程序,影响计算机系统正常运行,后果严重的,均应认定为《刑法》第二百八十六条所规定的破坏计算机信息系统罪。2015年《刑法修正案(九)》增加了对本罪单位犯罪的规定。破坏计算机信息系统罪是一个概括罪名,包含三种行为方式。

第一种类型是违反国家规定,对计算机信息系统功能进行删除、修改、增加、干扰,造成计算机信息系统不能正常运行,后果严重的行为。"计算机信息系统功能"是指计算机系统内,按照一定的应用目标和规则,对信息进行采集、加工、存储、传输、检索等的功能。"造成计算机信息系统不能正常运行"包括使计算机信息系统不能运行和不能按原来的设计要求运行。

第二种类型是违反国家规定,对计算机信息系统中存储、处理或者传输的数据和应用程序进行删除、修改、增加的操作,后果严重的行为。在这种类型中,行为人针对的对象是系统中的数据和应用程序,而非系统本身,客观行为表现为对数据和应用程序的删除、修改、增加。

对于上述两种类型"后果严重"的认定,根据《计算机信息系统安全解释》第四条的规定,应当包括:(1)造成十台以上计算机信息系统的主要软件或者硬件不能正常运行的;(2)对二十台以上计算机信息系统中存储、处理或者传输的数据进行删除、修改、增加操作的;(3)违法所得五千元以上或者造成经济损失一万元以上的;(4)造成为一百台以上计算机信息系统提供域名解析、身份认证、计费等基础服务或者为一万以上用户提供服务的计算机信息系统不能正常运行累计一小时以上的;(5)造成其他严重后果的。

第三种类型是制作、传播计算机病毒等破坏性程序,影响计算机系统的正常运行,后果严重的行为。这种情形针对的对象依然是计算机信息系统,但与第一种类型在手段上不同,借助了计算机病毒等破坏性程序。根据《计算机信息系统安全解释》第五条的规定,具有下列情形之一的程序,应当认定为"计算机病毒等破坏性程序":(1)能够通过网络、存储介质、文件等媒介,将自身的部分、全部或者变种进行复制、传播,并破坏计算机系统功能、数据或者应用程序的;(2)能够在预先设定条件下自动触发,并破坏计算机系统功能、数据或者应用程序的;(3)其他专门设计用于破坏计算机系统功能、数据或者应用程序的程序。破坏性程序中最典型的就是计算机病毒,计算机病毒是在计算机中编制的或者在计算机程序中插入的破坏计算机功能或者毁坏数据,影响计算机使用,并能自我复制的一组计算机指令或者程序代码,它具有可传播性、可激发性和可潜伏性,对于各种类型的计算机和计算机网络都具有巨大的危害性和破坏性。"制作"是指故意设计、编制计算机病毒等破坏性程序。"传播"是指向计算机输入破坏性程序,或者将已输入破坏性程序的软件加以派送、散发、销售。这第三种类型也要求"后果严重",根据司法解释具体包括:(1)制作、提供、传输上述第一种程序,导致该程序通过网络、存储介质、文件等媒介传播的;(2)造成二十台以上计算机系统被植入上述第二、三种程序的;(3)提供计算机病毒等破坏性程序十人次以上的;(4)违法所得五千元以上或者造成经济损失一万元以上的;(5)造成其他严重后果的。

行为人如果对《刑法》第二百八十五条规定的国家事务、国防建设、尖端科学技术领域的计算机信息系统功能进行删除、修改、增加、干扰,或者对特定其他的计算机信息系统中存储的数据进行删除、修改、增加,就必须首先进入这些计算机信息系统。如果行为人不是该计算机信息系统的管理人员或者操作人员，没有进入计算机信息系统的权限，那么行为人破坏计算机信息系统的行为与非法侵入计算机信息系统的行为之间就形成了目的与手段之间的牵连关系，应按牵连犯的处断原则进行处理，即只定本罪，不能实行数罪并罚。

此外，《计算机信息系统安全解释》第九条规定，明知他人实施了非法侵入计算机信息系统罪，非法获取计算机信息系统数据、非法控制计算机信息系统罪，破坏计算机信息系统罪等规定的行为，仍为其提供用于破坏计算机信息系统功能、数据或者应用程序的程序、工具，违法所得五千元以上或者提供十人次以上的；或者为其提供互联网接入、服务器托管、网络存储空间、通讯传输通道、费用结算、交易服务、广告服务、技术培训、技术支持等帮助，违法所得五千元以上的；或者通过委托推广软件、投放广告等方式向其提供资金五千元以上的，应当认定为上述罪名的共同犯罪。

四、其他相关罪名

有些主体所从事的行为虽然表面看起来与信息系统、信息安全并无关系，但客观上却对信息系统的破坏发挥了至关重要的作用，然而通常又无法依据共同犯罪的原理将其认定为共犯。刑法在近些年的不断修正完善中也留意到了这些行为，并通过增设罪名以在实质上加强对信息系统、计算机网络的保护。

（一）提供侵入、非法控制计算机信息系统程序、工具罪

如果个人或单位为他人提供专门用于侵入、非法控制计算机信息系统的程序、工具，或者明知他人实施侵入、非法控制计算机信息系统的违法犯罪行为而为其提供程序、工具，情节严重的，应成立《刑法》第二百八十五条第三款、第四款规定的提供侵入、非法控制计算机信息系统程序、工具罪。根据《计算机信息系统安全解释》第二条，"专门用于侵入、非法控制计算机信息系统的程序、工具"包括：（1）具有避开或者突破计算机信息系统安全保护措施，未经授权或者超越授权获取计算机信息系统数据的功能的；（2）具有避开或者突破计算机信息系统安全保护措施，未经授权或者超越授权对计算机信息系统实施控制的功能的；（3）其他专门设计用于侵入、非法控制计算机信息系统、非法获取计算机信息系统数据的程序、工具。

（二）拒不履行信息网络安全管理义务罪

如果作为网络服务提供者的个人或单位，无论是网络接入服务提供者，还是网络内容服务的提供者，不履行法律、行政法规规定的信息网络安全管理义务，经监管部门责令采取改正措施而拒不改正，致使违法信息大量传播的；或致使用户信息泄露，造成严重后果的等情形，应当认定为《刑法》第二百八十六条之一所规定的拒不履行信息网络安全管理义务罪。

（三）非法利用信息网络罪

根据《刑法》第二百八十七条之一的规定，如果个人或单位利用信息网络实施发布有关制作或者销售毒品、枪支、淫秽物品等违禁物品、管制物品或者其他违法犯罪信息的；或者为实施诈骗等违法犯罪活动发布信息等行为，则应当认定为非法利用信息网络罪。

第二节　特定信息保密性方面刑法保护的现状

信息数据的保密性是指信息数据未经授权，不为非授权的用户所知悉利用的特性。这一点在网络信息时代十分重要，是保障国家秘密、社会管理秩序、社会主义市场经济秩序，以及公民个人信息权和隐私权的关键所在。在这方面，我国刑法也设立了一系列的罪名以实现对犯罪分子的有效制裁。

一、对国家秘密、情报的刑法保护现状

（一）为境外窃取、刺探、收买、非法提供国家秘密、情报罪

根据《刑法》第一百一十一条的规定，如果行为人为境外的机构、组织、人员窃取、刺探、收买、非法提供国家秘密或者情报的，应当认定为为境外窃取、刺探、收买、非法提供国家秘密、情报罪。

成立本罪，行为人服务的对象应为境外的机构、组织、人员。"境外"既包括国境外，也包括边境外。"境外机构"是指我国境外的国家或地区的官方机构，包括这些机构在我国境内设立的分支或代表机构。"境外组织"是指我国境外

的国家或地区的政党、社会团体和其他组织,包括这些组织在我国境内设立的分支组织等。"境外个人"是指不隶属于任何境外机构、组织的境外人员。对"境外的机构、组织、人员"的性质没有限定,境外机构、组织、人员是否与我国为敌,并不影响本罪的成立。

行为人的客观行为需表现为"窃取、刺探、收买或非法提供"中的一种或者几种。"窃取"是指行为人采用秘密手段非法获取。"刺探"是指行为人用探听或一定的侦查技术非法获取。"收买"是指行为人利用金钱或者其他物质利益以及色情引诱等方法去非法换取。"非法提供"是指违反法律规定,将知悉、管理、持有的国家秘密、情报出售、交付、告知他人。

根据《保守国家秘密法》的规定,"国家秘密"是指关系国家安全和利益,依照法定程序确定,在一定时间内只限一定范围的人员知悉的事项。其范围包括:(1)国家事务的重大决策中的秘密事项;(2)国防建设和武装力量活动中的秘密事项;(3)外交和外事活动中的秘密事项以及对外承担保密义务的秘密事项;(4)国民经济和社会发展中的秘密事项;(5)科学技术中的秘密事项;(6)维护国家安全活动和追查刑事犯罪中的秘密事项;(7)经国家保密行政管理部门确定的其他秘密事项。政党的秘密事项中符合有关规定的,亦属于国家秘密。根据2001年《最高人民法院关于审理为境外窃取、刺探、收买、非法提供国家秘密、情报案件具体应用法律若干问题的解释》第一条的规定,"情报"的含义是指关系国家安全和利益、尚未公开或者依照有关规定不应公开的事项。

在适用为境外窃取、刺探、收买、非法提供国家秘密、情报罪保护国家信息安全的情况下,行为人的主观方面必须为直接故意,即行为人明知为境外机构、组织、人员窃取、刺探、收买、非法提供国家秘密、情报会造成危害国家安全的结果,而决意实施。本罪中的"明知"包含两层含义:一是明知行为对象系国家秘密、情报;二是明知"服务"对象系境外机构、组织、人员而为其窃取、刺探、收买或非法提供。《最高人民法院关于审理为境外窃取、刺探、收买、非法提供国家秘密、情报案件具体应用法律若干问题的解释》第五条规定:"行为人知道或者应当知道没有标明密级的事项关系国家安全和利益,而为境外窃取、刺探、收买、非法提供的,以为境外窃取、刺探、收买、非法提供国家秘密罪定罪处罚。""应当知道"是指可以通过客观行为来推定,这是一种客观的经验判断,其目的是通过简化的证明过程来提高诉讼的效率,是"效率优先、兼顾公平"的指导思想在刑事领域的体现。

（二）非法获取国家秘密罪

根据《刑法》第二百八十二条第一款的规定，以窃取、刺探、收买方法，非法获取国家秘密的，应以非法获取国家秘密罪定罪量刑。

本罪的"窃取"是指行为人以主观上自认为不为国家秘密的保守者所知悉的方法获取国家秘密的行为。如果行为人在取得国家秘密时实际上已经被发觉，但是国家秘密的保管人由于某种原因没有阻止，而行为人对此并不知情，仍然继续将国家秘密取走的，仍是一种窃取行为。相反，如果行为人当时明知被国家秘密的保管人发觉，仍将国家秘密取走的，行为已经具有公然性，应当视为抢夺或抢劫。"刺探"是指行为人用探听的方法获取国家秘密。刺探与窃取不同。窃取是行为人采取自以为不使国家秘密权利保管人发觉的方法，暗中将国家秘密取走的行为，行为方式强调秘密性；行为的对象既可以是记载国家秘密信息的有形物质载体，也可以是无形的秘密信息本身。而刺探是用探听的方法获取国家秘密，行为方式强调"听"，通过听觉器官获取国家秘密；行为的对象只能是无形的秘密信息本身，不能是有形的物质载体。"收买"是指行为人利用金钱等物质利益或其他利益非法换取国家秘密的行为。本罪的犯罪对象包括绝密、机密、秘密等任何一级的国家秘密。

在适用非法获取国家秘密罪保护国家信息安全的情况下，行为人的主观方面必须为直接故意，即行为人必须明知是国家秘密且本人依法不应接触、知悉该秘密，而采取窃取、刺探、收买的方法非法获取，并积极追求这一危害结果的发生。

在认定方面，非法获取国家秘密的级别、数量以及非法获取国家秘密的时间、地点、方法，以及造成或可能造成的危害后果等方面的客观要素会影响本罪的量刑。如非法获取国家绝密级、机密级秘密的；秘密内容涉及非常重大事项的；通过非法侵入国家计算机系统窃取国家秘密的；多次或者大量获取国家秘密的；非法获取国家秘密导致泄露、扩散的；造成其他严重后果的等情形，可以认定为本罪的"情节特别严重"，适用加重法定刑。若行为人为完成所接受的间谍组织及其代理人交给的任务而非法获取国家秘密，则两个行为之间存在牵连关系，应按照间谍罪处断。如果行为人是出于为境外机构、组织、人员窃取、刺探、收买国家秘密的故意,则形成非法获取国家秘密罪和为境外窃取、刺探、收买、非法提供国家秘密罪的法条竞合,特殊法条优先,应以后罪定罪处罚。

(三)非法持有国家绝密、机密文件、资料、物品罪

根据《刑法》第二百八十二条第二款的规定,非法持有属于国家绝密、机密的文件、资料或者其他物品,拒不说明来源与用途的,应当认定为非法持有国家绝密、机密文件、资料、物品罪。

成立本罪,行为人实际掌控的对象为国家绝密、机密文件、资料或者其他物品。首先,这与刑法分则中直接涉及国家秘密的其他罪名的犯罪对象仅为国家秘密不同。法律意义上的国家秘密是关系国家安全和利益,依照法定程序确定,在一定时间内只限一定范围的人员知悉的事项,在本质上是一类信息;国家绝密、机密文件、资料或者其他物品则是记载绝密级、机密级国家秘密信息的各种物品,在本质上是一类物质。可见,其他涉密犯罪行为对象是国家秘密信息本身,本罪的行为对象却是国家秘密赖以记录、保存、传递的载体。作为本罪犯罪对象的记载绝密级、机密级国家秘密事项的各种物品具有确定的、具体的外在表现,在实践中较为直观、易于把握。并且,构成本罪所涉及的只能是记载绝密级、机密级国家秘密信息的文件、资料或者其他物品,秘密级国家秘密载体不能成为本罪的犯罪对象。

本罪中的"非法持有"是一种状态,具体来说是一种控制、支配特定物的状态,这种状态既可以是事实上的,也可以是法律上的;既包括不应知悉某项国家秘密的人员携带、存放该国家绝密、机密文件、资料和其他物品的,也包括可以知悉某项国家秘密的人员,未经办理手续,私自携带、留存该国家绝密、机密文件、资料和其他物品等情形。对本罪的"非法持有"要综合客观表现和主观心态加以考察。

单纯的持有本身尚不能认定犯罪,还必须满足"拒不说明来源与用途"。这一限制性条件既包括被要求说明该国家绝密、机密文件、资料、物品的来源与用途而拒绝说明,也包括无法说明其来源是合法的。易言之,可以将全部行为过程分为前后两段考察,分界点为国家机关要求行为主体对涉案国家秘密载体的来源与用途进行说明之时。前段表现为行为主体对绝密级、机密级国家秘密载体控制、支配的一种事实状态或法律状态;后段为前段产生的法定义务,表现为

行为主体的说明义务。如果由于行为人客观认识上的偏差或错误而造成其说明的来源和用途与事实有所出入时,只要不存在"拒不说明"的主观故意,就不能认定为本罪。

(四)故意泄露国家秘密罪、过失泄露国家秘密罪

根据《刑法》第三百九十八条的规定,国家机关工作人员违反保守国家秘密法的规定,故意使国家秘密被不应知悉者知悉,或者故意使国家秘密超出了限定的接触范围,情节严重的;或者过失泄露国家秘密,或者遗失国家秘密载体,致使国家秘密被不应知悉者知悉或者超出了限定的接触范围,情节严重的,应根据主观罪过形态分别认定为故意泄露国家秘密罪或过失泄露国家秘密罪。非国家机关工作人员有上述行为的,也可以以这两个罪名酌情处罚。

"违反国家秘密法的规定"是指违反《保守国家秘密法》及《保守国家秘密法实施条例》的规定。"国家秘密"是指关系国家安全和利益,依照法定程序确定,在一定时间内只限一定范围的人员知悉的事项,分为绝密、机密、秘密三级。"泄露"是指违反《保守国家秘密法》的规定,使国家秘密被不应当知悉者知悉,以及使国家秘密超出了限定的接触范围,而不能证明未被不能知悉者知悉的。泄露的方式没有具体限制,如通过普通邮政、快递等无保密措施的渠道传递国家秘密载体的;邮寄、托运国家秘密载体出境,或者未经有关主管部门批准,携带、传递国家秘密载体出境的;非法复制、记录、存储国家秘密的;在私人交往和通信中涉及国家秘密的;在互联网及其他公共信息网络或者未采取保密措施的有线和无线通信中传递国家秘密的;将涉密计算机、涉密存储设备接入互联网及其他公共信息网络的;在未采取防护措施的情况下,在涉密信息系统与互联网及其他公共信息网络之间进行信息交换的;使非涉密计算机、非涉密存储设备存储、处理国家秘密信息的;擅自卸载、修改涉密信息系统的安全技术程序、管理程序的;将未经安全技术处理的退出使用的涉密计算机、涉密存储设备赠送、出售、丢弃或者改作其他用途的;等等。作为入罪条件的"情节严重"的具体标准在《最高人民检察院关于渎职侵权犯罪案件立案标准的规定》第三条、第四条中进行了规定。

(五)相关其他罪名

军事秘密、情报等信息本质上也属于国家秘密、情报,但与其他国家秘密、

情报的不同之处在于其在军事领域的作用巨大,影响战争和对抗的走向与结果,尤其是信息网络技术在军事领域广泛应用的背景下,信息对军队的重要性就好比血液对人的重要性。因此,刑法中也有专门的罪名对军事信息加以保护,主要包括《刑法》第四百三十一条第一款规定的非法获取军事秘密罪、第四百三十一条第二款规定的为境外窃取、刺探、收买、非法提供军事秘密罪,以及第四百三十二条规定的故意泄露军事秘密罪和过失泄露军事秘密罪。

此外,国家秘密、情报,军事秘密、情报的保密制度通常比较完善,保密程度较高,不易获得。行为人为了实现窃取、刺探、非法获得目的,会求助于一些专业的设备、器材。因此,根据《刑法》第二百八十四条的规定,非法使用窃听、窃照专用器材,造成严重后果的,以非法使用窃听、窃照专用器材罪论处。对于非法生产、销售专用间谍器材或者窃听、窃照专用器材的,则认定为《刑法》第二百八十三条规定的非法生产、销售专用间谍器材、窃听、窃照专用器材罪。这些规定也在应对威胁和刺探国家秘密的相关案件中发挥着不可或缺的作用。

二、对司法案件信息的刑法保护现状

审判公开原则是诉讼原则中最为重要的原则之一,其要求开庭时间、地点对外公开,允许公众旁听和新闻记者采访。该原则既使得公民和媒体对案件审理活动进行监督,促进司法公正,又可对民众进行有效的法制宣传和法制教育。但某些案件有可能涉及一些重要信息不能对外公开或为他人所知悉,否则可能给国家、社会、个人的权益带来严重的伤害,所引发的社会舆论也可能给人民法院的独立公正审判带来严重的影响。立法者在利益衡量之后对审判公开进行了例外规定,所以我国三大诉讼法中均规定了不公开审理的案件的特殊情况,除了法律规定的以外,对其他案件的审理均需公开进行。对于泄露、公开披露、报道不公开审理的案件中所涉及的不应当公开的信息等严重破坏司法机关正常诉讼活动秩序以及相关涉案信息安全的行为,刑法中也规定了相应的处置措施。

(一)泄露不应公开的案件信息罪

如果司法工作人员、辩护人、诉讼代理人或者其他诉讼参与人,泄露依法不公开审理的案件中不应当公开的信息,造成信息公开传播或者其他严重后果的,应根据《刑法》第三百零八条之一第一款和第二款的规定,认定为泄露不应公开的案件信息罪。此罪名为2015年《刑法修正案(九)》第三十六条所增设。

本罪是身份犯,只有司法工作人员、辩护人、诉讼代理人或者其他诉讼参与人才可能构成,单位也可以成为本罪主体。不具备上述身份的其他人员泄露不应公开的案件信息的,不成立本罪。"泄露"是指使信息让不应知悉的人知悉,至于泄露的方式没有限制。所泄露的信息仅限于"依法不公开审理的案件中不应当公开的信息"。一方面,必须是依法不公开审理的案件。依法应当公开审理但司法机关没有公开审理的,不属于依法不公开审理的案件,对外披露该案件信息的,不应以本罪论处。另一方面,泄露的必须是不公开审理的案件中的不应当公开的信息,因为即便是不公开审理的案件也有应当公开的信息,如案由、开庭时间、地点、成年被告人的姓名等。只有不应当公开的信息被公开后才可能对司法机关正常的审判秩序以及国家安全和利益、诉讼当事人涉案信息安全等法益造成重大不利的影响,值得动用刑法加以制裁。成立本罪,泄露信息的行为还必须造成信息公开传播或者其他严重后果的。"造成信息公开传播"是指造成该信息被司法工作人员、辩护人、诉讼代理人或者其他诉讼参与人以外的大范围社会公众所知悉。"其他严重后果"是指因信息泄露而给利益相关者带来的严重损失。行为人的主观内容只能是故意,如果是本不应当公开的信息,但行为人误以为是可以公开的信息而泄露的,不成立本罪。

(二)披露、报道不应公开的案件信息罪

根据《刑法》第三百零八条之一第三款、第四款的规定,如果司法工作人员、辩护人、诉讼代理人或者其他诉讼参与人之外的其他自然人或单位,公开披露、报道依法不公开审理的案件中不应当公开的信息,情节严重的,成立披露、报道不应公开的案件信息罪。这一罪名是2015年《刑法修正案(九)》所增设的。

从涉及的案件信息看,是"依法不公开审理的案件中不应当公开的信息",与泄露不应公开的案件信息罪中的案件信息范畴相同。行为人的行为表现为公开披露、报道。"公开披露"是指将不应公开的案件信息公开,"报道"通常是指新闻媒体通过报纸、杂志、广播、电视或其他形式将不应公开的案件信息告知公众。《宪法》第三十五条规定了中国公民享有言论、出版、集会、结社、游行和示威的自由,但没有任何自由是绝对的,公民在依法享有自身权利的同时,不能

损害国家、社会或他人的利益。2009年,最高人民法院公布了《最高人民法院关于人民法院接受新闻媒体舆论监督的若干规定》,要求人民法院应主动接受新闻媒体的舆论监督,并根据情况给新闻媒体旁听案件庭审、采访报道法院工作等提供便利,但同时也要求新闻媒体不得对未审理或者正在审理的案件进行恶意报道。《最高人民法院关于适用＜中华人民共和国刑事诉讼法＞的解释》(2012年11月5日公布,2013年1月1日施行),对旁听人和参与人在庭审活动中的行为进行了约束。可见,无论是普通的旁听人员,还是新闻媒体,都不得随意披露、报道不应公开的案件信息,否则是对司法机关正常活动的破坏,也可能导致案件信息中涉及的各方当事人的人格权、名誉权等权益受损。"情节严重"是指造成信息公开传播或者因信息泄露而给利益相关者带来严重损失,如诉讼参与人的个人隐私为他人所知悉,导致其名誉、人格遭到贬损,甚至引发自杀、自伤等严重后果;商业秘密为他人所知悉,给权利人带来严重的经济损失等。

泄露不应公开的案件信息罪与本罪的区别主要表现在两个方面:一是主体方面,对具备司法工作人员、辩护人、诉讼代理人或者其他诉讼参与人身份的行为人,应首先考虑泄露不应公开的案件信息罪。如果不具备该身份,则考虑本罪。二是入罪的条件方面,泄露不应公开的案件信息罪要求造成信息公开传播或者其他严重后果。本罪则要求有"情节严重"的事实存在,如果仅有公开披露、报道不应公开的案件信息的行为,但不属于"情节严重"的,不构成本罪。

三、对商业信息的刑法保护现状

(一)侵犯商业秘密罪

侵犯商业秘密罪规定在《刑法》第二百一十九条,2020年《中华人民共和国刑法修正案(十一)》(简称《刑法修正案(十一)》)第二十二条对本罪的罪状进行较大幅度的修改。根据修改后的《刑法》第二百一十九条的规定,行为人有以盗窃、贿赂、欺诈、胁迫、电子侵入或者其他不正当手段获取权利人的商业秘密的;披露、使用或者允许他人使用以上述手段获取的权利人的商业秘密的;违反保密义务或者违反权利人有关保守商业秘密的要求,披露、使用或者允许他人使用其所掌握的商业秘密的侵犯商业秘密行为,情节严重的,应认定为侵犯商业秘密罪。如果明知或应知他人实施了前述三种行为的第三人,仍获取、披露、使用或者允许他人使用该商业秘密的,也成立侵犯商业秘密罪。

本罪侵害的对象为商业秘密。所谓商业秘密,是指不为公众所知悉,能为权利人带来经济利益,具有实用性并经权利人采取保密措施的技术信息和经营信息。第一,商业秘密是一种技术信息与经营信息。它既可能以文字、图像为载体,也可能以实物为载体,还可能存在于人的大脑或操作方式中,具体形态包括设计、程序、产品配方、制作工艺、制作方法、管理诀窍、客户名单、货源情报、产销策略、招投标中的标底及标书内容等信息。第二,商业秘密是不为公众所知悉、仅限于一定范围内的人知悉的事项。第三,商业秘密能为商业秘密的所有人和经商业秘密所有人许可的商业秘密使用人等权利人带来经济利益。第四,商业秘密具有实用性,即具有直接的、现实的使用价值,权利人能够将商业秘密直接运用于生产经营活动。第五,商业秘密经权利人采取了保密措施,防止外人轻而易举地获得。此外,商业秘密还具有使用权可以转让、没有固定的保护期限、内容广泛等特点。

能以侵犯商业秘密罪评价的行为包括多种类型:第一类可以概括为"非法获取型侵犯商业秘密",主要包括法条第一款第一项所规定的以盗窃、贿赂、欺诈、胁迫、电子侵入或者其他不正当手段获取权利人的商业秘密的;以及第一款第二项所规定的披露、使用或者允许他人使用以上述手段获取的权利人的商业秘密的,这是上述行为的延续和法益侵害的加剧。第二类可以概括为"滥用型侵犯商业秘密",是指法条第一款第三项所规定的违反保密义务或者违反权利人有关保守商业秘密的要求,披露、使用或者允许他人使用其所掌握的商业秘密的。这是指合法知悉商业秘密内容的人披露、使用或者允许他人使用商业秘密的行为,包括公司、企业内部的工作人员,曾在公司企业内工作的调离人员、离退休人员,以及与权利人订有保守商业秘密协议的有关人员。例如,科技人员违反约定,披露、使用或者允许他人使用其所掌握的单位所有的商业秘密的,便属于此类行为,应以侵犯商业秘密罪论处。第三类可以概括为"间接型侵犯商业秘密",是指明知实施了前述三种行为的第三人,仍获取、披露、使用或者允许他人使用该商业秘密。成立本罪还要求达到情节严重。无论哪种情形,行为人主观上均为故意,即行为人明知自己的行为侵犯了他人商业秘密,会给权利人造成重大损失,并且希望或者放任这种结果发生。

在认定方面。对于以盗窃、贿赂、欺诈、胁迫、电子侵入或者其他不正当手段获取他人商业秘密,然后使用该商业秘密制造产品并假冒他人注册商标的,原则上应以侵犯商业秘密罪和假冒注册商标罪实行并罚。实施本罪行为人同时触犯为境外窃取、刺探、收买、非法提供国家秘密、情报罪、非法获取国家秘密罪、故意泄露国家秘密罪的,属于想象竞合犯,从一重罪处断。

(二)内幕交易、泄露内幕信息罪

泄露内幕信息罪规定在《刑法》第一百八十条第一款至第三款,是指证券、期货交易内幕信息的知情人员或单位或者非法获取证券、期货交易内幕信息的人员或单位,在涉及证券的发行,证券、期货交易或者其他对证券、期货交易价格有重大影响的信息尚未公开前,买入或者卖出该证券,或者从事与该内幕信息有关的期货交易,或者泄露该信息,或者明示、暗示他人从事上述交易活动,情节严重的行为。

从客观要件来看,首先,成立本罪的行为主体是特殊主体,即必须是证券、期货交易内幕信息的知情人员或单位,或者非法获取证券、期货交易内幕信息的人员或单位。总之,其已通过合法途径或违法手段掌握了内幕信息。"内幕信息"是指为内幕人员所知悉的、尚未公开的,并对证券的发行,证券、期货交易或者价格有重大影响的信息,其具体范围应根据法律、行政法规确定。"知情人员"是指由于持有发行人的证券,或者在相关公司中担任董事、监事、高级管理人员,或者由于其会员地位、管理地位、监管地位或者职业地位,或者作为雇员、专业顾问履行职务,能够接触或者获得内幕信息的人员,其范围也应依照法律、行政法规确定。根据《最高人民法院、最高人民检察院关于办理内幕交易、泄露内幕信息刑事案件具体应用法律若干问题的解释》(简称《内幕案件解释》)第二条,下列人员属于"非法获取证券、期货交易内幕信息的人员":(1)利用窃取、骗取、套取、窃听、利诱、刺探或者私下交易等手段获取内幕信息的;(2)内幕信息知情人员的近亲属或者其他与内幕信息知情人员关系密切的人员,在内幕信息敏感期内,从事或者明示、暗示他人从事,或者泄露内幕信息导致他人从事与该内幕信息有关的证券、期货交易,相关交易行为明显异常,且无正当理由或者正当信息来源的;(3)在内幕信息敏感期内,与内幕信息知情人员联络、接触,从事或者明示、暗示他人从事,或者泄露内幕信息导致他人从事与该内幕信息有关的证券、期货交易,相关交易行为明显异常,且无正当理由或者正当信息来源的。

本罪的行为表现为三种类型:一是在涉及证券的发行,证券、期货交易或者其他对证券、期货交易价格有重大影响的信息尚未公开前,买入或者卖出该证券,或者从事与该内幕信息有关的期货交易。二是泄露该信息,使内幕信息处于不应知悉该信息的人知悉或者可能知悉的状态。三是明示、暗示他人从事上述交易活动。根据《内幕案件解释》第四条的规定,具有下列情形之一的,不属于从事与内幕信息有关的证券、期货交易:(1)持有或者通过协议、其他安排与他人共同持有上市公司百分之五以上股份的自然人、法人或者其他组织收购该上市公司股份的;(2)按照事先订立的书面合同、指令、计划从事相关证券、期货交易的;(3)依据已被他人披露的信息而交易的;(4)交易具有其他正当理由或者正当信息来源的。

成立本罪还必须达到情节严重。根据《内幕案件解释》的规定,具有下列情形之一的,应当认定为"情节严重":证券交易成交额在五十万元以上的;期货交易占用保证金数额在三十万元以上的;获利或者避免损失数额在十五万元以上的;三次以上实施本罪行为的;具有其他严重情节的。两次以上实施内幕交易或者泄露内幕信息行为,未经行政处理或者刑事处理的应当对相关交易数额依法累计计算。

本罪的责任形式为故意,行为人必须明知涉及证券的发行,证券、期货交易或者其他对证券、期货交易价格有重大影响的信息尚未公开而实施本罪行为。

(三)利用未公开信息交易罪

《刑法》第一百八十条第四款规定,证券交易所、期货交易所、证券公司、期货经纪公司、基金管理公司、商业银行、保险公司等金融机构的从业人员以及有关监管部门或者行业协会的工作人员,利用因职务便利获取的内幕信息以外的其他未公开的信息,违反规定,从事与该信息相关的证券、期货交易活动,或者明示、暗示他人从事相关交易活动,情节严重的,应当以利用未公开信息交易罪论处。

从成立本罪的客观要件来看,第一,本罪的主体只能是证券交易所、期货交易所、证券公司、期货经纪公司、基金管理公司、商业银行、保险公司等金融机构的从业人员以及有关监管部门或者行业协会的工作人员。第二,行为人必须是因职务的便利而获得了金融机构内幕信息以外的其他信息,即其他能够对证券、期货价格的波动产生重大影响的信息,主要是资产管理金融机构、代客户投资理财机构即将用客户资金投资购买证券、期货等金融产品的决策信息。如果这些信息的取得与行为人的职务无关的,不能认定为本罪。第三,行为人违反规定,利用上述信息从事与该信息相关的证券、期货交易活动,或者明示、暗示他人从事上述交易活动。利用未公开信息进行交易的行为在本质上是一种背信行为,无论是金融机构的从业人员,还是金融机构管理部门的工作人员,他们在职务上都负有维护投资人、委托人合法权益的义务。但是,他们都利用从业务工作中获取的信息自己从事证券、期货交易活动,为自己谋取利益,或者明示、暗示他人从事上述交易活动,当然为法律所禁止。第四,构成本罪还要求"情节严重"。根据立案标准,情节严重包括:证券交易成交额累计在五十万元以上的;期货交易占用保证金数额累计在三十万元以上的;获利或者避免损失数额累计在十五万元以上的;多次利用内幕信息以外的其他未公开信息进行交易活动的;其他情节严重的情形。

四、对个人信息、隐私的刑法保护现状

(一)侵犯公民个人信息罪

我国 1979 年《刑法》和 1997 年《刑法》均未明确规定侵犯公民个人信息类犯罪。直到 2009 年《刑法修正案(七)》中增设了第二百五十三条之一才规定了两项有关侵犯公民个人信息类犯罪,其一为非法获取公民个人信息罪;其二为出售、非法提供公民个人信息罪。此次修订有着历史进步意义,具体表现为,在《刑法修正案(七)》第七条中,立法者直接用"保护公民个人信息"取代以往"人格权""隐私权"等间接的个人信息保护表述方式,且通过刑法规定构建了相对完善的对公民个人信息的保护框架,填补了该方面所出现的空白。为了应对当前互联网发展带来的对公民个人信息安全的威胁,进一步弥补相关法律文件所出现的各种缺陷,2015 年《刑法修正案(九)》,又将有关侵犯公民个人信息类犯罪整合为一个罪名,即侵犯公民个人信息罪,同时,该罪的适用也更加明确且细化,去掉了原法条中对主体身份的限制,增设了从重处罚的规定,并将法定最高

刑由三年有期徒刑提高到七年有期徒刑,使对侵害公民个人信息犯罪的刑法惩治更加周延。按照修订后的《刑法》第二百五十三条之一的规定,自然人或单位违反国家有关规定,向他人出售或提供公民个人信息,情节严重的;窃取或以其他方法非法获取公民个人信息的,应以侵犯公民个人信息罪论处。如果行为人违反国家有关规定,将在履行职责或者提供服务过程中获得的公民个人信息出售或者提供给他人的,应以本罪从重处罚。

从客观要件来看,本罪行为对象是"公民个人信息"。根据《最高人民法院、最高人民检察院关于办理侵犯公民个人信息刑事案件适用法律若干问题的解释》(简称《个人信息案件解释》)第一条,"公民个人信息"是指以电子或者其他方式记录的能够单独或者与其他信息结合识别特定自然人身份或者反映特定自然人活动情况的各种信息,包括姓名、身份证件号码、通信通讯联系方式、住址、账号密码、财产状况、行踪轨迹等。可见,公民个人信息应当具有能够识别特定自然人身份或者反映特定自然人活动情况的基本属性。2020年5月28日颁布的《民法典》中,系统确立了个人信息保护制度:一方面,第一编"总则"第五章"民事权利"规定"自然人的个人信息受法律保护"(第一百一十一条),不得非法收集、使用、加工、传输他人个人信息,不得非法买卖、提供或者公开他人个人信息。另一方面,第四编"人格权"第六章"隐私权与个人信息保护"用六个条文(第一千零三十四条至一千零三十九条)对个人信息保护做了详细规定。第一千零三十四条规定:"个人信息是以电子或者其他方式记录的能够单独或者与其他信息结合识别特定自然人的各种信息,包括自然人的姓名、出生日期、身份证件号码、生物识别信息、住址、电话号码、电子邮箱、健康信息、行踪信息等。个人信息中的私密信息,适用有关隐私权的规定;没有规定的,适用有关个人信息保护的规定。"以上法条真正系统地确立了个人信息保护制度并明确自然人对其个人信息享有人格权益。作为主要的前置法,《民法典》关于个人信息立法思路必然会对侵犯公民个人信息罪的司法适用产生影响。

本罪包括两类行为方式。第一类,违反国家有关规定,向他人出售或者提供公民个人信息,情节严重。第一,为"违反国家规定"。根据《个人信息案件解释》第二条,违反法律、行政法规、部门规章有关公民个人信息保护的规定的,都属于"违反国家有关规定"。第二,"出售"是指以公民个人信息换取财产性对价。第三,"提供"是指使他人可以知悉公民个人信息的行为。"出售"本质上也属于"提供",是需要对方支付对价后的提供,因为出售是司法实践中最为常见的提供方式,故法条中将其单独列出。提供的具体方式没有限定,根据《个人信息案件解释》第三条,向特定人提供公民个人信息,以及通过信息网络或者其他途径发布公民个人信息的,应当认定为"提供公民个人信息"。未经被收集者同意,将合法收集的公民个人信息向他人提供的,也属于"提供公民个人信息",但是经过处理无法识别特定个人且不能复原的除外。第四,要求达到"情节严重"。在《个人信息案件解释》第五条中,对于出售或者提供公民个人信息"情节严重"的标准有较为具体和明确的规定,包括:(1)出售或者提供行踪轨迹信息,被他人用于犯罪的;(2)知道或者应当知道他人利用公民个人信息实施犯罪,向其出售或者提供的;(3)非法获取、出售或者提供行踪轨迹信息、通信内容、征信信息、财产信息五十条以上的;(4)非法获取、出售或者提供住宿信息、通信记录、健康生理信息、交易信息等其他可能影响人身、财产安全的公民个人信息五百条以上的;(5)非法获取、出售或者提供第三项、第四项规定以外的公民个人信息五千条以上的;(6)数量未达到第三项至第五项规定标准,但是按相应比例合计达到有关数量标准的;(7)违法所得五千元以上的;(8)将在履行职责或者提供服务过程中获得的公民个人信息出售或者提供给他人,数量或者数额达到第三项至第七项规定标准一半以上的;(9)曾因侵犯公民个人信息受过刑事处罚或者二年内受过行政处罚,又非法获取、出售或者提供公民个人信息的;(10)其他情节严重的情形。此外,根据《刑法》第二百五十三条之一第二款的规定,违反国家有关规定,将在履行职责或者提供服务过程中获得的公民个人信息,出售或者提供给他人的,从重处罚。"在履行职责或者提供服务过程中获得的公民个人信息"是指作为主体的单位以及自然人在履行职责或者提供服务过程中正当、正常获得的公民个人信息。例如,银行工作人员在工作中获得的储户个人信息,宾馆工作人员在工作中获得的旅客个人信息,网络、电信服务商在提供网络、电信服务过程中获得的公民个人信息等。

第二类,窃取或者以其他方法非法获取公民个人信息,情节严重。第一,"窃取"是指采用不使被害人发觉的秘密方式取得。第二,"以其他方法非法获取"是指违反国家有关规定而取得。"窃取"其实也是"非法获取"的一种方式,只是由于窃取的方式较为常见,故法条将其独立规定。根据《个人信息案件解释》第四条,以其他方法非法获取公民个人信息还包括通过购买、收受、交换等方式获取公民个人信息,或者在履行职责、提供服务过程中收集公民个人信息。例如,行为人采取冒充司法工作人员等方法欺骗国家机关或者金融、电信、交通、教育、医疗等单位的工作人员,使后者提供公民个人信息的,属于以其他方法非法获取公民个人信息。"窃取或者以其他方法非法获取",既包括为了使本人获得而窃取或非法获取,也包括为了使第三者获得而窃取或者非法获取。第三,"情节严重"。在《个人信息案件解释》第五条中,对于非法获取公民个人信息"情节严重"的标准有较为具体和明确的规定。同时,根据《个人信息案件解释》第六条,为合法经营活动而非法购买、收受行踪轨迹信息、通信内容、征信信息、财产信息、住宿信息、通信记录、健康生理信息、交易信息等其他可能影响人身、财产安全的公民个人信息以外的其他公民个人信息,具有下列情形之一的,应当认定为"情节严重":(1)利用非法购买、收受的公民个人信息获利五万元以上的;(2)曾因侵犯公民个人信息受过刑事处罚或者二年内受过行政处罚,又非法购买、收受公民个人信息的;(3)其他情节严重的情形。

在认定方面,根据《个人信息案件解释》第八条、第九条的规定,设立用于实施非法获取、出售或者提供公民个人信息违法犯罪活动的网站、通讯群组,情节严重的,应当依照《刑法》第二百八十七条之一的规定,以非法利用信息网络罪定罪处罚;同时构成侵犯公民个人信息罪的,依照侵犯公民个人信息罪定罪处罚。网络服务提供者拒不履行法律、行政法规规定的信息网络安全管理义务,经监管部门责令采取改正措施而拒不改正,致使用户的公民个人信息泄露,造成严重后果的,应当依照《刑法》第二百八十六条之一的规定,以拒不履行信息网络安全管理义务罪定罪处罚。

(二)侮辱罪

行为人在现实世界或网络空间中,通过制作网页、论坛发布帖子、自媒体发布文章等形式,将他人的隐私信息、人生经历及相关生活状态公之于众,贬损他人人格、败坏他人名誉,情节严重的,应认定为《刑法》第二百四十六条规定的侮辱罪。

侮辱罪是指使用暴力或者其他方法,公然贬低他人人格、败坏他人名誉,情节严重的行为。侮辱罪的客观行为包括使用暴力方法,即以强制性手段损害他人的人格尊严和名誉;也包括使用其他方法,具体方式多种多样,如非暴力的动作侮辱、言辞侮辱、文字侮辱等。其中,言辞侮辱表现为使用言辞对被害人进行戏弄、挖苦、诋毁、谩骂等,使其当众出丑;文字侮辱表现为书写、张贴、传阅有损他人名誉的漫画、传单、标语等。通过言辞或文字形式公布被害人的私密生活状态或他人不愿为人所知的私密信息,使被害人的隐私暴露在众目睽睽之下,这种行为实际上构成了对被害人隐私信息安全的巨大破坏,极可能导致被害人的社会评价降低,人格尊严受损,因而不再是普通的言论自由的范畴,情节严重的,应当以刑事犯罪论处。现实生活中,越来越多的行为人借助网络平台发布侮辱信息,其内容和危害已经超过了正常的发帖、发圈与评论的范畴,成为现实世界暴力行为在网络的延伸,成为网络暴力的典型形式,可以认定为其他方法的侮辱。成立侮辱罪,还要求侮辱行为必须公然实施。"公然"是指在有第三者在场的情况下或者以能够使第三者看到、听到、知悉的方式进行侮辱。至于被害人本人是否在场,不影响本罪的成立。只要第三者可能知悉,即使现实中没有知悉,依然成立本罪;但如果仅仅面对着被害人进行侮辱,没有第三者在场,也不可能被第三者知悉的,则不构成本罪。在非法公布他人隐私信息的情况下,能否认定为侮辱罪,还需进一步判断行为是否具有公然性。在网络空间发布侮辱信息的行为,应当认定具有公然性,这是由于网络平台所构建的网络空间加速了信息的传播速度,与现实空间相比,更具开放性;信息发布面对的受众往往是不特定的,危害更为严重。随着人们对于网络认识的不断加深,网络普及度有了明显上升,网络信息的发布者既然能够选择网络作为传播信息的途径,便是明知网络空间的开放性。因此,将网络空间的各种言辞侮辱、文字侮辱等解释为具有公然性,不会超出一般的国民预期,属于扩大解释而非类推解释。成立本罪还要求达到"情节严重"。

（三）其他相关罪名

此外,根据《刑法》第二百五十二条的规定,行为人隐匿、毁弃或者非法开拆他人信件,侵犯公民通信自由权利,情节严重的,应当以侵犯通信自由罪论处。第二百五十三条还规定,邮政工作人员私自开拆或者隐匿、毁弃邮件、电报的,以私自开拆、隐匿、毁弃邮件、电报罪论处。这些行为可能会导致公民通信中的秘密及信件、邮件、电报中所涉及的隐私被他人知晓,也构成了对公民相关权利的侵犯。在网络时代,这两个罪名中所针对的对象即"信件""邮件",应当包括电子邮件或者其他通过网络传递的数据资料,因此,非法截获、非法阅读、篡改、删除他人电子邮件或者其他数据资料,侵犯公民通信秘密和通信自由,情节严重的,也可以以上述两个罪名定罪量刑。

第三节　信息内容安全方面刑法保护的现状

当今网络社会的飞速发展,网络媒体异军突起,信息的传播手段日益发达,媒体间的新闻竞争越发激烈,大量反动信息、虚假信息、低俗信息的高速与大范围传播,严重影响到了当今信息数据的内容安全及其可利用价值,增加了人们对于真实信息的鉴别难度。对此,我国刑法予以高度关注,并根据行为人的目的及其所侵犯的法益进行了较为全面的打击。这些内容上存在问题的信息又可划分为不同类型,刑法对各类型又都设置了若干罪名。根据具体情况,所涉及的类型及具体罪名主要包括:

一、对政治煽动信息的惩治现状

何为煽动?德国刑法学家汉斯 - 海因里希·耶赛克(Hans - Heinrich Jescheck)曾论述称:"煽动型犯罪是指故意煽动不特定之人的犯意,使其实施故意的违法行为。"日本刑法学者西田典指出:"煽动多数人,使其产生实施犯罪之意图的,是煽动犯。"我国刑法学家张明楷则认为:"煽动犯运用鼓动和唆使等手段,引发不特定对象的犯罪意图,使其被犯意指引而实施犯罪行为。"由此可见,煽动以针对不特定人或者多数人实施为主要特征,其核心在于通过表达煽动性的言论,使被煽动者产生犯罪意图,或者助长、强化其犯意,并在该意图的指引下实施犯罪行为。煽动行为必须具有公然性,即在不特定人、多数人共见共闻或可见可闻的情形下从事煽动,利用网络发布政治煽动信息,涉及的对象理论上可能涵盖全部网民,对国家安全、公共安全、军事安全的危害不言而喻。

我国刑法总则中并没有关于煽动型犯罪的概括规定,但结合刑法分则的具体规定,主要涉及煽动分裂国家罪(第一百零三条第二款),煽动颠覆国家政权罪(第一百零五条第二款),宣扬恐怖主义、极端主义、煽动实施恐怖活动罪(第一百二十条之三),煽动民族仇恨、民族歧视罪(第二百四十九条),煽动暴力抗拒法律实施罪(第二百八十七条)和煽动军人逃离部队罪(第三百七十三条)等六个罪名。这些罪名或多或少都带有威胁政治稳定的色彩,但由于立法者对主要侵害法益认识的不同,这些罪名被规定在刑法分则第一章危害国家安全罪,第二章危害公共安全罪,第四章侵犯公民人身权利、民主权利罪,第六章妨害社会管理秩序罪和第七章危害国防利益罪中,犯罪发生的领域和成立的条件也各有差别。

(一)煽动分裂国家罪

根据《刑法》第一百零三条第二款、第一百零六条的规定,煽动分裂国家、破坏国家统一的,应当认定为煽动分裂国家罪。若行为人是与境外机构、组织、个人相勾结犯本罪的,应从重处罚。

所谓"煽动",是指以各种方式、通过各种手段引起他人产生分裂国家、破坏国家统一的犯罪决意,或者刺激、助长他人已产生的分裂国家、破坏国家统一的犯罪决意的行为。从本质上讲,煽动行为属于分裂国家罪的教唆行为,但刑法将这种行为规定为独立的罪名,因而行为人不再以分裂国家罪的教唆犯处理。成立本罪,煽动行为的内容是特定的,但是煽动行为的方式是多样的,可以是口头的,也可以是书面的,在当前的互联网时代背景下当然也可能是利用信息网络进行煽动,例如,在网络上肆意制作、散播分裂国家的反动标语、传单,在面对公众开放的直播平台上发表煽动分裂国家的演讲等。有些煽动信息的发布者考虑到单纯的鼓动、威胁很难让人产生分裂国家的犯罪意图并进而实施相应的犯罪行为,便借助夸大、捏造、诽谤等手段对煽动行为加以辅助,如对政府机关的工作失误大肆渲染以引起群众不满,或者编造、篡改历史事实激化社会矛盾等,也可以认定为煽动行为的具体手段。只要行为人以分裂国家、破坏国家统一为目的进行了煽动活动,那么不论被煽动者是否接受或者相信了行为人所煽动的言论,也不论被煽动者客观上是否实施了分裂国家、破坏国家统一的行为,都不影响本罪的成立。根据《最高人民法院关于审理非法出版物刑事案件具体应用法律若干问题的解释》(简称《非法出版物解释》)第一条的规定,明知出版物中载有煽动分裂国家、破坏国家统一的内容,而予以出版、印刷、复制、发行、传播的,成立煽动分裂国家罪。

(二)煽动颠覆国家政权罪

根据《刑法》第一百零五条第二款、第一百零六条的规定,以造谣、诽谤或者其他方式煽动颠覆国家政权、推翻社会主义制度的,成立煽动颠覆国家政权罪。若行为人是与境外机构、组织、个人相勾结犯本罪的,应从重处罚。

所谓"造谣、诽谤",是指编造、捏造、歪曲、损害、诋毁、污蔑国家政权与社会主义制度的方式,例如有些网络有害信息否定政府形象、否定政府的政绩、诋毁政府工作人员以达到混淆视听、煽动群众不满情绪进而向被煽动者散播鼓动颠覆政权的信息。"其他方式"是指造谣、诽谤以外的能够引起人们仇视我国国家政权和社会主义制度的方式,例如,有些网络有害信息夸大、渲染我国社会中存在的问题,许诺颠覆当前政权后建立起的政权和制度会超越当前,以引起人们对现实政权和社会主义制度的不满等。行为人所采取的各种方式,都旨在鼓动他人颠覆国家政权、推翻社会主义制度。根据《非法出版物解释》第一条的规定,明知出版物中载有煽动颠覆国家政权、推翻社会主义制度的内容,而予以出版、印刷、复制、发行、传播的,成立煽动颠覆国家政权罪。组织和利用邪教组织,煽动颠覆国家政权、推翻社会主义制度的,也成立本罪。

(三)宣扬恐怖主义、极端主义、煽动实施恐怖活动罪

根据《刑法》第一百二十条之三的规定,以制作、散发宣扬恐怖主义、极端主义的图书、音频视频资料或者其他物品,或者通过讲授、发布信息等方式宣扬恐怖主义、极端主义的,或者煽动实施恐怖活动的,应认定为宣扬恐怖主义、极端主义、煽动实施恐怖活动罪。该罪名为2015年《刑法修正案(九)》所增设的,填补了我国在惩治恐怖主义犯罪以及煽动型犯罪领域的不足。近年来,我国恐怖活动人员逐渐注重与国际恐怖组织结合,利用各种媒介对公众进行虚假宣传、煽动,从思想上对部分不明真相与思想不坚定的民众进行精神灌输、蛊惑,以实现其教唆、煽动的目的,扩大恐怖活动组织及其影响力。虽然宣扬恐怖主义、极端主义、煽动实施恐怖活动行为本身不会直接产生物理性的危害,但是其潜在的危险是无穷的,同时,其成本低、风险小、传播广、受众多,备受恐怖分子、极端分子青睐。对此,刑法积极做出了调适,使制裁的触角向前延伸,以达到保护公共安全的目的。

成立本罪,主要行为方式有两类:第一类是宣扬恐怖主义、极端主义,"宣扬"是指广泛宣布、传扬,使不特定人或者多数人接受恐怖主义、极端主义的行为。宣扬的具体形式可以是制作、散发、讲授、发布信息,可以是出现在现实生

活中,行为人与受众处于同一场所,通过面对面的形式加以宣扬,也可以是借助信息网络,远程进行宣扬。在司法实践当中,有的犯罪分子自建门户网站进行宣扬;有的是利用大型网站上的博客等发布恐怖信息;有的是利用社交网站进行传播扩散;有的是利用大型网盘进行恐怖音视频分享。"恐怖主义"是指通过暴力、破坏、恐吓等手段,制造社会恐慌、危害公共安全、侵犯人身财产,或者胁迫国家机关、国际组织,以实现其政治、意识形态等目的的主张和行为。"极端主义"是指歪曲宗教教义和宣扬宗教极端,以及其他崇尚暴力、仇视社会、反对人类等极端的思想、言论和行为。第二类是煽动实施恐怖活动,这是指公然向不特定人或者多数人实施的,使其产生实施恐怖活动的决定,或者刺激、助长其已产生的实施恐怖活动的决定的行为。煽动的方式主要包括制作资料、散发资料、发布信息、当面讲授,或者通过音频、视频、信息网络等。例如,煽动者通过互联网传播策划极端自杀式袭击事件等。对于本罪,只要行为人实施了宣扬恐怖主义、极端主义,煽动他人发布恐怖袭击的行为,不管有没有人看到其所宣扬、煽动的内容,也不管看到的人多少以及是否有人接受其所宣扬、煽动的内容,都成立犯罪既遂。但是,如果行为人的宣扬、煽动行为在客观上没有传达到他人的可能性,无法为他人所知晓,则不能以既遂论处。

（四）煽动民族仇恨、民族歧视罪

根据《刑法》第二百四十九条的规定,如果行为人煽动民族仇恨、民族歧视,情节严重的,应认定为煽动民族仇恨、民族歧视罪。我国作为一个统一的多民族的国家,各民族一律平等,任何民族不能享有特权,各个民族彼此独立,却又紧紧相依,理应和睦共处。发表煽动民族仇恨、民族歧视的信息且情节严重,对各民族的平等与民族间和睦关系产生了巨大负面影响力和破坏力,刑法对此不能熟视无睹。

民族仇恨和民族歧视,是被煽动者的内心情绪和感受,所谓"煽动民族仇恨",是指对民族的历史和现实中某些现象进行渲染,或捏造并散布某种虚假事实,公然掀起民族之间的强烈憎恨。"煽动民族歧视"是指利用民族历史、文化、传统、风俗、习惯、种族、肤色等差异,公然煽动其他民族对之鄙视、排斥、限制、损害民族平等。煽动的形式包括语言、文字和其他方式等,具体手段包括发表演讲、游说、张贴大字报、制作讽刺漫画、写匿名书信、利用互联网发布煽动信息等。"情节恶劣"一般是指手段恶劣、多次煽动、引起民族公愤的；严重损害民族感情、尊严；致使某民族成员大量逃往国外或者引起其他影响民族团结、平等的后果等。例如，利用 QQ 群、微信群传播、扩散一些煽动性较强的煽动民族仇恨和歧视的视频，供群里的人下载和传播，这很容易使一些本就对宗教、民族有着错误认识的人进一步对其他民族和宗教产生仇恨，群内成员再将该视频转发至其他群当中，煽动的影响范围可能极其庞大。根据中国裁判文书网上所公布的数据来看，从 2009 年到 2019 年，在煽动型犯罪中煽动民族仇恨、民族歧视案所占比例最大。

(五)煽动暴力抗拒法律实施罪

根据《刑法》第二百七十八条的规定，煽动群众暴力抗拒国家法律、行政法规实施的，成立煽动暴力抗拒法律实施罪。本罪中，煽动的内容必须是以暴力来抗拒国家法律、行政法规的实施，如果只是煽动群众单纯抵制法律、行政法规实施的，而不使用暴力方法的，不成立本罪；如果只是煽动推迟法律、行政法规实施的，也不成立本罪。煽动言论需具有明显的鼓动性、激励性，如果仅是单纯描述某种事实的言论，即使可能引起他人的非法行为，也不能认定为煽动。煽动的方式既可以是书面的，也可以是口头的，抑或是借助互联网进行的；既可以使用自己创作的文字、图画、演说词进行煽动，也可以是利用他人的文稿、画稿进行煽动。从主观心态看，行为只能是出于故意，如果行为人仅是就公共事务发表言论，或者出于正当目的发表言论，则不得认定为本罪。

(六)煽动军人逃离部队罪

根据《刑法》第三百七十三条的规定，煽动军人逃离部队，情节严重的，应认定为煽动军人逃离部队罪，处三年以下有期徒刑、拘役或者管制。"煽动军人逃离部队"是指唆使、怂恿、鼓动现役军人逃离部队，这种行为严重地危害了我国的兵役制度以及部队的正常管理秩序。根据《最高人民检察院、公安部关于公安机关管辖的刑事案件立案追诉标准的规定(一)》第九十一条的规定，涉嫌下列情形之一的，应予立案追诉：煽动三人以上逃离部队的；煽动指挥人员、值班执勤人员或者其他负有重要职责人员逃离部队的；影响重要军事任务完成的；发生在战时的；其他情节严重的情形。

上述煽动行为所指向的具体目标犯罪的性质十分恶劣,可能造成的社会危害性极其严重,煽动分裂国家罪和煽动颠覆国家政权罪侵害的客体是国家主权完整和政权稳固等国家根本利益;宣扬恐怖主义、极端主义、煽动实施恐怖活动罪侵害的客体是社会的公共安全以及人民群众的生活安宁;煽动民族仇恨、民族歧视罪严重侵害了公民的民主权利,危害到各民族的平等与民族间和睦关系;煽动暴力抗拒法律实施罪严重威胁社会管理和法治秩序;煽动军人逃离部队罪则危及国家的军事利益。鉴于上述煽动行为所指向的目标犯罪关乎重大法益,立法者对特定煽动行为的处罚时机予以提前,将煽动这种带有预备性质的行为分离出来作为实行行为加以定罪处罚。此外,还有许多发布、扩散政治教唆煽动信息的行为,虽没有被直接规定为煽动型犯罪,但可以将行为人以相应犯罪的教唆犯或实行犯论处。例如,根据《刑法》第一百零四条第二款的规定,策动、胁迫、勾引、收买国家机关工作人员、武装部队人员、人民警察、民兵进行武装叛乱或者武装暴乱的,依照武装叛乱、暴乱罪的规定从重处罚。因此,向上述特定对象发出策动、胁迫、勾引信息、信号者,即可以认定为武装叛乱、暴乱罪。

二、对破坏社会秩序的虚假信息的惩治现状

(一)编造、故意传播虚假恐怖信息罪

根据《刑法》第二百九十一条之一第一款的规定,编造爆炸威胁、生化威胁、放射威胁等恐怖信息,或者明知是编造的恐怖信息而故意传播,严重扰乱社会秩序的,成立编造、故意传播虚假恐怖信息罪。

从客观要件来看,"编造"是指凭空捏造。"传播"是指将虚假恐怖信息传达至不特定或者多数人的行为。向特定人传达且怂恿其向其他人传达的行为,也应认定为传播。从编造、传播的内容看,必须是恐怖信息。"恐怖信息"不是泛指任何令人感到恐怖和害怕的信息,而是指由恐怖活动或恐怖分子引起的爆炸威胁、生化威胁、放射威胁之类的信息。例如,谎称在民用航空器或者火车上安放有爆炸装置的,属于传播虚假恐怖信息;但传播即将发生地震、即将爆发严重传染病等虚假信息的,不应以本罪论处。成立本罪还要求达到"严重扰乱社会秩序"的程度。单纯使特定人员产生恐惧心理的恐吓、胁迫行为,没有严重扰

乱社会秩序的,不能认定为本罪。仅有捏造事实的行为而未进行散布的,由于不可能达到"严重扰乱社会秩序"的程度,也不能认定为本罪。根据《最高人民法院关于审理编造、故意传播虚假恐怖信息刑事案件适用法律若干问题的解释》(简称《虚假恐怖信息案件解释》)第二条的规定,编造、故意传播虚假恐怖信息,具有下列情形之一的,应当认定为"严重扰乱社会秩序":(1)致使机场、车站、码头、商场、影剧院、运动场馆等人员密集场所秩序混乱,或者采取紧急疏散措施的;(2)影响航空器、列车、船舶等大型客运交通工具正常运行的;(3)致使国家机关、学校、医院、厂矿企业等单位的工作、生产、经营、教学、科研等活动中断的;(4)造成行政村或者社区居民生活秩序严重混乱的;(5)致使公安、武警、消防、卫生检疫等职能部门采取紧急应对措施的;(6)其他严重扰乱社会秩序的。本罪的责任形式为故意,即编造与传播行为必须出于故意,以为是真实信息而加以传播的,不成立本罪。

(二)编造、故意传播虚假信息罪

根据《刑法》第二百九十一条之一第二款的规定,编造虚假的险情、疫情、灾情、警情,在信息网络或者其他媒体上传播,或者明知是上述虚假信息,故意在信息网络或者其他媒体上传播,严重扰乱社会秩序的,应认定为编造、故意传播虚假信息罪。本罪为2015年《刑法修正案(九)》根据治理犯罪实际需要而增设的罪名。

从行为方式看,依然为编造或故意传播。从编造或故意传播的内容看,包括虚假的险情、疫情、灾情、警情。所谓"险情"是指可能造成重大人员伤亡或者重大财产损失的危险情况;"疫情"是指传染病与重大疾病的发生、蔓延等情况;"灾情"是指火灾、水灾、地质灾害等灾害情况;"警情"是指引起警察采取重大措施的情况。以往的司法解释,如《虚假恐怖信息案件解释》《最高人民法院、最高人民检察院关于办理妨害预防、控制突发传染病疫情等灾害的刑事案件具体应用法律若干问题的解释》等,扩大了《刑法》第二百九十一条之一第一款的"恐怖信息"的范围,将灾情、疫情等也列入恐怖信息。在《刑法修正案(九)》增设了本罪之后,需要慎重适用以往的相关司法解释,否则将导致法条之间的不协调。

此外,根据《最高人民法院、最高人民检察院关于办理利用信息网络实施诽谤等刑事案件适用法律若干问题的解释》（简称《网络诽谤解释》）第五条第一款的规定，利用信息网络辱骂、恐吓他人，情节恶劣，破坏社会秩序的，以寻衅滋事罪定罪处罚。第二款规定，编造虚假信息，或者明知是编造的虚假信息，在信息网络上散布，或者组织、指使人员在信息网络上散布，起哄闹事，造成公共秩序严重混乱的，也应以寻衅滋事罪定罪处罚。

三、对破坏市场经济秩序的虚假信息的惩治现状

在市场经济背景下，只要不违背法律法规，商家追求自身利益最大化的行为无可厚非，这是企业价值的一种体现。但是，如果市场经济中的行为主体只是一味地追求经济利润甚至是超额的经济利润，则极易罔顾法律法规及道德标准的约束，继而产生各种经济领域的不正当的竞争行为，阻碍市场经济健康稳定发展。此类虚假信息的产生和发布背后，往往便潜藏着行为人不惜损害市场中其他交易方的权益来获取高额的非正当收益的恶劣目的。同时，随着经济全球化的日益加深及互联网技术的飞速发展，电子商务系统在为消费者提供一个更高效的交易平台的同时，也为欺诈者提供了一个新型的发布虚假信息的平台。如果市场经济领域的信息安全得不到应有的保护，那么因为示范效应和商家的侥幸心理，市场中的虚假信息将肆意蔓延，对市场体制造成不可估量的危害。因此，我国刑法中对使用或提供虚假信息破坏市场经济秩序的犯罪行为规定了若干罪名。

（一）对妨害公司、企业管理秩序的虚假信息的惩治

1. 对于个人和单位申请公司登记使用虚假证明文件或者采取其他欺诈手段虚报注册资本，欺骗公司登记主管部门，取得公司登记，虚报注册资本数额巨大、后果严重或者有其他严重情节的，成立《刑法》第一百五十八条规定的虚报注册资本罪。

2. 对于在招股说明书、认股书、公司、企业债券募集办法等发行文件中隐瞒重要事实或者编造重大虚假内容，发行股票或者公司、企业债券、存托凭证或者国务院依法认定的其他证券，数额巨大、后果严重或者有其他严重情节的，应当以《刑法》第一百六十条规定的欺诈发行股票、债券罪论处。

3. 对于依法负有信息披露义务的公司、企业向股东和社会公众提供虚假的

或者隐瞒重要事实的财务会计报告,严重损害股东或者其他人利益,或者有其他严重情节的,成立《刑法》第一百六十一条规定的违规披露重要信息罪。

4.公司、企业进行清算时,有隐匿财产,对资产负债表或者财产清单做虚伪记载等行为,严重损害债权人或者其他人利益的,应当以《刑法》第一百六十二条规定的妨害清算罪论处。

(二)对破坏金融管理秩序的虚假信息的惩治

金融领域的信息安全关系到金融机构、金融行业生存和经营的成败,在数字经济时代,随着金融管理的全面信息化,数字货币和数字化支付的普及,金融信息安全已经成为金融安全的一项核心内容。当前的金融信息鱼龙混杂,潜藏着各种隐患,一旦风险发生,不仅使用户利益受损,也会给金融行业带来巨大损失。加之当前数字经济下,新业态丰富、市场主体众多,具有跨界融合等特点,引发的连锁效应会破坏整个行业,带来系统性的金融风险,因此必须高度重视。刑法为打击金融管理秩序和金融市场运行过程中的虚假信息,设置了一系列罪名,具体包括但不限于:

1.编造并且传播影响证券、期货交易的虚假信息,扰乱证券、期货交易市场,造成严重后果的,应当认定为《刑法》第一百八十一条第一款所规定的编造并传播证券、期货交易虚假信息罪。

2.证券交易所、期货交易所、证券公司、期货经纪公司的从业人员,证券业协会、期货业协会或者证券期货监督管理部门的工作人员,故意提供虚假信息或者伪造、变造、销毁交易记录,诱骗投资者买卖证券、期货合约,造成严重后果的,应以《刑法》第一百八十一条第二款所规定的诱骗投资者买卖证券、期货合约罪论处。

3.利用虚假或者不确定的重大信息,诱导投资者进行证券、期货交易,操纵证券、期货市场,影响证券、期货交易价格或者证券、期货交易量,情节严重的,成立《刑法》第一百八十二条规定的操纵证券、期货市场罪。

(三)对其他扰乱市场秩序的虚假信息的惩治

1.对于广告主、广告经营者、广告发布者违反国家规定,利用广告对商品或者服务做虚假宣传,情节严重的,应认定为《刑法》第二百二十二条规定的虚假广告罪。

2. 对于承担资产评估、验资、验证、会计、审计、法律服务、保荐、安全评价、环境影响评价、环境监测等职责的中介组织的人员故意提供虚假证明文件,情节严重的,成立《刑法》第二百二十九条第一款所规定的提供虚假证明文件罪。

四、对诽谤他人的虚假信息的惩治现状

根据《刑法》第二百四十六条的规定,捏造事实诽谤他人,情节严重的,构成诽谤罪,处三年以下有期徒刑、拘役、管制或者剥夺政治权利。

诽谤罪是指捏造并散布某种事实,足以损害他人人格、败坏他人名誉,情节严重的行为。所谓"捏造",是指无中生有、凭空虚构虚假事实。能否认定为诽谤罪,首先要从诽谤信息的失实程度来考虑,倘若完全是刻意的无中生有,恶意中伤,则属于捏造;如果传播、散布的不是捏造的事实,而仅是在客观事实基础上的夸大与丑化,即使损害他人人格、败坏他人名誉,也不成立本罪,但可能构成侮辱罪。"散布"是指用语言或文字的方式扩散捏造的内容使众人知道。散布的行为主要包括两类:一类是采用语言的形式散布,如沿街叫骂,利用演讲、讲话、讲课,利用各种扩音、传音器材喊骂、讲述等;另一类是采用书面的形式散布,如利用报纸、杂志、大字报、小字报、广告、著作等。倘若行为人只有捏造虚假信息的行为,而不进行传播,则并不具备产生社会危害的可能性,因而也就没有刑事处罚的必要性。当前不法之徒故意捏造虚假事实,并常通过网络媒介将该虚假信息予以传播,使不确定的多数人或是特定少数人知悉的,符合捏造与散布这两大特征,且情节严重的,是完全可以以诽谤罪论处的。网络上发布的针对个人的诽谤行为一旦达到情节严重的程度,对个人名誉损害极大且影响难以消除,则应被纳入诽谤罪的规制范围之中。与传统诽谤行为相比,虽然传播的载体和空间转移到了网络空间,但其本质未发生变化,仍然是对公民名誉权的破坏。网络诽谤中的散布行为往往是通过论坛、邮件、微信、微博、博客等社交媒介进行的,其散布的既可以是虚假信息的具体内容,也可以是虚假信息的网络链接,只要能够进入相关的页面被公众所检索、浏览或是转发、评论等都可成立散布行为。但对于一对一式的传播,譬如电子邮件或是社交软件中非群聊行为,由于信息只是在发布方和接收方二者之间进行互动,并不涉及第三人,因此并不属于散布。成立本罪还要求达到"情节严重",情节严重与否是判断罪与

非罪的标准,要对传播的范围、手段、内容和后果的严重程度进行综合考量。例如,多次发布捏造虚假事实;知悉人群众多;产生严重的社会负面影响;严重损害被害人的人格权、名誉权等应认定为情节严重。

《网络诽谤解释》为网络诽谤信息的刑事治理提供了细化的法律依据,对于打击此类有害信息的乱象发挥了重大作用。在该解释中,细化了"捏造事实诽谤他人"的情形,列举了"情节严重"的标准,把主观恶性等方面加以具体化,在司法实践中正确认定侮辱诽谤网络有害信息提供了一定的依据。该解释第一条规定,具有下列情形之一的,应当认定为"捏造事实诽谤他人":(1)捏造损害他人名誉的事实,在信息网络上散布,或者组织、指使人员在信息网络上散布的;(2)将信息网络上涉及他人的原始信息内容篡改为损害他人名誉的事实,在信息网络上散布,或者组织、指使人员在信息网络上散布的。如果行为人明知是捏造的损害他人名誉的事实,却依然在信息网络上散布,情节恶劣的,以"捏造事实诽谤他人"论。据此,无论是捏造并散布虚假事实的网络诽谤信息,还是明知是捏造的虚假事实而散布的网络诽谤信息,往往都可以认定为诽谤罪,其本质就是防止网民不负责任地故意以讹传讹、推波助澜,造成事态不断恶化。《网络诽谤解释》第二条采取列举的方式,对诽谤罪构成要件中的"情节严重"标准,从诽谤信息实际被点击、浏览、转发的次数,诽谤行为的后果,行为人的主观恶性等方面加以具体化,即同一诽谤信息实际被点击、浏览次数达到五千次以上,或者被转发次数达到五百次以上的;造成被害人或者其近亲属精神失常、自残、自杀等严重后果的;二年内曾因诽谤受过行政处罚,又诽谤他人的;一年内多次实施利用信息网络诽谤他人行为未经处理,诽谤信息实际被点击、浏览、转发次数累计计算构成犯罪的,应当认定为诽谤行为"情节严重"。

五、对骗取财物的虚假信息的惩治现状

(一)诈骗罪

诈骗罪规定在《刑法》第二百六十六条。诈骗罪是指以非法占有为目的,使用虚构事实或者隐瞒真相的方法,骗取公私财物,数额较大的行为。诈骗罪的基本构造为:行为人以非法占有为目的实施虚构事实或者隐瞒真相的诈骗行为—对方产生错误认识—对方基于错误认识处分财产—行为人取得财产—被

害人受到财产上的损害。

　　从客观要件看,诈骗罪表现为使用虚构事实或者隐瞒真相的方法,骗取公私财物,数额较大的行为。(1)使用虚构事实或者隐瞒真相的方法。"虚构事实"是指无中生有,编造某种根本不存在的或者不可能发生的情况。"隐瞒真相"是指隐瞒客观上存在的事实情况,既可以是隐瞒部分事实真相,也可以是隐瞒全部事实真相。无论是虚构事实,还是隐瞒真相,都必须达到足以使一般人受蒙蔽、产生错误认识的程度。至于其内容、具体方法没有限制,既可以是虚构、隐瞒过去的事实,也可以是虚构、隐瞒现在的事实与将来的事实;既可以是语言欺诈,也可以是文字欺诈,还可以是动作欺诈;既可以是作为,也可以是不作为,即有告知某种事实的义务,但不履行这种义务,使对方陷入错误认识或者继续陷入错误认识。(2)骗取公私财物。这是指行为人通过采用上述方法,使公私财物所有人、管理人信以为真、产生错误认识,从而"自愿"地交付公私财物。"骗"是诈骗罪的突出特点,也是本罪区别于其他财产犯罪的关键所在。"骗"的对象必须是公私财物,如果虚构事实、隐瞒真相,但并未使他人做出财产处分,则不成立本罪。(3)骗取的财物必须达到数额较大。根据 2011 年 3 月 1日两高《关于办理诈骗刑事案件具体应用法律若干问题的解释》(简称《诈骗解释》)第一条的规定,诈骗公私财物价值三千元至一万元以上,为"数额较大"。各省、自治区、直辖市高级人民法院、人民检察院可以结合本地区经济社会发展状况,在前款规定的数额幅度内,共同研究确定本地区执行的具体数额标准,报最高人民法院、最高人民检察院备案。但该司法解释第三条也同时指出,诈骗公私财物虽已达到"数额较大"的标准,但具有下列情形之一,且行为人认罪、悔罪的,可以根据《刑法》第三十七条、《刑事诉讼法》第一百四十二条的规定不起诉或者免予刑事处罚:(1)具有法定从宽处罚情节的;(2)一审宣判前全部退赃、退赔的;(3)没有参与分赃或者获赃较少且不是主犯的;(4)被害人谅解的;(5)其他情节轻微、危害不大的。本罪的责任形式为故意,并具有非法占有公私财物的目的。

(二)其他特殊诈骗犯罪

　　对骗取财物的虚假信息进行刑法惩治时,除了可以认定为普通诈骗罪,还可能成立一些特殊诈骗罪,主要包括《刑法》第一百九十二条至第二百条规定的集资诈骗罪、贷款诈骗罪、票据诈骗罪、金融凭证诈骗罪、信用证诈骗罪、信用卡诈骗罪、有价证券诈骗罪与保险诈骗罪这 8 种金融诈骗罪,以及《刑法》第二百零四条规定的骗取出口退税罪和第二百二十四条规定的合同诈骗罪等。这些特殊诈骗罪主要在诈骗范围、对象、手段上与普通诈骗罪存在区别,规定这些特殊诈骗罪的法条与《刑法》第二百六十六条属于法条竞合,是特别法条与普通法条的关系。在适用时,如果某种诈骗行为既符合这些特殊诈骗罪的构成特征,又符合普通诈骗罪的构成特征的,应按特别法优于普通法的原则处理。这一原则在《刑法》第二百六十六条中已有明确规定,即"本法另有规定的,依照规定"。但是,如果行为人实施特殊诈骗行为,但又不符合特殊诈骗罪的构成要件,而符合普通诈骗罪的构成要件的,则以普通诈骗罪论处。例如,行为人实施信用卡诈骗行为,但银行未催收的,不符合信用卡诈骗罪的构成要件;如果符合《刑法》第二百六十六条的诈骗罪的构成要件,则应依照第二百六十六条的规定定罪处罚。需要注意的是,根据《诈骗解释》第八条的规定,冒充国家机关工作人员进行诈骗,同时构成诈骗罪和招摇撞骗罪的,依照处罚较重的规定定罪处罚。

六、对淫秽信息的惩治现状

在计算机和网络没有这样发达的年代,淫秽信息通常以淫秽小说、图画、录像带及光盘的形式出现,而当前的淫秽信息表现出了极大的丰富性,不仅包括文字、图片、音频、音乐、视频、影视作品,还包括含有色情内容的广告、游戏、网络虚拟性爱等五花八门的色情资源或服务,其中既有以露骨的性描写为主要内容的网络小说和网络黄色书刊,也有真实拍摄的照片、录制的视频,以及卡通色情照片和动画视频,内容涉及性暴力、性虐待、性攻击、性变态、性交,等等。它们充斥着网络的各个角落,或明或暗,无孔不入。网络技术的高速发展给淫秽信息带来了新的属性,它既有传统淫秽物品的本质属性,也呈现出传播主体不仅限于个人,传播方式不仅限于点对点传播,受众不仅限于某一类人群的特点。网络传播淫秽信息具有引诱性强、传播速度快、形式多样等特征,严重危害了公众的性法益,会使公民产生性羞耻感,损害公民身心健康,危害社会道德风尚,扰乱网络环境秩序。对此,刑法也根据具体行为、目的、危害性等规定了若干罪名。

对淫秽信息进行刑事治理时,涉及的主要罪名为制作、贩卖、传播淫秽物品,包括制作、复制、出版、贩卖、传播淫秽物品牟利罪(第三百六十三条第一款),传播淫秽物品罪(第三百六十四条第一款),组织播放淫秽音像制品罪(第三百六十四条第二款),组织淫秽表演罪(第三百六十五条)以及引诱、容留、介绍卖淫罪(第三百五十九条第一款)。对于相关罪名,司法机关先后出台了多个司法解释,包括《最高人民法院关于审理非法出版物刑事案件具体应用法律若干问题的解释》(简称《非法出版物解释》),《最高人民法院、最高人民检察院关于办理利用互联网、移动通讯终端、声讯台制作、复制、出版、贩卖、传播淫秽电子信息刑事案件具体应用法律若干问题的解释》(简称《淫秽电子信息犯罪解释(一)》)、《最高人民法院、最高人民检察院关于办理利用互联网、移动通讯终端、声讯台制作、复制、出版、贩卖、传播淫秽电子信息刑事案件具体应用法律若干问题的解释(二)》(简称《淫秽电子信息犯罪解释(二)》)、《最高人民法院、最高人民检察院关于利用网络云盘制作、复制、贩卖、传播淫秽电子信息牟利行为定罪量刑问题的批复》(简称《网络云盘批复》)等。上述司法解释的内容实际也充分说明了淫秽信息传播方式的变化,由传统的纸质出版物等形式,演变为电子信息的形式,随着时代的进步与互联网应用的不断发展变化,网络云盘也成为犯罪分子所追捧的犯罪工具,并由此带来了新情况、新问题。

(一)制作、复制、出版、贩卖、传播淫秽物品牟利罪

根据《刑法》第三百六十三条第一款与第三百六十六条的规定,个人或单位以牟利为目的,制作、复制、出版、贩卖、传播淫秽物品的,成立制作、复制、出版、贩卖、传播淫秽物品牟利罪。制作、复制、出版、贩卖、传播网络淫秽信息以牟取经济利益的行为构成了对社会主义道德风尚以及国家对文化市场管理秩序的破坏,因而有必要动用刑法加以治理。

所谓"制作",是指生产、录制、摄取、编著、绘画、印刷等创造、生产淫秽物品的行为。"复制"是指通过翻印、翻拍、复印、转录、抄写等方式将原已存在的淫秽物品重复制作一份或多份的行为。"出版"是指将淫秽作品编辑加工后,经过复制向公众发行的行为。"贩卖"通常是指以各种销售方式有偿转让淫秽物品的行为。"传播"是指通过播放、陈列,在互联网上建立淫秽网站、网页等方式使淫秽物品让不特定或者多数人感知以及通过出借、赠送等方式散布、流传淫秽

物品的行为。本罪属于选择性罪名,实施上述行为之一的,即可成立本罪;同时实施上述行为的,也只认定为一罪,不实行数罪并罚。本罪的犯罪对象是淫秽物品,根据《刑法》第三百六十七条第一款的规定,"淫秽物品"是指具体描绘性行为或者露骨宣扬色情的诲淫性的书刊、影片、录像带、录音带、图片及其他淫秽物品。根据《刑法》第三百六十七条第二款、第三款及《淫秽电子信息犯罪解释(一)》第九条的规定,"其他淫秽物品"包括具体描绘性行为或者露骨宣扬色情的诲淫性的视频文件、音频文件、电子刊物、图片、文章、短信息等互联网、移动通信终端电子信息和声讯台语音信息。随着科技的发展,网络产品不断更新换代,网络移动通信终端的应用与推广也使得淫秽物品的载体越来越多样化。传统意义上的淫秽物品主要表现为淫秽录音带、录影带、书籍;而当前,电子信息凭借其量大、快速、便捷等优点迅速蔓延开来,犯罪分子可以轻易地通过网络将淫秽色情信息传送到社会各地,危害公共秩序、善良风俗。一度有学者提出质疑,认为这些淫秽电子信息并不具备实物形态,似乎不能被认定为刑法中的淫秽物品。但学界通说认为,这些淫秽物品的实质是诲淫性,能够无端刺激或是挑起人的性欲,损害人们正常的性行为观念或是羞耻心。因此,虽然网络淫秽信息往往以网络图片、网络语音、网络文字、网络视频等非实物形式表现出来,但淫秽物品的实质是诲淫性,只要符合诲淫性的实质标准,不论其载体与表现形式如何,均可认定为本罪的对象。但有关人体生理、医学知识的电子信息和声讯台语音信息不是淫秽物品;包含色情内容的有艺术价值的电子文学、艺术作品也不视为淫秽物品。

本罪的主观方面只能是故意,行为人必须认识到自己制作、复制、出版、贩卖、传播的是淫秽物品,而且还必须具有牟利目的。根据《淫秽电子信息犯罪解释(二)》第八条明确了"明知"的认定标准,包括四种具体情形和一个兜底条款。第一,行政主管机关书面告知后仍然实施上述行为的。这通常是指,公安机关等行政主管机关,告知网站建立者、直接负责的管理者,他人在其所有、管理的网站或者网页上发布淫秽电子信息后,其仍有允许或放任行为;或者告知电信业务经营者、互联网信息服务提供者某一网站是淫秽网站后,其仍然提供服务的,应认定为"明知"。第二,接到举报后不履行法定管理职责的。这主要是指网站建立者、直接负责的管理者、电信业务经营者、互联网信息服务提供者,接到有关人员或者单位举报淫秽信息或者淫秽网站后,仍不履行《电信条例》《互联网信息服务管理办法》规定的法定管理职责的,应认定为"明知"。第三,电信业务经营者、互联网信息服务提供者、第三方支付平台,为淫秽网站提供互联网接入、服务器托管、网络存储空间、通信传输通道、代收费、费用结算等服务,收取服务费明显高于市场价格的,也应认定为"明知"。第四,广告主、广告商向淫秽网站投放广告,广告点击率明显异常的,也应认定为"明知"。第五,其他能够认定行为人明知的情形。

　　在本罪的认定方面,根据《淫秽电子信息犯罪解释(二)》第四条、第六条、第七条的规定,对于下列行为,都应以传播淫秽物品牟利罪论处:第一,网站建立者、直接负责的管理者明知他人制作、复制、出版、贩卖、传播的是淫秽电子信息,仍允许或者放任他人在自己所有、管理的网站或者网页上发布的;第二,电信业务经营者、互联网信息服务提供者明知是淫秽网站,仍为其提供互联网接入、服务器托管、网络存储空间、通信传输通道、代收费等服务,并收取服务费的;第三,明知是淫秽网站,但以牟利为目的,通过投放广告等方式向其直接或者间接提供资金,或者提供费用结算服务的。这三种情形,实际上是制作、复制、出版、贩卖、传播淫秽物品牟利罪的帮助行为,看似中立,实际上在客观上促进了正犯结果的发生。现实生活中,网络色情背后早已发展出一条庞大犯罪产业链,通常表现为"用户—色情网站—信息服务提供商—电信运营商—支付平台—用户"。色情行业堪称网络行业中利润最高的一个行业,各环节的不法分子为牟取经济利益,共同推动了色情产业的发展壮大,屡禁不绝。出于经济利益的考量,网站建立者,直接负责的管理者,电信业务经营者,互联网信息服务提供者,广告主、广告联盟以及第三方支付平台等各方经常会不顾自己应当承担的社会责任和法律约束,采用各种形式和色情网站相勾结,进行利益的输送或分配。在对淫秽色情型网络有害信息进行刑事治理时,必须切断这种不正当的利益关系。只要现有证据能够证明正犯实施了本罪的帮助行为,即使没有查获正犯,对行为人也能以本罪论处,前提是行为人必须对正犯的行为有主观明知。

(二)传播淫秽物品罪

　　根据《刑法》第三百六十四条第一款、第四款和第三百六十六条的规定,个人或单位传播淫秽的书刊、影片、音像、图片或者其他淫秽物品,情节严重的,成立传播淫秽物品罪。向不满18周岁的未成年人传播淫秽物品的,从重处罚。

所谓"传播",是指以公开或半公开的方式在一定范围内广泛散布淫秽物品的行为。传统意义上的淫秽物品传播方式主要为播放、出租、出借、运输、携带等。而网络淫秽色情信息的传播方式则显得虚拟化和多样化,例如发帖、网络文字聊天、网络语音聊天、微博、博客等,其内容主要有上传行为和链接行为等。行为人一旦发出淫秽信息,在未设浏览权限时,就会产生潜在的社会危害性,这种危害性是抽象性的,无论不特定的人或者多数人是否主动下载至电脑、手机或其他移动终端中浏览均可构成犯罪。倘若将本罪认定为具体危险犯,则会增大证据获取的难度,无法达到刑法明确性的要求。成立本罪,还要求"情节严重"。《非法出版物解释》第十条第一款规定,向他人传播淫秽的书刊、影片、音像、图片等出版物达300至600人次以上或者造成恶劣社会影响的,属于"情节严重"。《淫秽电子信息犯罪解释(一)》《淫秽电子信息犯罪解释(二)》则规定了利用互联网或者移动通信终端以及利用聊天室、论坛、即时通信软件、电子软件等方式传播淫秽电子信息成立本罪的入罪标准。

(三)组织淫秽表演罪

根据《刑法》第三百六十五条和第三百六十六条的规定,个人或单位组织进行淫秽表演的,成立组织淫秽表演罪。组织淫秽表演的过程实际也是淫秽信息在进行传递的过程。本罪惩罚的是淫秽表演的组织者,所谓"组织"是指策划、指挥、安排淫秽表演的行为。如招聘、雇佣、联系他人进行淫秽表演;提供进行淫秽表演的场所;组织多人观看淫秽表演等。至于组织者本人是否直接参与淫秽表演,不影响本罪的成立。本罪的主观方面为故意,至于行为人是否出于牟利的目的,不影响本罪的成立。

由此可见,在互联网上建立淫秽网页、网站,提供淫秽站点链接服务,或者传播淫秽书刊、影片、音像、图片的,可以视情况认定为制作、复制、出版、贩卖、传播淫秽物品牟利罪;传播淫秽物品罪;组织淫秽表演罪等罪名。根据《网络云盘批复》的规定,对于以牟利为目的,利用网络云盘制作、复制、贩卖、传播淫秽电子信息的行为达到入罪条件的,是可以依法追究刑事责任的。在追究刑事责任时,鉴于网络云盘的特点,不应单纯考虑制作、复制、贩卖、传播淫秽电子信息的数量,还应充分考虑传播范围、违法所得、行为人一贯表现,以及淫秽电子信息、传播对象是否涉及未成年人等,综合评估社会危害性,恰当裁量刑罚,确保罪责刑相适应。

(四)其他相关罪名

此外,当行为人发布卖淫相关的信息,就招嫖卖淫进行沟通交流,继而实施色情交易的,可能构成组织卖淫罪、协助组织卖淫罪,引诱、容留、介绍卖淫罪,引诱幼女卖淫罪等罪名。其发布的各种淫秽信息,如在微信圈发广告、上直播平台给卖淫女们直播打广告等,都是其犯罪行为的有机组成部分,都可导致淫秽信息的传播与泛滥,对社会风气产生巨大的毒害作用。

第五章　我国信息安全刑法保护的缺陷

虽然上述刑法条文都在一定程度上对信息安全进行了刑法领域的保护,而且随着信息社会的发展,我国也一直着力于对这些法条进行局部的调整和司法解释的补充。但是面对更为迅猛的信息风暴与信息风险,现有的罪名有时还是显得捉襟见肘,无论是对于法益的保护的范围上,还是对于大数据时代信息安全相关犯罪行为的具体规制和罪名的司法适用规范上,都存在着十分明显的缺陷,值得反思。

第一节　信息系统安全方面刑法保护的缺陷

一、仅以计算机信息系统作为法益保护对象不够全面

从《刑法》第二百八十五条第一款所规定的非法侵入计算机信息系统罪,第二百八十五条第二款、第四款规定的非法获取计算机信息系统数据、非法控制计算机信息系统罪和第二百八十六条规定的破坏计算机信息系统罪所保护的法益看,主要是国家对计算机信息系统的安全管理秩序,其中,非法侵入计算机信息系统罪还涉及国家的保密制度和国家事务、国防建设、尖端科学技术领域的正常活动。这些罪名所规制的是这些系统非法侵入、控制或破坏行为。诚然,由于信息科技的突飞猛进,刑事立法和司法已经做出了调整,将计算机信息系统界定为能够自动分析处理数据信息的系统,不仅包括传统的、封闭式的单个计算机信息系统,还包括相对具有一定开放性的互联网设施、自动控制设备、通信设备。但是,随着大数据技术的普遍运用,政府、科研机构、公司企业、公民个人都不可避免地需要利用云计算平台进行大数据的收集存储、分析处理和传输,以帮助自己进行科学化、智能化的决策与研究。大数据平台、云计算平台的安全已然成为保障信息安全不可或缺的组成部分。那么,国家事务、国防建设、尖端科学技术领域,以及政府部门、公司企业、普通自然人所使用的大数据、云

计算平台,能否认定为《刑法》第二百八十五条所规定的"计算机信息系统"？一方面,我们似乎并不能因为客观上对大数据、云计算平台进行了使用,就将其等同于计算机信息系统,毕竟从本质上而言,各类使用主体也仅仅是云计算平台的租户之一。而且该平台是开放性的,使用的信息范围和来源非常宽泛,因而不同于相对封闭、严格准入的国家安全、国防事务、尖端科技领域的计算机系统,与具有明确所有权的单位和个人使用的普通的计算机系统也有观念上的显著差异。但另一方面,既然政府或者科研机构能够通过云计算平台对大数据的采集和分析获得有效的信息数据,对国家事务、军事部署、科学技术研究、商业决策、个人选择产生积极的效应,那么云计算平台在客观上也就拥有了能够对上述领域产生威胁的信息数据。这样看来,云计算平台又具有了与计算机信息系统同等的地位,但现行刑法及其司法解释中并没有对借助或针对云计算平台实施的犯罪行为予以惩治,该领域的法益无法得到有效保护,对这一现实问题应加以妥善解决。

二、对非法侵入计算机信息系统罪保护的领域需要再思考

(一)现有规定所保护的领域过于狭窄

根据我国《刑法》第二百八十五条第一款的规定,本罪的犯罪对象是国家事务、国防建设和尖端科学技术领域的计算机信息系统。行为人只有在侵入上述三个领域的计算机信息系统时才构成本罪。在我国市场经济建设刚刚起步、社会生活中计算机应用还未普及的年代,国务院曾在 1994 年颁布的《计算机信息系统安全保护条例》中指明计算机信息系统的安全保护工作重点在于保护国家事务、经济建设、国防建设和尖端科学技术领域等重要领域的计算机系统安全。1997 年,《刑法》也相应地对以上三个社会领域重要部门的计算机信息系统做出了特殊保护。但随着经济社会的快速发展、计算机信息系统应用的不断普及,我国经济建设的各个领域、各个部门都已经建立起了自己的计算机信息系统,如银行业、证券业,等等,如果行为人侵入这些计算机信息系统甚至私自篡改数据,必然会给这些至关重要的经济领域、市场秩序和公私财产安全造成严重的威胁与危害。如对其不能以较重的侵入计算机信息系统罪论处,可能会造成对此类行为打击不力,削弱我国刑法震慑犯罪、保护人民权益的作用。

（二）"国家事务"领域的计算机信息系统的范围不易判断

非法侵入计算机信息系统罪保护的是国家事务、国防建设、尖端科学技术这三个领域的计算机信息系统。其中是否属于"国防建设"和"尖端科学技术"这两个领域的计算机信息系统相对比较明确，但"国家事务"这一领域的计算机信息系统的范围就显得比较宽泛，不太容易确定。例如，驾驶人考训中心考场的计算机信息系统，能否认定为本罪所规定的"国家事务"领域的计算机信息系统？如果认为尚不足以上升到关乎国家利益层面，就只能以非法控制计算机信息系统罪定罪处罚。现行的刑法和司法解释中都没有对"国家事务"的范畴予以明确界定，导致了司法实践中因为判定标准的不同而使案件定性存在争议、侦查方向出现偏差。

三、破坏计算机信息系统罪的客观要件有待完善

（一）对"干扰"行为的认定标准不统一

根据《刑法》第二百八十六条的规定，对于违反国家规定，对计算机信息系统功能进行删除、修改、增加、干扰，造成计算机信息系统不能正常运行，后果严重的，应当认定为破坏计算机信息系统罪。因此，如果行为人所实施的行为构成了对计算机信息系统功能的干扰，方能认定为破坏计算机信息系统罪，否则只能考虑适用其他罪名。以销售的都是程序外挂（必须附在该程序上才能运行的软件）为例，如果认为该外挂"干扰"到程序的正常功能，可以认定为破坏计算机信息系统罪；如果认为该外挂件只是为用户提供了辅助工具，而未"干扰"到程序的正常功能，则应以提供侵入、非法控制计算机信息系统程序、工具罪或非法控制计算机系统罪等罪名论处。可见，在具体案件中，"干扰"行为成立与否的认定标准不同，会导致定罪量刑上存在差异，导致司法上不公平现象的出现。

（二）"后果严重"的直接经济损失认定标准不明

《计算机信息系统安全解释》对"后果严重"共规定了五项判断标准，前四项是有关具体数据的规定，第五项是兜底性条款。其中，第三项判定标准表述为违法所得五千元以上或者造成经济损失一万元以上的构成后果严重。该司

法解释在最后还注明,本解释所称经济损失,包括危害计算机信息系统犯罪行为给用户直接造成的经济损失,以及用户为恢复数据、功能而支出的必要费用。亦即,用户的损失包括直接损失和间接损失两部分。司法解释中明确了间接损失是指用户为恢复数据、功能而支出的必要费用,但对直接损失却没有具体说明。按照计算机信息系统常识来看,计算机信息系统所有者的直接经济损失可以包括计算机信息系统的硬件和软件被破坏的损失和计算机信息系统被破坏后所有者为维持正常运营的支出等。但对于计算机信息系统被破坏后所有者的可期待利益是否属于直接经济损失存在争议,这会对后果严重的认定产生影响,进而会对犯罪构成的认定产生影响,有待权威司法机关予以释明。

(三)结果犯的规定模式导致打击力度偏弱

根据《刑法》第二百八十六条的规定,破坏计算机信息系统罪的成立需要以犯罪行为产生了严重的后果为前提,即该罪为结果犯。但在司法实践中,有些破坏计算机信息系统表现为犯罪结果不会立刻发生,而是在行为人实施犯罪行为后间隔一段时间或达到了设定好的某一条件时才会发生,最典型的例子就是利用逻辑炸弹进行犯罪。"吕科事件"就是典型的利用逻辑炸弹犯罪的案例。吕科是一名技术人员,因为与公司发生劳动报酬纠纷,就将逻辑炸弹加入其开发的系统软件源代码中,并将逻辑炸弹运行的条件设置成"系统时间到达 2003 年 3 月 1 日"或"系统使用次数超过 200 次"。其开发的这款系统软件被多地的多媒体信息局及所属的政府机构、企事业单位使用,如果逻辑炸弹开始运行将造成巨大的经济损失和恶劣的社会影响,幸好使用该款系统软件的单位在逻辑炸弹发挥作用之前及时换用了其他系统软件,否则后果难以想象,而吕科的行为由于没有造成严重后果而被公安机关无罪释放。计算机功能的日益强大使这类犯罪行为的社会危害性越来越严重,司法实践中却往往由于没有出现破坏计算机信息系统罪所要求的严重的后果而无法轻易制裁,本质上放纵了这部分犯罪分子。

四、刑罚设置与适用不够合理

如今信息系统已经应用到社会各行各业,从国防建设、军事发展,到电网、交通、油气管道、卫生保健和社会保障等关系国计民生的各领域当中。信息系统本身及其所组成的网络成为现代社会的神经中枢,并且是国家政治安全、军事安全、经济安全和社会安全的物质基础之一,因此危害信息系统安全的行为可能造成的危害十分巨大。然而,刑法中对于危害信息系统安全的各犯罪行为,法定最高刑的幅度有两种,针对《刑法》第二百八十五条第二款和第三款的非法获取计算机信息系统数据、非法控制计算机信息系统罪以及提供侵入、非法控制计算机信息系统程序、工具罪,情节特别严重的,处三年以上七年以下有期徒刑;针对《刑法》第二百八十六条的破坏计算机信息系统犯罪行为,情节特别严重的,处五年以上有期徒刑。这样的法定刑设置甚至低于盗窃罪、诈骗罪等非暴力财产犯罪。这促使我们思考刑法对危害计算机信息系统犯罪行为的处罚力度是否偏轻,导致无法实现对这类行为的有效制裁。此外,危害信息系统安全的犯罪主体大部分都是具有计算机专业知识并从事相关工作的从业人员,"从业禁止"的适用可以有力打击这类犯罪主体、减少再犯概率,但审判实践中却极少看到适用,无法充分发挥这一制度的优势。

第二节　特定信息保密性方面刑法保护的缺陷

一、国家秘密、情报刑法保护的缺陷

(一)国家秘密、情报、军事秘密、绝密及机密文件等概念需要进一步厘清

刑法中将国家秘密、情报、军事秘密、绝密及机密文件等列为保护对象,相关司法解释也对其中的部分概念予以界定,但是还有部分概念的内涵缺乏权威、明确的诠释。而且在大数据时代,国家秘密的内涵和外延也可能随之发生一定变化,一些间接性的数据信息经过深入挖掘分析,有可能成为影响国家安全和利益的情报,国家间的信息战争不再单单依靠关键基础信息的取得,而是更加注重对海量原始数据的获取和利用。因此,我国刑法对国家秘密、情报、军事秘密、绝密及机密文件等的概念有待进一步调整和完善,寻找对具有潜在情报价值的信息的保护路径,从而更好地保护国家信息安全。

（二）国家秘密与商业秘密的界限与关系有待思考

国家秘密与商业秘密在客观上均表现为不为公众所知悉,从行为方式上看,在客观方面,非法获取国家秘密罪的客观行为方式包括以窃取、刺探、收买三种法定的方法非法获取国家秘密;故意泄露国家秘密罪的客观行为方式表现为故意泄露国家秘密;而侵犯商业秘密罪的客观行为方式较为宽泛,其中包括以盗窃、贿赂、欺诈、胁迫、电子侵入或者其他不正当手段获取权利人的商业秘密的;披露、使用或者允许他人使用以前项手段获取的权利人的商业秘密的;等等。这使得在有些情况下,难以判定某些涉及信息安全的行为到底应当以国家秘密领域的罪名论处,还是应当以侵犯商业秘密罪论处。例如,备受社会各界关注的"力拓案"在侦办、审理的过程中就面临着这样的问题。澳大利亚力拓集团上海办事处胡士泰等4名员工通过贿赂获得的机密信息包括国内各大钢企的原料库存周转天数、进口矿需求、吨钢单位毛利、生铁的单位消耗等财务数据。机密遭窃,让力拓摸清了中国钢铁业的谈判底线。自2002年以来,铁矿石价格飙升,除2007年的谈判中方居于主动外,其余年份均处于被动。测算显示,中方为此累计多支付7 000亿元。对涉案的信息究竟属于国家秘密还是商业秘密,司法实践中产生了两种不同的观点。因此,明确二者之间错综复杂的关系至关重要,毕竟秘密的性质不同,其背后承载的法益属性也有明显差别,有必要根据一定的标准和步骤加以厘清。

（三）非法获取国家秘密罪所规定的行为方式不够全面

对于非法获取国家秘密罪,现行刑法规定的客观行为方式仅限于"窃取、刺探和收买"三种。因而,行为人只有以窃取、刺探和收买这三种方式非法获取国家秘密的,才构成非法获取国家秘密罪,如果行为人以这三种以外的行为方式非法获取国家秘密,原则上就不能以本罪论处。明确行为方式的立法模式突出了刑法的明确性,便于司法实践对非法获取国家秘密罪的准确认定。然而,将非法获取国家秘密罪的客观行为方式仅仅规定为"窃取、刺探和收买",却有待商榷。现实的司法实践千变万化、丰富多彩,行为人非法获取国家秘密的行为方式显然不止这三种,还可能是拾得、被他人主动告知,也可能是趁人不备抢夺或抢劫,但对此却无法有效规制,显示出非法获取国家秘密罪在客观行为方式的立法上存在遗漏。

（四）以并立式立法模式规定故意与过失泄露国家秘密、军事秘密罪缺乏科学性

我国《刑法》第三百九十八条及第四百三十二条均采取了并立式的立法模式，将两个同种类型的故意与过失犯罪即故意泄露国家秘密罪与过失泄露国家秘密罪以及故意泄露军事秘密罪与过失泄露军事秘密罪一并规定，而且在法定刑的规定上也完全相同。虽然故意泄露国家秘密罪与过失泄露国家秘密罪、故意泄露军事秘密罪与过失泄露军事秘密罪除主观罪过要件不同外其他构成要件均相同，但对其采取并立式完全同等对待的立法模式是缺乏科学性与合理性的。它既不符合我国刑法理论中有关故意与过失主观恶性、社会危害性不同的传统观点，也难以发挥定罪量刑对于社会的导向作用，还有悖于各国刑法对于过失犯罪处罚的潮流，有违罪责刑相适应原则，因此应当在立法上予以完善。

（五）故意泄露国家秘密罪缺少单位犯罪的规定

在司法实践中，出现了单位的决策机构按照单位的决策程序，集体研究决定泄露国家秘密的情形。例如，某高中为使本校高考取得优异成绩，于是学校领导班子集体研究决定非法获取高考试题并向部分学生泄露。又如，某涉密信息系统集成资质公司为牟取私利，董事会集体研究决定将所承建的涉密网络材料泄露给境外情报单位等。然而，《刑法》第三百九十八条中并未对单位故意泄露国家秘密的行为做出规定，也导致了单位不构成泄露国家秘密罪的主体，不能追究其刑事责任。

一般而言，单位所能接触、掌握的国家秘密无论数量还是密级都非自然人可比，其泄露国家秘密的社会危害性也比自然人要大，应当予以高度重视。而且结合其他部门法的规定，《保守国家秘密法》第三条规定："一切国家机关、武装力量、政党、社会团体、企业事业单位和公民都有保守国家秘密的义务。"可以明确，违反保密义务、危害国家秘密安全的行为既可能由公民（自然人）实施，也可能由单位即国家机关、武装力量、政党、社会团体、企业事业单位等实施。此外，2010 年《保守国家秘密法》修订过程中，增加了第四十九条："机关、单位违反本法规定，发生重大泄密案件的，由有关机关、单位依法对直接负责的主管人员和其他直接责任人员给予处分。"因此,对单位泄露国家秘密的情形,刑法也应做出积极回应。

(六)剥夺政治权利刑在涉及国家秘密、军事秘密的犯罪中规定不当

通过分析非法获取国家秘密罪、故意泄露国家秘密罪、过失泄露国家秘密罪、非法获取军事秘密罪、故意泄露军事秘密罪、过失泄露国家秘密罪等罪名的法定刑,可以发现,除非法获取国家秘密罪外,并没有关于剥夺政治权利刑的规定。这对于政治色彩浓厚的涉及国家秘密、军事秘密的犯罪而言是刑罚不够健全的表现。而根据《刑法》第二百八十二条第一款的规定,犯非法获取国家秘密罪,处三年以下有期徒刑、拘役、管制或者剥夺政治权利;情节严重的,处三年以上七年以下有期徒刑。该罪虽有关于剥夺政治权利刑的规定,但刑罚配置仍显不够全面。具体而言,对于该罪基本法定刑中的剥夺政治权利刑,法条规定的是"或者",其意为"剥夺政治权利"与其他刑罚"有期徒刑""拘役"和"管制"相并列,是可供选择的刑罚之一。然而,对于非法获取国家秘密罪这样一个关系国家信息安全和重大利益的罪名,理应附加剥夺政治权利。而且,对非法获取国家秘密罪的加重法定刑,只规定了三年以上七年以下有期徒刑,并不包括剥夺政治权利刑,也不妥当。

二、对司法案件信息刑法保护的缺陷

(一)对"不应公开的案件信息"的理解十分模糊

无论是泄露不应公开的案件信息罪,还是披露、报道不应公开的案件信息罪,在客观上都要求行为人所泄露或公开披露、报道的是依法不公开审理的案件中不应当公开的信息。因此,行为人所泄露、披露、报道的是否属于"不应公开的案件信息"对确定罪名成立与否至关重要。但是,如此重要的内容却无法在刑法、其他法律法规以及相关司法解释中找到确定的依据。

第一,规定不公开审理案件类型的是三大诉讼法,它们将涉及国家秘密的案件、未成年人犯罪案件、涉及隐私的案件规定为绝对不公开审理的案件,而涉及商业秘密的案件、离婚案件则作为相对不公开审理的案件(经当事人申请,可以不公开审理)。但是,三大诉讼法都没有规定依法不公开审理的案件中哪些

属于不应该公开的信息。

第二，扩大范围，将目光投向与不公开审理案件相关的法律法规，仅在涉及未成年人案件中对不应当公开的信息的范围有所规定，而在其他领域则基本没有明确而具体的规定。对于未成年人案件，最高人民法院《关于适用＜中华人民共和国刑事诉讼法＞的解释》第四百六十九条将涉及未成年人案件中不得公开的信息具体化为该未成年人的姓名、住所、照片，以及可能推断出该未成年人身份的其他资料，并将未成年被害人纳入保护范围。最高人民检察院颁布的《人民检察院办理未成年人刑事案件的规定》的第五条确定了检察机关在办理未成年人刑事案件时保护涉案未成年人隐私的原则，规定未成年人的姓名、住所、照片及可能推断出该未成年人的资料等信息不得公开或者传播。此后，"图像"也被列为不得公开信息，2013 年再次修订该规定时延续了这一内容。

第三，涉及国家秘密的法律法规主要有《宪法》《档案法》《保守国家秘密法》《国家安全法》《档案法实施办法》《保守国家秘密法实施办法》和《国家安全法实施细则》等。这些法律规范对国家秘密的内容、密级、定密、解密、保密责任主体以及纠纷救济做出了规定，但是并未涉及审理涉密案件时不应公开信息的范围与内容。

第四，我国还没有出台商业秘密保护法，只是在《反不正当竞争法》中规定了"商业秘密"的概念以及侵犯商业秘密的行为方式。该法侧重于确定经营者与经营者之间的权利义务关系，并没有对人民法院审理商业秘密侵权案件时哪些信息不应公开做出规定。

第五，有关公民隐私权的学说林林总总，学界对隐私的核心内容仍然没有达成共识，对于哪些属于个人隐私、哪些主体的隐私权应受例外保护、涉及个人隐私的案件是否全部不公开审理等问题在立法中也并无直接、明确的规定。此外，2015 年 9 月，两高、公安部、国家安全部、司法部联合发布了《关于依法保障律师执业权利的规定》，对律师提出了不得违反规定披露、散布案件重要信息和案卷材料的要求。但并未对"重要"的标准做出具体说明，因而同样无法发挥指导作用。

上述现状必然导致法院在审理依法不公开审理的案件时，在信息公开与否上无法可依，无所适从。

（二）"其他严重后果""情节严重"等入罪条件的标准不明

根据我国《刑法》第三百零八条之一第一款和第三款的规定，司法工作人员、辩护人、诉讼代理人或者其他诉讼参与人泄露不应公开的案件信息，只有造成信息公开传播或者其他严重后果的才能构成犯罪；其他人员公开披露、报道不应公开的案件信息只有在"情节严重"时才能构成犯罪，因此，"是否造成其他严重后果"以及"情节是否严重"就成为区分罪与非罪的重要指针。但对此，法条并未做出规定，最高司法机关也没有出台司法解释对"情节严重"做出界定，这必然导致"情节严重"在司法实践中认定困难。是以次数，还是以后果，或是以态度、行为性质等作为"情节严重"的标准？尚无统一的尺度可以遵循。

（三）当事人同意是否阻却违法性存在争议

就不公开审理的案件而言，经当事人同意的泄露、披露、报道行为是否阻却违法性，这一问题在学界存在较大争议。有学者认为，虽然此类犯罪也涉及"个人信息"，但它并未像《刑法》第二百五十三条那样被设置在刑法分则第四章侵犯"公民人身权利、民主权利罪"中，而是被设置在刑法分则第六章"妨害社会管理秩序罪"的第二节"妨害司法罪"当中，说明此类犯罪设置的主要目的是保护司法机关正常的诉讼之需。但也有学者主张此类犯罪虽然被规定在妨害司法罪一节中，似乎旨在保护司法秩序，但其实质是为了保护当事人的权利，因此当事人的同意是有可能阻却违法性的。这也是关乎出罪与入罪的重大分歧，因此应当站在辩证思维的角度上予以科学合理的解决。

（四）披露、报道不应公开的案件信息罪的犯罪主体范围需要厘清

按照《刑法》第三百零八条之一第三款和第四款的规定，报道不应公开的案件信息罪的主体包括自然人和单位。实践中既可能是记者、编辑，也可能是媒体或其他发布信息的公司、企事业单位、机关、团体等。但是该主体是仅限于第一报道者，还是应该包括转载、转播报道和分享的主体，法条并未规定。转载、转播、分享是媒体传播信息的重要方式，媒体转载、转播之前负有审查核实的义务。但是随着新型媒体的广泛运用、自媒体的日益发达，人人都有可能充当记者的角色，随时会有报道出现，却极少有人对转载、转播、分享的内容的违法性、

价值观等进行认真的审查,这便加大了不应公开的案件信息被公开的风险。在此情势下,报道不应公开的案件信息罪的主体范围的确定事关犯罪圈的大小和公民切身利益,法律应予以明确。

（五）披露、报道的案件信息涉及国家秘密时的处理原则有待明确

在披露、报道不应公开的案件信息的过程中,其披露、报道的案件信息可能涉及国家秘密,这就可能危及国家安全。《刑法》第三百零八条之一第二款对犯泄露不应公开的案件信息罪同时又泄露国家秘密的处理规则进行了明确,应依照《刑法》第三百九十八条的泄露国家秘密罪定罪处罚。但在披露、报道不应公开的案件信息罪的条款中却并没有相应的规定。

（六）处罚披露、报道不应公开的案件信息罪时鲜有从业禁止的适用

《刑法修正案（九）》中增加了从业禁止的规定,即在我国《刑法》第三十七条之一中规定了对于利用职业便利实施犯罪或实施违背职业义务的犯罪而判处刑罚的,法院可根据具体情况,禁止其在一定期限内从事相关职业。披露、报道不应公开的案件信息罪的犯罪主体还是以新闻媒体或新闻媒体从业者居多,其可能具有更多的动机和职业上的便利条件来实施披露、报道不应公开的信息的行为,但在司法实践中却极少看到对行为人职业禁止的适用。

三、商业信息刑法保护的缺陷

世界上当前单项资产价值最高的是无形资产,经济技术寿命最长的也是无形资产。商业信息就是一种无形资产,往往价值不菲,从而成为不少不法分子觊觎的目标。随着经济的发展,市场竞争日益激烈,人才流动日益频繁,侵犯竞争对手或雇主商业信息的现象屡见不鲜,呈多发、高发态势。商业信息掌握在权利人手中,其本身具有隐蔽性的特点,决定了侵犯商业秘密者绝大多数属于被害单位内部人员或与该商业秘密的权利人有着千丝万缕的联系,且作案手段呈科技化、多样化,犯罪黑数高,在这一领域的刑事立法也不尽完善,导致对本罪的查证难、认定难,司法裁判呈现不统一、不协调的多元化现象。

（一）商业秘密刑法保护的罪名体系有待完善

为了适应经济发展的需要,1997 年修订刑法时新增了侵犯商业秘密罪。此后,虽然侵犯商业秘密罪的案例不断增长,出现多样化、复杂化的特点,但在司法实践中真正追究侵权人的刑事责任的案例却非常罕见。这与我国对该罪罪状的规定涵盖过广和量刑依据过于模糊、取证困难等因素有很大关系。因此,需要在这一领域增强立法的针对性和实效性。侵犯商业秘密罪这一概括罪名的范畴过于庞大,它实际上是侵犯商业秘密的各种具体犯罪的复合体,应当着眼于主体、对象、手段等要素,对不同的情形进行进一步的具体化,保护的对象不仅是商业秘密本身,还应包括公平竞争的市场秩序。因此,应以更加具体、确切的方式规定各个罪名及其特征,并制定相应的罪行条文。

（二）对侵犯商业秘密罪客观要件的理解有待进一步明确

侵犯商业秘密罪的法条在《刑法修正案(十一)》中进行了修改,其罪状的许多方面都发生了明显的调整,虽然依然保留了"非法获取型侵犯商业秘密""滥用型侵犯商业秘密"以及"间接型侵犯商业秘密"入罪的基本分类,但从行为方式和表述上都有所不同。(1)考虑到原本规定的"给商业秘密的权利人造成重大损失"的理解一直在理论和实务界存在诸多争议,此次修改为"情节严重"。(2)由于 2017 年《反不正当竞争法》将非法侵权行为"利诱"修订为"贿赂",增加了"欺诈"行为方式,2019 年修订《反不正当竞争法》时又增加了"电子侵入"行为方式。这些变化顺应了时代的变迁,且用语更为规范、准确,有利于对行为人进行更清晰、更精准的法律评价,因此,刑事立法中也及时地借鉴,在"非法获取型侵犯商业秘密罪"中删除了"利诱"方式,增加了"贿赂、欺诈、电子侵入"三种方式。(3)2019 年修订的《反不正当竞争法》将第九条第一款第三项"违反约定"修改为"违反保密义务"。"违反保密义务"同时涵盖了约定保密义务和法定保密义务,外延更周全,也能更好地发挥防范商业秘密泄露的作用。因此,《刑法修正案(十一)》也对"滥用合法获取型侵犯商业秘密"行为入罪的条件做出了相应的修改,由原本"违反约定"的表述调整为"违反保密义务"。(4)对于"间接侵犯商业秘密"行为入罪,原法条规定,明知或者应知他人以不正当手段或合法手段获取商业秘密,仍然获取、使用或者披露的,以本罪论处。

对于该类侵权行为的主观罪过形式,刑法不仅规定了"明知",还规定了"应知",对于"应知"的理解,理论界存在过失和故意的争议,前者认为本罪存在过失的罪过形式。后者认为"应知"是推定明知的一种表达,而不是负有应知义务的表达,即在现有证据难以直接充分、确实地证明行为人主观上存在明知的情况下,通过已查明的事实,运用逻辑推理的方法,推断行为人主观明知的成立。因此,"应知"只能是犯罪故意的一种情形,而不应是犯罪过失的用语。《刑法修正案(十一)》删除了"应知"的表述,以消除学界和实务界的争议。侵犯商业秘密罪的立法因此变得更为周延,也能够实现与其他部门法在同一领域的无缝对接。但是,由于《刑法修正案(十一)》颁布的时间较短,目前对于新增的罪状表述应当如何理解尚无相关司法解释予以规制,有待科学界定。

(三)侵犯商业秘密罪的刑罚配置不尽合理

从侵犯商业秘密罪的处罚上看,表现为以有期徒刑为主,罚金刑为辅;并针对侵权所造成的影响和后果,给予了轻重不同的处罚方式。但存在的主要问题包括:第一,刑罚种类不全面,达不到应有的惩戒效果。第二,处罚明显过轻,不足以起到震慑作用。处罚力度不足就会让犯罪者认为犯罪成本低、收益大,甘愿铤而走险,导致此类犯罪行为屡禁不止。第三,没有明确规定罚金数额。罚金作为财产刑,数额标准直接影响到司法的一致性和可操作性,具有十分重要的意义。但我国对侵犯商业秘密罪的罚金仅有概括性规定,而无具体数额幅度的规定,这会给法官的判决带来较大难度,出现打击侵犯商业秘密罪力度不均衡、司法公信力下降等情况。

(四)在认定内幕交易、泄露内幕信息行为的违法性上效率低下

在内幕交易、泄露内幕信息违法性认定方面,司法实务部门由于专业知识的匮乏,过于依赖中国证监会在行政执法过程中形成的文件材料,将其作为判断涉案行为违法性的依据,而忽视了自己在认定内幕交易、泄露内幕信息行为违法性上的能动性。司法机关作为独立的司法审判机关,必须有能力独立公正地对刑事违法性问题进行判定,而不能过于依赖证监会,否则将有损司法权威和公平正义。

（五）内幕交易、泄露内幕信息罪主体资格的划分不周延

我国刑法对内幕交易、泄露内幕信息罪的主体资格是以身份作为划分依据的，这导致一部分人员既不属于法定的内幕信息知情人员，又不属于非内幕人员，即所谓的"中性人员"，对该类人员该如何认定在司法实践中没有明确的司法判断规则，司法裁量难以定论。再者，在《内幕案件解释》中涉及的内幕信息知情人员近亲属、关系密切的人两个子概念，但相关司法解释却没有对这两个概念进行准确的界定，实务中只得沿用利用影响力受贿罪中关于近亲属、关系密切的人的概念和外延，这些都使得对内幕交易、泄露内幕信息罪主体资格认定的准确性受到限制。

（六）内幕信息及其价格敏感期的司法判断规则仍不明确

是否属于内幕信息是认定内幕交易、泄露内幕信息罪的关键所在，而内幕信息的主要特征在于其价格敏感性和未公开性，其中主要是对价格敏感期进行准确界定，《内幕案件解释》中关于内幕信息敏感期的规定是自内幕信息形成之时到公布之日，但是何为"形成"？该如何判断形成的状态？这都与内幕信息的"真实、确定性"相关，司法实践中，部分辩护律师经常将内幕信息的"形成"认定为达到"准确的"地步，然而对"准确性"却没有正确的判断标准，司法机关在价格敏感期的认定上也存在疑惑，并遇到了一些难以把握的问题。

四、个人信息、隐私刑法保护的缺陷

（一）侵犯公民个人信息罪中"公民个人信息"的定义存在较大争议

公民的个人信息是侵犯公民个人信息罪的犯罪对象，是衡量罪与非罪的重要标准。准确地理解个人信息的含义，是认定侵犯公民个人信息罪的前提，对于本罪的认定起着重要作用。目前，虽已出台专门的司法解释，但理论界关于个人信息的解读依然存在诸多争议。主要学说包括关联说、隐私权说和识别说等观点。

（1）关联说认为，社会生活中只要涉及人的信息都是个人信息。顾名思义，所有与公民个人有关的信息都是个人信息。不只包括个人的资产情况、身体健

康状况、业余爱好、日常社交活动、政治宗教信仰,还包括同学、朋友、家族背景和其他社会关系等一切与个人有关联的信息。也就是说,不论信息来源的渠道和方式、与公民关联程度的大小、信息内容的真伪,只要是能够和信息主体产生关联的信息都是个人信息。换言之,但凡和公民有所关联的信息,都属于公民个人信息。

(2)隐私权说认为,个人信息专指与个人隐私相关的、不愿意被他人知悉或传播的信息。该学说以权利主体的主观心理为出发点,通过判断信息主体是否将涉案的个人信息认定为个人隐私,从而讨论是否将个人隐私纳入个人信息的范围。所谓的隐私权,是权利主体决定是否让他人知道自己隐私的权利。简而言之,隐私权说的衡量标准是权利主体的主观感受。

(3)识别说认为,个人信息包含两方面的信息:一是能够直接识别出特定公民的信息;二是通过与其他信息的结合才能识别出特定个人身份的信息。该学说认为,并非所有的信息都可以运用刑法的手段进行保护。只有能够识别出特定公民的信息,才具有被刑法保护的价值;不能识别出特定公民的信息由于不具有社会危害性,所以不值得动用最严厉的制裁手段来保护。此外,识别说将公民个人信息划分为直接个人信息和间接个人信息。划分依据是通过掌握的信息能否直接识别出特定的公民。直接信息如姓名、肖像、指纹、身份证号码等,无须与其他信息结合就能够直接识别出特定的公民;间接个人信息如身高体重、兴趣爱好、学历学位、工作经历等,不能单独识别出特定的个人,只有与其他信息相结合,才能识别出特定的公民。

(二)侵犯公民个人信息罪所保护的法益众说纷纭

在立法机关规定侵犯公民个人信息罪借以专门保护公民个人信息以后,学者们对于本罪所保护的法益就存在颇多争议,概括起来可分为个人法益说、超个人法益说及复合法益说,而且在各学说内部也有不同的主张。

1.个人法益说

个人法益学说主要是认为侵犯个人信息只能危害到公民个人权益。个人法益内部也存在学说纷争,其中具有代表性的有人格权说、财产权说、隐私权说和个人信息权说四种学说。

(1)人格权说。人格权说认为人格权是公民个人信息的权利属性,强调个人信息所承载的人格尊严和自由。支持人格权学说的学者认为,侵犯公民个人信息罪早于《网络安全法》等前置性法律出台,侵犯公民个人信息罪的立法依据只能是宪法上的权利。例如,王利明教授认为,公民个人信息可以理解为个人信息权,而个人信息权本质上是人格权,保护公民个人信息其实就是保护公民的人格尊严;高富平教授认为,个人数据保护是在宪法层面对个人基本权利的保护,其保护人的尊严所派生出的个人自治(自由)、身份利益(正确识别)、不歧视(平等)利益。而且,放眼全世界,大多数国家或地区以维护公民的人格利益为出发点,制定了相关的个人信息保护法。1968年,在联合国召开的"国际人权会议"上,个人信息保护的概念初现萌芽。也就是说,出于对公民人格权的保护才创造出个人信息的概念,个人信息自然而然属于人格权属性。置身于信息化的社会,公民在日常生活中使用个人信息的情形稀松平常。例如,在街头小巷里填写调查问卷、在商场里申请各式各样的会员卡、手机上下载安装各类涉及隐私权限的软件和随意丢弃包含个人信息的单据等。个人信息无处不在,可以看作公民的人格在社交活动中的虚拟化。

(2)财产权说。财产权说认为个人信息被重视归因于其背后的财产属性。支持此学说的学者认为,信息化社会中移动网络的发展日新月异,个人信息所蕴含的功能也日趋多样化,信息与信息主体的财产利益关联程度不断加深,学者和司法实务工作者应当肯定信息主体对信息享有财产权。随着生产力水平的提高和社会经济形态的演变发展,个人信息所蕴含的商业价值日益凸显,信息商品化趋势愈演愈烈。商家收集个人的消费喜好、网购习惯、休闲娱乐活动等信息,宣传推销个性化的商品或服务的例子不胜枚举。同时,刑法部分条文中隐含信息具有财产属性。如我国《刑法》第一百八十条规定的内幕交易、泄露内幕信息罪,将证券、期货的交易信息纳入刑法的保护范围,该立法虽然表面不涉及财产,但这类信息一旦被泄露,将会扰乱社会主义市场经济秩序。此外,司法实践中泄露个人信息导致财产遭受重大损失的案件数不胜数,侵犯个人信息的目的多数是谋取非法利益,这也从侧面间接肯定了财产属性,个人信息是一种特殊的财富。

(3)隐私权说。隐私权说认为保护公民个人信息的目的就是保护公民的个人隐私。隐私权说根植于美国,众所周知,美国是个极度重视个人隐私的国家。美国独辟蹊径,采取隐私权保护模式,制定了专门的隐私权保护法,而不是个人信息保护法。其理由是,纵观世界各国,无论是采用大陆法系还是英美法系的国家,立法或者判决都涉及隐私,保护个人信息是为了更好地保护个人隐私。关于隐私权的定义众说纷纭,我国目前没有统一的定义。有学者认为,隐私权是自然人在网络空间和现实生活中享有的个人信息、私人空间、私人活动自我控制,不被非法利用;自主支配、不受侵扰;自主决定,不被侵犯秘密的自由权。也有学者认为,隐私权是指未经权利主体的许可,不得干扰私人生活和扰乱安宁秩序,不得搜集、刺探和公开秘密信息的权利。总而言之,保护主体不愿被他人所知晓的私密是个人信息被保护的根由,无法体现主体秘密的其他信息,即使被泄露也不会产生严重的社会危害,也就没有刑法保护的价值。

（4）个人信息权说。个人信息权是不仅具有人格权属性,而且具有财产权的特征的新型权利。权利内容包含了两个方面:一是积极许可他人使用的权利;二是消极防御他人侵犯的权利。赞同该学说的学者认为,应将信息权作为一项新型的基本权利进行保障。信息作为一种人格化的数据资源,自带保护个人隐私的功能;而且,鉴于数据的财产价值,公民信息也附带相应的财产性能。综上所述,个人信息权是集精神、财产、公民自由等多种权利于一体的复合型权利。个人信息权所具有的复杂属性决定了其内容的多元化。从整体上讲,根据现有的我国法律和司法解释,个人信息权中的信息主要包括基于人身属性的"可识别性"身份信息、基于财产属性的财产类和账号类信息、相关法益具有关联性的其他信息。换而言之,个人信息权中的个人信息必须和特定的信息主体相关联,侵犯此类信息会对主体的人格、财产权益造成损害。

2. 超个人法益说

这是认为公民个人信息不仅直接关系个人信息安全与生活安宁,而且关系社会公共利益、国家安全乃至信息主权。持此主张的学者认为,首先,从公民个人信息中"公民"一词入手,"公民"不仅包含中国公民,而且包括外国人、无国籍人,保护范围广阔。其次,从侵犯公民个人信息罪所造成的现实侵害状况来看,侵犯公民个人信息行为的危害后果不仅局限于公民个人信息本身,而且是一系列后续犯罪行为的前提条件,精准诈骗、敲诈勒索、绑架、故意伤害、杀人等犯罪借助侵犯公民个人信息行为更加猖獗。最后,具体而言,侵犯公民个人信息罪所侵害的法益应当是公民个人信息的正常流转状态或社会成员对个人信息安全的信赖。

3. 复合法益说

这是主张无论是个人法益说,还是超个人法益说,其观点都有合理支出,但又都不够全面,应当将上述学说中合理的观念进行科学整合。

(三)侵犯公民个人信息罪"情节严重"的认定标准仍然模糊

《个人信息解释》从信息类型与数量、违法所得数额、信息用途、主体身份和主观恶性五个方面,划分了"情节严重"的认定标准,在一定程度上解决了司法实践中的困惑,但是该标准还存在不少模糊之处。

1. 信息类型的划分尚不明确

《个人信息解释》依据信息与权利主体的利益相关程度,将信息划分为三个等级,分别设置不同的入罪门槛。第一类是高度敏感信息,仅限于行踪轨迹、通信内容、征信信息和财产信息四种。高度敏感信息由于直接关系到公民人身和财产状况,所以入罪标准为五十条以上。第二类是住宿信息、通信记录、健康状况等可能影响人身和财产安全的敏感信息。此类信息的重要程度比高度敏感信息低,其入罪标准是五百条以上。另外,该条款加了"等"字,实践中只要和上述信息重要程度相当的敏感信息,都可以采用此标准。第三类是一般的个人信息,标准是五千条。这类信息与公民关联的程度最低,对公民的人身财产安全影响较小。

但是,这样看似明确的信息类型划分,在纷繁复杂的司法实践面前却显得力不从心。以高度敏感信息为例,由于其入罪门槛低,所以只能做限缩解释,即仅限于上文列举的四类信息。然而,对其在认定中依然存在种种困惑。首先,对于行踪轨迹信息的认定在司法实践中存在争议。行踪轨迹信息,是反映主体位置变化的信息。刑法之所以保护行踪轨迹信息,是因为利用该信息,可以掌握被害人的实时动态。那么,是不是所有反映主体位置变化的信息都能够以行踪轨迹信息论处呢? 出入境证件信息、出入境信息、航班信息、火车票信息是否属于行踪轨迹信息? 使用打车软件、微信朋友圈的定位分享追踪到公民在现实生活中的位置,能否认定为行踪轨迹信息呢? 其次,行踪轨迹存在与其他信息相竞合的情形。将动态的住宿信息、交易信息与其他信息相结合,也可以推导出主体的行踪轨迹,这些信息的入罪标准会引发争议,增加司法实践中的操作难度。最后,财产信息的范围也不明确。

2.数额标准不够全面

行为人在利益的驱动下,实施侵犯公民个人信息的行为,以数额作为认定"情节严重"的标准,因为数额直接表征了其所出售、提供、窃取或非法获取的信息数量和对社会的危害。但是,侵害公民个人信息罪不是目的犯,仅仅依靠违法所得数额,不能全面地反映行为所造成的社会危害。不同类型的信息对违法所得的影响不同。司法实践中,一般公民的个人信息价格较低,不是按条计价,通常是编辑成文档,按照文档的大小来出售。而高度敏感信息价格相对较高,往往按条计算,单凭违法所得去认定"情节严重",会导致认定标准的本质是信息数量,缺乏合理性。

3.主观恶性的推定不尽合理

根据司法解释,刑法处罚过的构成侵犯公民个人信息罪的行为人,或者两年内因侵犯个人信息遭受过行政处罚的行为人,再次实施侵犯公民个人信息的行为,应当认定为"情节严重"。背后的理由是行为人屡教不改、屡罚屡犯,主观恶性较大,应当从重处罚。但是,在行为人之前的侵犯公民个人信息行为已经被认定为犯罪的情况下,法院在判决刑罚阶段,会依据该情节考量量刑的轻重程度。而本罪的"情节严重"是犯罪的构成要件,属于定罪情节,以量刑情节来衡量定罪情节,会造成二者混淆。此外,我国目前没有特定的行政法规对个人信息进行专门化的保护,那么行政处罚就成了无本之木。虽然行政法涉及对公民个人隐私的保护,但个人隐私和个人信息是两个独立的概念,既有联系,又有区别。所以行政法处罚侵犯公民个人信息的行为并无依据,导致司法解释的这部分内容不具有实际意义。

(四)对非法持有公民个人信息的行为无法有效规制

在信息网络技术高度发达的今天,我们每个人都可能因为某种原因而将自己的个人信息上传到网络,也经常会出现行为人通过合法途径收集、整理了大量公民个人信息并打算进一步实施买卖、交换或利用收集的公民信息进行违法活动的情况。其在网络空间搜集、整理公民个人信息后持有的行为通常是实施其他犯罪的预备状态,但是只要行为人计划实施的行为尚未着手,公安及司法机关就没有证据证明行为人侵犯了公民个人信息,通常也就无法认定这种具有较严重社会危害性的非法持有公民个人信息的行为构成犯罪。但事实是,无论是要买卖、提供公民个人信息,还是利用掌握的公民个人信息实施诈骗或是其他金融犯罪,首先都是要掌握公民的个人信息,该行为已经让我们陷入了法益随时可能被侵害的危险之中。然而,由于现有的侵犯公民个人信息罪的规定未能涵盖对个人信息"非法持有的状态",也没有其他罪名实现对侵犯个人信息犯罪链条的全覆盖,因此刑法对个人信息的保护力度仍有所欠缺,这才导致了对某些具体案件定罪困难。因此,应当将非法持有公民个人信息这一严重危害公民个人信息安全的行为纳入刑法的调整范围。

第三节　信息内容安全方面刑法保护的缺陷

一、对政治煽动信息刑法惩治的缺陷

在对教唆煽动型网络有害信息加以治理的进程中,刑事治理手段的重要性不言而喻,教唆煽动与网络有害信息的结合已经成为现阶段刑事立法与司法必须要正视的问题。但无论是现有具体罪名的设计,还是司法适用都存在一定的困境与争议。

(一)煽动型犯罪的入罪标准仍然模糊

网络煽动教唆行为的犯罪化判断标准与限度到底是什么? 如何在纷繁复杂、浩如烟海的网络信息中筛选出应由刑法制裁的那些? 换言之,对于一则网络信息,到底属于教唆煽动型有害信息需要加以刑事治理,还是公民正常的言论表达不应干涉,尤其是某些煽动型言论、信息与某些批判公共事务、针砭时弊的言论、信息容易混淆,对此应当如何判断? 这是首先需要解决的基本问题。与其他犯罪类型相比较,网络煽动教唆入罪被不少人质疑为"言论入罪"。言论自由是各民主国家都赋予公民的一项宪法权利,国家机关不应动辄予以剥夺,但是,当个人发表的言论、传播的信息超过了宪法规定的界限,国家安全、公共安全、社会秩序乃至公民的个人权利等都会受到威胁。因此,英国、美国、德国等西方国家也在其刑事立法中设置了各种用以规制教唆煽动型犯罪的法律条款或存有大量判例。而且,随着司法实践中新的特殊情况不断出现,更大力度地规制煽动型犯罪成为趋势,例如,在美国"9·11"恐怖袭击事件后,各国均纷纷

设立了煽动恐怖主义活动的相关罪名。由此可见,将某些教唆煽动型网络有害信息予以入罪是必要的,但必须审慎,防止刑罚权扩张所带来的危险,发布有害的网络信息只有满足一定的基准条件时才具有可罚性,而这一总体的判断标准目前仍很模糊。

(二)煽动型犯罪在认定上存在争议

如前所述,现行刑法中有六个专门规制煽动行为的罪名可以用于煽动型网络有害信息的刑事治理,但却面临着不少立法及司法方面的困境,有许多新情况、新问题亟待解决。

1. 煽动行为针对的对象范围尚不明确

煽动型犯罪并非本人直接去实施所煽动的行为,而是煽动他人实施关联的实行行为。对于所煽动的"他人"的范畴,即煽动行为针对的对象,有学者主张只能是不特定的人或者多数人。也有学者认为,将煽动行为的对象限制在不特定的人或者多数人的范围内,在法律上没有根据,也不利于司法实践对本罪的认定。即认为,特定的个人也可以成为煽动行为的对象。这两种观点争议的焦点在于:特定的个别人能否成为煽动行为的对象。此外,还有一些学者对煽动行为的对象进一步加以限制,认为只包括在接收到煽动信息时还没有犯罪意图的多数人,而不包括那些已有犯罪意图者。

2. 煽动行为的行为方式在认定上存在争议

例如,关于煽动行为的行为方式,是仅包括公开场合进行的煽动,还是也包括私下的煽动。如果私下的煽动可以成立煽动型犯罪,那么在行为手段、行为强度上是否有特殊要求。西方国家规定煽动犯罪罪要区分公开场合的煽动和私人场合的煽动,对这两种情形有不同的法律规定。他们认为在公开场合的煽动不需要行为人采取非常强烈的手段,但是在私下的场合进行煽动时必须采取敦促、鼓动、挑衅等强烈的方式进行。显而易见,不同的行为方式意味着煽动行为的紧迫程度及危险程度有显著差异。再如,关于煽动行为的行为方式,是仅以直接、直观的方式进行煽动,还是也可以以间接的、委托他人转述的途径来进行煽动;是仅能以明示的方式进行煽动,还是也可以以暗示、含蓄的方式进行煽动,这也在学界存在一定争议。

3.煽动型犯罪的既遂标准有待进一步明确

从刑法分则的具体规定来看,并未对成立煽动型犯罪的结果要件提出要求,但这也不意味着该类犯罪一经着手即宣告既遂。多数学者同意煽动型犯罪不属于实害犯,而是属于危险犯,不属于举动犯,而是属于行为犯。主要理由在于,该类犯罪危害行为的实施不是一蹴而就的,仍需要等待煽动者着手并实施完相应的煽动行为才能构成。但学界对于煽动型犯罪究竟应归类于具体危险犯还是抽象危险犯存在一定争议。因此,对于确定煽动型犯罪究竟从哪一刻起宣告既遂,是否可能成立未遂形态等问题的剖析也都不容回避。

二、对破坏社会秩序的虚假信息刑法惩治的缺陷

(一)虚假恐怖信息与虚假信息的内涵及界限不明晰

编造、故意传播虚假恐怖信息罪中虚假恐怖信息的范围不明确,立法中使用了"等""严重威胁""可能引起"这种模糊用语,让司法者无从判断究竟应做扩大解释还是缩小解释。编造、故意传播虚假信息罪中的争议点主要集中在对"险情"的理解上,广义的险情包罗万象,是疫情、灾情、警情的上位概念,在法条中作为兜底性规定而存在,旨在规制疫情、灾情、警情之外的其他危险信息。狭义的险情与其他三类虚假信息并列,司法实践中究竟应如何把握至今仍未明确。而且,2013年《虚假恐怖信息案件解释》将重大疫情、重大灾情纳入虚假恐怖信息的范围之中,而2015年《刑法修正案(九)》又增设了编造虚假的疫情、灾情在信息网络或者其他媒体上传播,或者明知是此类虚假信息,故意在信息网络或者其他媒体上传播,严重扰乱社会秩序的,以编造、故意传播虚假信息罪论处的规定。使得两罪的对象之间出现了交叉,似乎仅有"重大"一词以做区分。然而在司法实践中,很难有效判断什么样的疫情、灾情属于"重大"。是应当司法解释自动失效,还是应作法条竞合处理,学界存在争议。

(二)虚假信息覆盖的广度不够

随着社会的不断发展,虚假信息的内容会随之变化,现有规定在应对社会发展需要时可能存在真空地带。在编造、故意传播虚假信息罪中,虚假信息的范围仅限于虚假险情、灾情、疫情、警情四类,但其他与此四类虚假信息具有相

当性的虚假信息却因为缺乏刑法上的依据而通常不能入罪。然而,其他虚假信息造成的严重的社会危害已经无法忽视。例如,2007年上半年曾爆发的"海南毒香蕉"事件。2007年,某报刊载一篇名为《广州香蕉染"蕉癌"濒临灭绝》的文章,文章原意为香蕉只要感染上巴拿马病毒,就会在几年之内灭绝,这种病毒也被称为"香蕉癌症"。报道在传播过程中渐渐变质,最后演变为海南香蕉有毒,人吃了会得癌症。海南香蕉因此遭受巨大打击,香蕉价格从3.16元/斤下降到0.24元/斤依旧无人问津,大批香蕉烂在地里。据统计,海南蕉农每天的经济损失高达1 700万元。与此类似的还有"四川蛆橘"事件、"山东毒西瓜"事件等,都是针对特定地区不特定人的与食品安全相关的虚假信息。此类虚假消息,打击人们对食品安全的信心,扰乱社会经济秩序,往往会使特定群体遭受巨大经济损失,危害甚重。但依据我国现行刑法的规定,却很难对其进行规制。刑法中虽规定了损害商品信誉、声誉罪,但是是针对特定人或者单位传播虚假信息的行为。编造、故意传播虚假信息罪中的四类虚假信息显然也不能包容此类虚假信息。长此以往,势必助长此类不正之风,给社会主义市场经济带来更加严重的损害。

（三）同类犯罪的行为方式不协调、不统一

编造、故意传播虚假信息罪在法条中特意强调了传播方式为在信息网络上或者其他媒体上传播,而编造、故意传播虚假恐怖信息罪则并无此类规定,刑法中其他以传播信息作为对象的罪名中,如传播证券、期货交易虚假信息罪,传播淫秽物品牟利罪,传播淫秽物品罪等对传播的空间没有提出任何限制。《刑法》第二百九十一条之一第二款在规定时特别强调在信息网络上或者其他媒体上传播,会导致关注重点聚集在是否利用各类媒体方面,忽略了传播的应有之意,产生了在信息网络和其他媒体之外的传播行为不构成犯罪的歧义。

（四）相关罪名设置不够精细

近年来,刑事领域为了解决司法实务中的大量新型案件而频繁开展的立法、修法活动,突出了应急性色彩,也体现刑事立法的客观具体化趋势,但类型化程度不够,"头痛医头、脚痛医脚",显得僵硬、臃肿、粗糙,难以应对更多的新型问题。事实上,刑法不应过多针对具体的犯罪行为进行逐项立法,而是应当注重类型化和经验总结。有些新型犯罪并非刑法从未进行类型化表述的全新的犯罪,只是在外在形式上同新的社会生活相结合的产物。在智能手段、科技手段层出不穷的情况下,以应急性思维进行"见招拆招"的仓皇应对,使刑事立法丧失了主动性,也使得在这样理念下制定出来的特定规则缺乏逻辑上的自洽性和连续性,最终导致刑法罪名分散、刑法体系支离破碎。编造、故意传播虚假信息罪的设立,在某种意义上讲就反映出这样的特点,在刑法中已经存在编造、故意传播虚假恐怖信息的前提下,增设的编造、故意传播虚假信息罪除了虚假信息的类型不同之外,其他各方面几乎相同。如果能在原第二百九十一条之一的基础上进行适当修正,将犯罪情节进行区分,就没有必要源源不断地增设新罪名,再来挖空心思地探究两罪之间的关系。且如前所述,新增的编造、故意传播虚假信息罪中列举的虚假信息仍旧广度不够,无法适应更多惩治犯罪的需要。

(五)在此领域适用寻衅滋事罪带来诸多困扰

2013年《网络诽谤解释》第五条第二款中规定,有编造虚假信息,或者明知是编造的虚假信息,在信息网络上散布等行为的,造成公共秩序严重混乱的,按照《刑法》第二百九十三条第一款第四项的规定,以"在公共场所起哄闹事,造成公共场所秩序严重混乱"的寻衅滋事罪论处。在传统刑法领域,寻衅滋事罪常被人诟病为"口袋罪",而这罪名适用的范围又从现实生活中蔓延至网络空间和信息安全领域,这在学界引起了很大的争议。寻衅滋事罪规定,如果行为人在公共场所起哄闹事,造成公共场所秩序严重混乱,破坏社会秩序的,可以本罪论处。对比司法解释与寻衅滋事罪的法条可以发现一些显著的区别,在这种情况下,寻衅滋事罪适用的权威性和正当性受到诸多质疑。首先,司法解释的这项内容,究竟是自然而然、合情合理的过渡,还是以解释之名、行立法之实的类推解释? 其次,对寻衅滋事罪中的公共场所应如何理解? 司法解释中将公共场所秩序直接替换为公共秩序,是否妥当? 对网络空间秩序、信息安全的破坏能否等同于对公共场所秩序的破坏? 再次,网络空间秩序严重混乱的标准是什么,应当呈现什么样的状态? 最后,"网络造谣""网络传谣"究竟能否等同于现实空间的"起哄闹事",等等。对于上述问题,理论界仍在探究之中,立法上更无明确规定,司法实践的具体认定标准、证据收集等都缺乏科学依据。这一规定在

《刑法修正案（九）》中增设了编造、故意传播虚假信息后能否继续使用，值得怀疑。

三、对破坏市场经济秩序的虚假信息刑法惩治的缺陷

（一）欺诈发行股票、债券罪的主体范围过窄

根据《刑法》第一百六十条的规定，欺诈发行股票、债券罪的犯罪主体是申请发行股票、债券的公司，或者募集设立公司的发起人，既包括自然人又包括法人。在证券发行过程中，从业务发生的角度上看，通过业务参与证券发行的主体主要有发起人、控股股东等实际控制人、发行人或上市公司、证券上市推荐人和承销商、律师事务所等专业中介服务机构等。上述组织或机构中具有管理职责或者业务职责的自然人，如上市公司中负有责任的董事、监事等高级管理人员和会计师事务所中项目的直接责任人。在诸多主体之中，欺诈发行股票、债券罪的犯罪主体仅包括了发行公司和发起人，而未包括上述参与证券发行业务的单位和行为人。而这些单位或行为人的刑事责任问题又表现为两种情况：第一种情况是刑法将上述某些主体的违规行为纳入了其他罪名的规制范围。例如，会计师事务所、律师事务所在 IPO 过程中出具的审计报告和法律意见书重大失实，通常会根据《刑法》第二百二十九条之规定，适用出具证明文件重大失实罪。第二种情况是刑法并未将上述某些主体的违规行为纳入刑事规制范围之内，这就会使得其虽进行了欺诈发行业务，实质上对证券发行审核产生了巨大的影响，但却免于承担刑事责任。例如，会计师事务所对发起人做出的财务审计和评估公司做出的资产评估结果是证券交易所和证监会审核的基础，证券交易所和证监会实际上并不掌握发行公司的第一手资料，二者的审核在很大程度上是在对上述结果信任的基础之上做出的。在这种情况下，会计师事务所和评估公司等中介组织就成为发行公司或发起人之外的发行参与主体，如果中介组织与发行人事先串通，在证券发行过程中实行欺诈行为，那么证券发行成功的概率会增大。如果对上述人员一律无法进行刑事责任的追究，将不利于证券发行中对信用风险的控制和证券发行秩序的维护。

（二）能否追究欺诈发行股票、债券罪的未遂形态存在争议

根据《刑法》第一百六十条的规定，构成欺诈发行股票、债券罪需要同时满

足以下条件：首先，行为人发行了股票或者债券的；其次，发行人在发行股票或者债券过程中，在招股说明书等重要文件中存在隐瞒重要事实的行为或者编造重大虚假内容的行为；最后，发行人实施了上述行为，且发行股票数额巨大或者造成了其他的严重后果。然而，是否可以根据刑法的规定对发行人欺诈发行股票、债券未遂的行为追究刑事责任，理论界存在一定的争议。

第一种观点认为，该罪不存在"未遂"形态。原因在于，欺诈发行股票、债券罪是结果犯，只有实际上成功完成股票或者债券的发行，才能构成欺诈发行股票、债券罪。因此"发行了股票、债券"是指"发行成功了股票或者债券"，而非"提出了发行股票或者债券的申请"。相应的"数额巨大、后果严重或者有其他严重情节"也是指发行完成、进入证券市场的股票、债券的相应数额、结果等。换言之，在此观点之下，只要发行人的发行申请尚未被核准，拟发行的股票或者债券没有进入证券市场，对发行人就不能以欺诈发行股票、债券罪论处。目前我国司法实践中，并没有处罚欺诈发行股票、债券未遂的案例。但是如果相关行为人违反了《证券法》的相关规定，可以适用《证券法》认定为行政违法行为，承担相应的责任。

第二种观点认为，该罪存在未遂形态，可以追究发行人未遂的刑事责任。该观点认为《刑法》第一百六十条规定的三个条件是犯罪既遂的条件，同时满足三个条件，即可构成欺诈发行股票、债券罪的既遂。如果发行人已经着手实施发行行为，只是由于违法犯罪行为等不良行为被媒体曝光等发行人意志以外的原因而未完成发行，虽不构成欺诈发行股票、债券罪既遂，却应构成该罪的未遂，比照既遂犯从轻或者减轻处罚。按照此种观点，法条规定的"发行股票或者债券"应当从发行人提出发行申请起算，从发行人的发行申请被证监会、交易所等受理至最后股票、债券进入证券市场都属于第一百六十条规定的"发行股票或者债券"。至少也应理解为发行人获得核准后至最终完成股票发行的阶段。但在发行核准之后，即使有欺诈发行股票、债券行为，但依旧存在证券发行失败的可能，对此可以追究行为人未遂的责任。而且，虽然最终证券发行失败，不可能达到第三个条件所要求的"发行股票数额巨大"，但依然可能满足"其他严重情节"的要求，据此可以认定未遂行为的社会危害性以及刑法惩罚的必要性。对此争议，应予明确。

（三）编造并传播证券、期货交易虚假信息罪的客观要件有待调整和明确

根据《刑法》第一百八十一条第一款的规定，编造并传播证券、期货交易虚假信息罪的客观行为必须是"编造并传播"，即编造行为与传播行为必须同时具备，单纯的编造或者明知是虚假证券、期货交易信息而故意传播的行为都不构成犯罪，必须要既有编造、又有传播，自编自传。这极大限缩了本罪的适用范围，给司法实践带来诸多问题。犯罪行为方式关系到罪与非罪的认定，如今信息网络高度发达，信息传播速度不断提升，虚假信息更容易被传播出去，信息的传播者和编造者往往不是同一人。自编自传的行为无疑需要打击，但是明知是虚假证券、期货交易信息而故意传播的行为，无论从主观上还是从行为造成的严重后果上，都应当予以规制。对于影响证券、期货交易的虚假信息，以"编造并传播"作为行为方式的描述未免不妥。此外，证券、期货交易虚假信息的内容至今未明确，足以"扰乱证券、期货交易市场"作何理解，仍众说纷纭。

（四）对编造并传播证券、期货交易虚假信息罪的打击力度不够

刑法的设置和修改要注意保持和其他法律法规以及其他刑法条文之间的协调性。编造并传播证券、期货交易虚假信息罪的法定刑最高为五年有期徒刑，并处或者单处一万元以上十万元以下罚金。与之相似的泄露内幕信息罪，《内幕案件解释》第七条规定，泄露内幕信息，获利或者避免损失数额在七十五万元以上的，应认定为"情节特别严重"，处五年以上十年以下有期徒刑，并处违法所得一倍以上五倍以下罚金。编造并传播证券、期货交易虚假信息罪，在波及面、危害后果等方面，比起泄露内幕信息罪有过之而无不及，但在法定刑的设置上相差甚远，相当于降低了犯罪分子的犯罪代价。从与其他法律的协调性上来看，也略有不足，如罚金刑的设置与《证券法》中规定的罚款的数额不协调。编造并传播证券、期货交易虚假信息罪规定处以一万元以上十万元以下罚金，但是，《证券法》第一百九十三条对相似的行政违法行为处以三万元以上三十万元以下罚款。对于相同行为，罚金数额与罚款数额相差甚剧，不利于刑法与行政法的衔接，也降低了刑法的威慑力。

（五）对某些主体能否以虚假广告罪论处仍需界定

根据《刑法》第二百二十二条的规定，虚假广告罪的主体是广告主、广告经营者、广告发布者，是否具备这些特定身份直接导致了能否适用本条规定。在司法实务中，对于某些主体能否认定为上述三种身份，以及虽不具备上述三种身份但对广告的发行、宣传效果等起到重要作用者一律不入罪是否恰当等问题存在争议。

1.广告主的身份界定问题

广告主体中起主导和决定作用的是广告主。但在实践中却存在着商品或者服务根本不存在而谎称能够提供某种商品或者服务的"广告主"。这类主体能否认定为"广告主"？对其应当以虚假广告罪论处，还是应以诈骗罪论处？一种观点认为，谎称能够提供商品或者服务的"广告主"，其目的不在于通过促销商品或者服务而从中获利，而在于通过发布虚假广告从而使消费者基于错误的认识而支付对价购买，应以诈骗罪论处。第二种观点认为，仍应当以虚假广告罪论处。对此情形的定性，应予明确。

2.广告发布者的身份界定问题

广告发布者在广告活动中业务较为单一，即只发布，不进行广告设计、制作等活动。广告发布者既可以通过电视、户外广告、平面广告、广播等传播媒介发布广告，也可以通过一些新的传播媒介方式，因此，互联网网络公司也可能成为广告发布者。在实践中，对于第三方网络平台广告的主体资格认定，也存在许多争论。首先，一些网络平台将网站的广告独家代理权转让给他人后，其是否还属于广告发布者？有观点主张，第三方网络平台是媒体资源所有权方，理应是广告发布者。另一种观点则认为，广告实际由谁发布，谁才是发布者。其次，第三方平台仅提供空间支持的情况，如腾讯公司为一些公司提供微信公众号服务，其中一公司在微信公众号上发布了一些虚假广告，在这种情况下，腾讯公司能否被认定为广告发布者，是否需要承担责任？再次，第三方平台仅提供技术支持的情况。例如，广告主在设计、制作广告内容后，广告经营者通过软件将广告内容放在第三方平台上自动检索，并自动匹配到广告投放，能否将第三方平台认定为广告发布者。这些情况在媒体技术不断发达的情况下也必须尽早破解。

3.广告代言人的责任问题

现实中,明星代言虚假广告的事件频发,不少广告代言人收取了高昂的广告费用,却没有尽到应有的审核义务,也不愿承担相应的法律责任,这引起公众极大愤慨,舆论一片哗然。对广告代言人,能否追究其虚假广告罪的刑事责任?有观点认为,刑法明文规定虚假广告罪的主体只能是广告主、广告经营者以及广告发布者,广告代言人并不属于上述三类特殊主体之一,因此不能成立本罪。另一种观点认为,广告代言人虽然不具备本罪主体身份,但可以按照共犯理论对其进行定罪量刑。

四、对诽谤他人的虚假信息刑法惩治的缺陷

(一)对散布行为的惩罚力度不够

诽谤罪要求行为人具备捏造、散布行为,但诽谤罪的两个实行行为中更为关键的是散布行为。在传统诽谤罪中,行为人捏造诽谤他人的虚假事实,没有散布行为,根据复合行为说,因为不会给他人的名誉造成损害,是不构成犯罪的,学界对捏造而不散布的行为没有太大争议;当行为人没有捏造事实,只是将虚假信息散布出去,根据复合行为说,也不被认定为诽谤罪。但实际上,对于行为人在没有捏造事实的情况下,将虚假事实散布出去,又分为两种情况:一是因过失而散布,确实不应以犯罪论处;二是故意散布虚假内容,即明知道该内容会对他人的名誉造成巨大负面影响却依然散布。毕竟散布行为才是诽谤罪最关键的实行行为,对于第二种情形若不以犯罪论处,会给不法行为人留下规避法律的途径。

(二)惩罚的犯罪主体过于单一

随着网络诽谤行为的产生、蔓延,诽谤日益呈现出犯罪主体多元化、行为更加复杂的特点。第一,某些单位捏造事实诽谤他人以实现报复目的或打压竞争对手目的的案例并不少见。但诽谤罪的主体为一般主体,仅由自然人构成,而无单位犯罪的规定,导致对这部分单位的打击力度不足。第二,网络公关公司的责任主体地位不明。在当前,大部分人的信息来源途径就是网络的情况下,贬损一个人名誉最快捷的方法就是利用网络。如果关于某人的负面虚假信息

在网络上口口相传,即使没有实在的证据,也很容易使社会公众受到该信息的影响而对某人形成偏见。但网络中的信息浩如烟海,单凭一人或几人之力,诽谤内容很难在网络空间里溅起水花。于是就有网络公关公司雇用大量"水军"作为网络舆论推手,对虚假事实进行转发、评论和跟帖,使其捏造的事实快速传播开来。"水军"力量强大,可在短时间内使转发和跟帖数量成千上万,这种言论威力一旦利用不当,轻则损害公民名誉,重则扰乱社会秩序和破坏国家安全,但对涉案的网络公关公司却依然难以按照单位犯罪追究。第三,网络服务提供者的责任不明确。网络服务提供者包括网络接入提供者、网络平台提供者和网络内容提供者。这些通常以单位形式存在的网络服务提供者是否能够认定为网络诽谤,承担诽谤罪的刑事责任? 如果需要承担责任的话,这三类不同的网络服务提供者应该承担怎样的刑事责任? 我国刑法目前对这些问题尚没有进行详细回答。《刑法修正案(九)》所增设的帮助信息网络犯罪活动罪,惩罚的是明知他人利用信息网络实施犯罪,仍为其提供各类技术支持或提供广告推广、支付阶段等帮助,情节严重的。但在网络诽谤中的网络服务提供者能否以本罪论处,尚需研究。

(三)对诽谤公职人员的虚假信息惩处的力度总体偏大

网络的开放性和快速传播性使网络渐渐成为公民发表对政府和政府公职人员不满的主要平台。有些百姓苦于维护自身权益无门或者为了对某些行政事项进行批评建议,便在热门论坛发布帖子,为了使自己的帖子能在网络上引起关注,便在标题上夸大其词,对问题的描述中也可能涉及某些具体的政府部门及其公职人员,所介绍的事实也与真实状况有一定的出入,但往往事出有因,而不是寻衅滋事或肆意贬损、谩骂。对此,有些地方政府为了维护面子工程,极力抗拒公民的批评建议言论,甚至对他们以诽谤政府或政府公职人员论处。对公职人员的名誉权固然要加以维护,但应细致思考此种保护应当以何为界限,从而避免出现将批评建议作为对公职人员个人名誉的诽谤而对公民进行惩罚的情形。

(四)入罪情节标准有待考量

在认定行为人的行为性质属于捏造事实诽谤他人的情况下,能否以诽谤罪论处还需要看是否达到了"情节严重"。情节严重的表述本身就具有模糊性,然而目前,传统诽谤罪"情节严重"的判定,并没有明确的司法解释可以遵循。虽然学界已经形成统一观点,即从动机、手段、内容、后果严重及造成恶劣的社会影响等方面进行考量,但是定位到具体环节对行为人的行为进行考察是很难把握的。书面诽谤易于保存,影响持久,比口头诽谤恶劣,能否认定为情节严重?实行诽谤行为次数较多是否属于情节严重?有待司法解释予以明确。

对于网络诽谤,《网络诽谤解释》第四条中明确了网络诽谤情节严重的四种情形:第一,同一诽谤信息实际被点击、浏览次数达到五千次以上,或者被转发次数达到五百次以上的;第二,造成被害人或者其近亲属精神失常、自残、自杀等严重后果的;第三,二年内曾因诽谤受过行政处罚,又诽谤他人的;第四,一年内多次实施利用信息网络诽谤他人行为未经处理,诽谤信息实际被点击、浏览、转发次数累计计算构成犯罪的,应当认定为诽谤行为"情节严重"。其中,在学界引起最大争议的是第一种情形:同一诽谤信息实际被点击、浏览次数达到五千次以上,或者被转发次数达到五百次以上的。首先,将具体标准定为浏览次数五千次或转发达五百次以上,这一数据标准的确定是否科学。有些明星或者网络红人的关注粉丝数以百万计,他们在微博上随便发布的一条信息,都可能引起网民疯狂灌水,上述标准在几分钟之内就可以达到。而普通公民发布的虚假信息很难达到这一数值标准,但依然可能引起被害人社会评价的严重下降。其次,固化的数字没有体现出各种捏造、诽谤行为的差异性,同样的诽谤内容在不同的网络平台上即使浏览或转发数一样,造成的后果或许天差地别。假设行为人是在微信朋友圈中发布该捏造的虚假信息,由于微信是只在互相加好友的用户之间开放的半封闭网络空间,即使对该诽谤内容的浏览人数很少,但朋友圈里可能大多都是互相熟知的朋友,行为人发布的诽谤内容造成的中伤严重程度可能并不亚于在微博、论坛等开放的网络空间中被浏览五千次的严重程度。再次,不区分情况的绝对以"五千次"和"五百次"的数字作为罪与非罪的区分标准,容易被有心人利用,或者使用技术手段刻意控制浏览或转发次数,或者对网络上的数据进行造假,从而逃避法律制裁。最后,这项规定在司法适用过程中可操作性较差,因为数据是否达成情节严重标准还要经过筛选,将同一人重复浏览数和其他没有意义的数据排除出去。忙于应对大量网络诽谤案件的司法部门如果逐一进行筛选,可能会造成司法效率的降低;如果不逐一筛选,又会造成不真实的数据对程序正义的破坏,陷入两难。

综上所述,我国刑法对诽谤罪的条文规定不应因新型网络诽谤的出现,而忽略了传统诽谤罪,应当从传统诽谤和网络诽谤两方面通过立法加以规定,依据主观和客观的判断标准及其不同情况进行列举,使司法机关在承办案件时能够有统一标准,这样既能提高司法机关的办案效率,也可以使案件得以公正合理地解决。

五、对骗取财物的虚假信息刑法惩治的缺陷

科技、经济的快速发展,新型支付方式的兴起,在给人们生活带来便利的同时,也给了犯罪分子可乘之机。在司法实践中涌现出许多千奇百怪的、采取种种手段编造虚假信息后传递给行为人意图骗取钱财的案件,如司法实践中频发的"两头骗""不知情交付""偷换他人收款二维码"等。这些特殊类型的借助虚假信息侵犯财产的行为,其定性却在理论界和实务界引起了激烈的讨论,而非一概以诈骗罪论处。

(一)对"两头骗"型案件的定性存在争议

"两头骗"案件是司法机关对某些具有共同特征的诈骗案件的俗称,在这一类案件中,行为人多存在前后两个"欺骗行为",即行为人首先骗取被害人一定的财产后,又利用犯罪所得"赃物"实施第二个欺骗行为。例如,被告人先是以租车的名义向汽车租赁公骗取汽车,然后再将骗取所得汽车进行质押向他人借款。在这个案件中,前后环节均存在欺骗行为,分别是行为人以租车的名义骗取了车辆的行为和隐瞒自己非汽车所有权人的事实将车辆向他人进行质押借款的行为。可见,行为人前后两个"欺骗行为"分为两个阶段,但又与传统的"连环诈骗"之间有着本质的区别,其并非两个诈骗罪的简单相加。在"两头骗"案件中通常涉及刑民交叉的问题,其中所涉及的法律关系较为复杂,导致司法实践中对于行为人罪数形态的认定、刑事被害人的确定、犯罪数额的认定等都较为混乱,继而出现"同案不同判"的结果,严重损害了刑法的统一性和权威性。

(二)对"不知情交付"类案件的定性存在争议

刑法理论认为,处分行为是诈骗罪成立之必备构成要件,但是对于"处分行

为"是否必须要求行为人主观上具备处分意识素来存在争议,尤其近年来司法实践中出现了许多"盗、骗交织"类型的取财型犯罪,如"调包存折取款案""缺斤少两收粮案""空车案"等引起热议的案件中都掺杂着行为人浓郁的欺骗因素,以及貌似被害人自愿将财物交付给行为人的客观因素,使得该争议越发激烈。如果按照"诈骗罪是指以非法占有为目的,用虚构事实或隐瞒真相的方法,骗取数额较大的公私财物"的观念看待此类案件,则行为人应当以诈骗罪处理。但是,这些案件中被害人在交付财产时主观上对损失的那部分财产均无处分意识,按照"处分意识必要说"的观点很难对此做出合理解释。对此应当进行准确定性。

(三)对"偷换他人收款二维码"类案件的定性存在争议

在当下扫码支付成为主流的情况下,犯罪分子也将目光投向了具有财产符号意义的二维码。从字面意思理解,这类侵财行为就是替换他人的收款二维码为行为人自己的二维码,使得付款人支付时钱款直接进入行为人所有或实际控制的第三方支付平台账户内。例如,2017 年 2 月,被告人邹某先后将石狮市各市场的店铺、摊位的收款二维码通过重新粘贴的方式偷换成其本人的二维码,顾客在购买商品、服务时,误以为该收款二维码是商家的,从而进行扫码支付。店主发现时,被告人账户已收到 7 000 余元。石狮市人民检察院以诈骗罪提起诉讼,但是石狮市人民法院最终以盗窃罪对被告人邹某定罪量刑。学界对此类案例的最大分歧就是应将其定性为盗窃罪还是诈骗罪,具体到案情有争议的问题主要有两点:一是犯罪行为的对象是顾客的货款还是商家对顾客的债权,二是顾客对财产接收者的认识错误是否属于诈骗罪中的认识错误。

六、对淫秽信息刑法惩治的缺陷

我国相关部门一直致力于遏制网络低俗内容、控制网络淫秽色情的传播,全国性的扫黄行动已经先后开展过数十次,各主管机构还分别或联合举行过多次以打击淫秽色情为主题的网络整治活动,也取得了较为明显的成效。例如,在"扫黄打非·净网 2014"专项行动中,依法关闭传播淫秽色情信息、从事招嫖行为的微博账号逾 15 万个,从事招嫖行为的微信等移动即时通信账号 72 万余个,传播淫秽色情信息的微信等即时通信工具公众账号 3 000 余个,违法违规

QQ 账号 90 余万个。但淫秽信息的生命力极强,形势依然不容乐观,这也让我们不得不对相关的刑事治理加以反思。

(一)司法实践中对于"淫秽"的认定范围有过宽之嫌

尽管《刑法》第三百六十七条已经对何为淫秽物品做出了明确规定,但是淫秽一词属于规范的构成要件、要素,对于有些物品、有些网络信息是否属于淫秽,其认定是需要法官进一步进行价值判断的,这一判断会在一定程度上受到办案人员性别、年龄、人生经历、道德水准等的综合影响。特别是某个作品中既有思想性、艺术性或者科学性,同时又带有淫秽色彩内容的这种复杂情况的认定往往具有较大的争议性。

此外,我国刑法在针对涉及淫秽物品犯罪问题上采取的是不区分成年人与未成年人的"一刀切"的标准。可是应当承认,对于性的认识,成年人和未成年人会基于自身的认识能力和思维能力而有所不同。令未成年人远离不良的性信息污染,保护他们的身心健康固然重要,但这样一刀切的做法在一定程度上剥夺了成年人的性的表达自由,使得成年人性方面的信息权被过多地限制或剥夺。

(二)对某些情况下淫秽电子信息数量的认定存在争议

《淫秽电子信息犯罪解释(一)》及《淫秽电子信息犯罪解释(二)》中主要是围绕着淫秽电子信息的个数、件数、点击率等数量问题来确定能否入罪以及量刑幅度。因此,对涉案的网络有害电子信息的数目予以准确计算至关重要。但是司法适用中也面临着一定的困境。首先,一些淫秽网站,尤其是手机淫秽网站上传播的淫秽视频文件、音频文件往往占用空间较小、时间较短,所刊载的淫秽文章也可能长短不一。对此,应当如何计算淫秽视频文件、音频文件的个数以及淫秽文件的件数,在司法实践中存在一定的不同声音。有观点认为,应当以自然的个数计算淫秽视频、音频文件、文章等的数量,而不需要合并或者拆分。以视频为例,只要每个视频文件能够独立打开并具有声音、图像等视频要素,就应当认定为一个视频文件,即使各个视频之间的内容存在关联性或连续性,也应当累计计算视频的个数。也有意见认为,如果淫秽视频时长较短,各视频之间内容存在关联性或连续性,甚至是由一个大的视频拆分而成,则可将较短的视频合并为一个视频文件予以认定。其次,有时网上发布的淫秽图片并不是一张,而是由穿着正常逐步到暴露再到具体描绘性行为或者露骨宣扬色情的多张图片的集合体。对此,司法实践中也有争论。有人主张,应以自然的张数进行计算。也有人主张,这种情况下,整组图片是一个完整的整体,每张图片均是有机的组成部分,不宜有所区分,应以一张计算数量。最后,对于境外淫秽网站的网络点击数的认定往往难度较大。如果淫秽网站的服务器架设在境内,司法机关可以通过对查获的服务器进行鉴定,直接查明被点击数;但是,如果淫秽网站的服务器架设在境外,司法机关查获服务器的难度较大,因而无法直接获取点击数。对于此类案件,可以根据网站显示的点击数来认定点击数,但司法实践中存在不同的认识。这一系列的情况看似细枝末节,但实际关乎能否对淫秽电子信息的发布者、传播者予以准确制裁,因此必须加以重视。

（三）网络淫秽视频聊天的定性问题有待梳理

近年来,网络淫秽视频聊天受到不少人的青睐,这是由于参与的双方或多方能够实时进行互动,对于性欲的刺激更加有针对性、更为直接。对于网络视频裸聊是否应当入罪、以何种罪名入罪,理论界观点众多,实务界的处理也颇为引人关注。例如,2005 年,北京某家庭主妇精神极度空虚,为追求刺激,通过互联网使用视频聊天软件与多人进行裸聊。2005 年 9 月 15 日,公安机关将其抓获,检察机关以涉嫌聚众淫乱罪提起公诉后,经反复研究,认为依据罪刑法定原则,此案缺乏法律依据,予以撤诉。而在 2006 年,浙江失业女子方某认为裸聊为发财致富商机,于是通过互联网与全国 22 个省份 300 多名网民进行裸聊,向他人展示自己的身体,通过网上银行汇款方式得到 2.4 万元。检察院以传播淫秽物品牟利罪起诉,法院判处方某有期徒刑六个月,缓刑一年,并处罚金 5 000元。这也是全国首例个人裸聊定罪的案例。由此可见,同样是在网络上的裸聊行为,但是主观目的不同、客观表现不同,所导致的法律后果是有巨大差异的。但是,上述处理是否得当? 在构成犯罪的情况下,行为人所涉及的罪名到底是传播淫秽物品牟利罪、传播淫秽物品罪、组织淫秽表演罪,还是聚众淫乱罪? 参与的各方是否都要获罪? 等等,都值得深入研究。

第六章　域外信息安全法律政策的
经验与启示

　　无论处于哪个时代,信息安全都是一个国家、团体、个人维护自身合法权益的核心问题之一。伴随着信息社会与信息技术的飞速发展,信息的价值与日俱增,信息安全在政治、经济和文化生活领域内的重要性也不断加强,同时也面临着巨大的安全挑战。对此,世界各国尤其是网络信息技术极为发达的西方国家都纷纷开始推进信息安全管理工作规范化和制度化。互联网及信息领域的所谓“三无”观点,即无法律、无国界、无法管制的观点在经过短暂的流行之后,随着信息犯罪的日益严重而淡出了人们的视线。世界各国均意识到,信息领域不是法外之地,必须采取各种行之有效的手段加强管制。在信息犯罪的打击和防范上既要重视技术的支撑、管理的强化,又必须有法可依,从而建立起包括刑法手段在内的信息安全的保障体系。

第一节　美国的信息安全法律

　　虽然从司法体制上来讲美国是一个判例法国家,法官的裁定对于法律的效力起着决定性的作用,但是其在信息安全的各个领域都相继颁布了众多相关的法律法规,在客观上对信息安全的刑法保护发挥着重要的引领和导向作用。

一、信息基础设施领域立法

　　美国 1996 年所制定的《国家信息基础设施保护法案》规定:“未经授权,擅自进入在线的计算机获取已经被分类的、访问受限制的或者受保护的数据,或者试图这样做,就应当受到刑事指控。”除此之外,美国政府还制定了如《经济间谍法案》《信息系统保护国家计划》《电子基金转移法》《联邦信息安全管理法案》《计算机安全法案》等诸多政策法规,以强化对信息基础设施的保护。

二、国家信息安全领域立法

美国十分重视国家信息安全法律体系建设。美国政府需要遵循信息公开原则,也就是说,所有的政府信息原则上是要向美国公民公开的。因此,为了保障政府信息安全,美国联邦政府通过成文法中的"例外"列举对涉及国家安全的信息进行保障。首先,影响最为广泛的就是美国政府于 1966 年所制定的《信息自由法》,该法案列举了包括国家安全问题、内务材料、法律规定豁免的材料、商业秘密、工作文件、个人隐私、执法档案、金融机构材料与地质数据在内的 9 种无须公开的政府保密信息,从而实现了对政府信息安全的保护。同时,本法也成为美国政府其他信息安全保护法的基础。"9·11"恐怖袭击后,美国调整了国家信息安全政策,将国家信息安全纳入反恐战略框架,立法重点转向国家关键基础设施的保护,高度重视监控,在《爱国者法》中赋予了美国国内执法机构和国际情报机构极为广泛的信息安全调查权,并制定了《信息时代的关键基础设施保护》《网络空间国家安全战略》等政策。2007 年,美国国家安全局根据《爱国者法》实施代号"棱镜"的监控行动计划,目标是监控网络空间所有数据信息。2008 年,美国发布《国家网络安全综合计划》,加强网络安全国家防线的建设。2009 年,美国建立了"网络战司令部""国家网络安全和通信综合中心",强化信息安全领域的攻防能力。2010 年,美国将网络安全提升到国家战略层面,时任美国总统奥巴马强调:"网络安全威胁是当前美国国家安全、公共安全、经济安全面临的最严重挑战之一。数字化基础设施是国家战略资源,在确保公民隐私和自由的前提下对其加以保护是国家安全的优先要务。"2016 年,美国制订《网络安全国家行动计划》,全面提升信息安全水平。此外,美国成立由国会、企业、学术界人士组成的"国家网络安全促进委员会",为政府长远的网络信息安全工作提供意见或建议。

三、商业信息安全领域立法

美国作为一个市场化程度极高的商业大国,对于商业信息安全的保护主要是通过普通法、成文法,以及依据法律规定所签订的劳动合同或者保密协议来进行保护的。在成文法方面,《侵权法重述》中规定:"某人未经授权泄露或者使用他人的商业秘密,在下列条件下要承担法律责任:(1)用不适当的方式泄露秘密;(2)相对人违反其接受该秘密时与他人约定的保护秘密义务将秘密进行泄露或者利用。"2000 年的《商业秘密法案》规定了政府未经授权而泄露商业秘密的行为同样也属于犯罪。另外,在《数字千年版权法》中也对附有技术保护的版权作品进行了信息安全方面的保护,其中规定:"禁止规避数字版权作品上的技术保护措施,也禁止生产、进口和提供这样的设备与方法。"需要说明的是,在美国现行的普通法当中,美国司法机构普遍将"网络信息安全侵权行为"归于"非法入侵动产"之下,认为"某人即使被允许使用他人动产,但也要对超出同意范围之外的使用行为而造成的损害承担法律责任,即使这种使用方式没有变化"。

四、个人隐私领域立法

在美国,社会公众对于自身的个人隐私保护极为重视,美国的法律体系也明确地承认了公民的隐私权,隐私权在美国的法律体系当中甚至处于高于政府权力的地位,法律要求政府只有在具备合适的理由时才能对个人隐私权进行侵犯,美国联邦政府制定了大量的成文法以保障公民的个人信息安全。其中,《隐私权法》规定:"任何由其工作或职务性质所决定,可以掌握或使用那些被本条或依据本条制定之规则或规章禁止泄露的包括个人识别信息之机关档案,而且明知泄露这种档案材料乃被禁止之行为的机关官员或雇员,如任何方式向无权获得之人或机关泄露上述材料,则应被判为轻罪并处以 5 000 美元以下罚金。"在美国的《公平信用报告法》中也针对以欺诈手段获取他人信用信息以及征信机构未经授权故意披露他人信用信息的行为制定了罚金刑与两年以内的监禁刑。此外,美国于 2012 年提出了《消费者隐私权利法案》,关注了大数据时代个人信息安全保护的最新诉求,强化了个人隐私权的"告知与同意"框架,确立了消费者有权控制企业对个人信息的收集和使用;消费者有权无障碍地理解和获取有关隐私及其安全保障的信息;消费者有权期望企业收集、利用和公开个人信息的方式与其提供信息时的情境协调一致;消费者有权要求自己的数据得到安全和负责任的处理;个人数据有误时,在与数据敏感性以及与数据错误可能对消费者带来不利影响的风险性相适应的情况下,消费者有权获取进而更正以可用格式存在的个人数据;消费者有权合理限制企业对个人信息的收集和保存;消费者有权将个人信息交予会对信息采取适当措施的企业进行处理,以确保企业遵守法案的有关规则等在大数据时代个人隐私数据的处理原则。2015

年,美国《网络安全信息共享法案》中也多次体现出对个人信息安全的关注与保护,如规定要限制联邦政府进行信息共享活动对隐私和公民的影响,保护包含特定的个人信息或者能够识别出特定个体之信息免于未经授权使用或者披露及其机密性等。

美国作为现代互联网技术的主要发源国之一,对于信息安全的保障问题十分重视。美国信息安全法律、政策逐渐成熟,具有以下特点:第一,强化顶层设计,提出国际战略理念。美国的信息网络安全政策经历建网、保网、管网、控网四个阶段,包括法律法规、技术、安全管理、执行四个方面,扩张性、霸权性凸显,总统亲自推动以确保政策政令的权威性。第二,构建"三驾马车",实施积极防御措施。美国针对信息网络空间构建了一个集打击、渗透、防御为一体,以国家安全局、国土安全部、中央情报局为核心的较为完备的信息安全防控体系。第三,加强立法工作,强化保障能力。在信息网络安全立法上,美国是起步最早、走在最前面的国家,有美国相关主管部门的强力推进和大力协调,社会各界也在不同层面上积极协助美国政府推动信息安全立法,从而构建了一个较为完善的信息网络安全法律法规体系。美国的信息安全法律保护在立法内容上涵盖范围很广,包含信息网络安全、信息内容安全、知识产权保护等多个方面;立法领域从网络色情传播开始,逐步发展到政务安全、邮件、隐私、犯罪、电子商务、反恐等方面;立法重点突出,信息安全立法实践特别注重信息基础设施保护。美国已经颁布多项总统令,部署加强信息基础设施的保护,并设立了一个特别保护委员会。同时可以看到,在立法实践中,其立法的内容很大程度上会受到美国及全球网络信息安全重大突发事件,国家信息安全政策调整,新技术、新应用的发展驱动等因素的影响,其立法的内容和趋势也经历了从防范出发、以预防为导向,转向解决实际问题、应对社会需求,再走向综合性、全面性的规划引导的演变过程。美国在通过加大信息安全立法推动国家安全保护、个人隐私权保护等方面的实践与成果,值得研究学习与借鉴。第四,通过政令形式强化关键基础设施的保护。法律是政策的升华,政策是法律的基础,美国将关键基础设施的保护提升到国家安全战略高度,先后公布了20多项政策、法律及报告,强调信息共享及政企合作,通过实时预警、执法调查、综合分析、应急处突等方式防范抵御网络攻击行为。第五,加强技术研发,促进产业发展,培养专业队伍。美国利用自身信息网络技术优势,通过政府、企业和科研机构的强强联手,长期控制着全球信息网络产业链的命脉。美国大力提升企业的创新研发能力，促进美国信息网络产业发展，制定国家战略，加快信息网络安全人才队伍的培养。

第二节　英国的信息安全法律

互联网发展较早的英国，在联网之初就有 60% 的公司遭受黑客攻击的记录。由于金融欺诈、黑客攻击和散布电脑病毒等犯罪行为是英国信息犯罪的主要表现方式，因此，为了让公众对网络欺诈提高警惕，英国贸易和工业部在消费专家的协助下，持续开展了"认识投资骗局运动"。近年来，英国的信息化建设进程取得了令世人瞩目的成绩，而在信息安全的立法方面，英国遵从欧盟的立法规范，结合本国的实际情况，通过网络安全监控、电信管制、个人隐私数据保护、密码管制等多个方面的立法建立了自己的信息安全保护体系。

从英国信息安全法律法规的渊源看，其中既有根据欧盟的有关指令或决议要求制定的，也有立足本国惩治和预防信息安全违法犯罪行为的实际需要而专门制定出来的。欧盟是最早研究信息安全的国际组织之一，并着手在刑事领域做出了国际间规范的典型。欧盟以法令、指令、决议和建议等形式进行立法，在防范恐怖袭击和网络犯罪、保护关键基础设施安全等方面搭建和完善欧盟信息安全法律框架。1992 年，欧盟发布信息安全领域首部法律《信息安全决议》，建立欧盟信息安全委员会，制定信息安全战略。1995 年《关于合法拦截电子通信的决议》规定，在不侵犯个人隐私的情况下，欧盟成员国拥有监听通信的权力。21 世纪，欧盟提升信息安全战略，出台了《建立欧洲网络信息安全文化的决议》《建立欧洲网络与信息安全机构的规则》《关于打击信息系统犯罪的欧盟委员会框架决议》等。为了促进网络安全领域国际刑事合作，欧盟在 2000 年颁布了《网络刑事公约（草案）》，对非法进入计算机系统、非法窃取计算机中未公开的数据等针对计算机网络的犯罪活动，以及利用网络造假、侵害他人财产、传播有害信息等使用计算机网络从事犯罪活动均详细规定了罪名和相应的刑罚。草案还明确了法人网上犯罪的责任，阐述了打击网络犯罪国际合作的意义，并具体规定了国际合作的方式及细节。如引渡、根据双边条约实行刑事司法协助、在没有双边条约的国家之间怎样专为打击网络犯罪实行司法协助等事项。

2018 年,欧盟成员国执行"网络与信息安全"指令,提升国家网络安全能力,建立紧密的沟通及联通渠道。英国是欧盟的主要成员国,欧盟信息安全立法对英国产生了深刻影响。根据欧洲共同体的条约,欧盟以指令形式的立法对成员国具有强制性的约束力,各成员国应当根据自身的国情和信息化状况,在一定期限内将统一指令内化到本国的国内法体系中。因此,英国先后制定了 1998 年《数据保护法》、2000 年《无线电设备和电信终端设备条例》及其 2003 年修订版、2002 年《电子签名条例》、2003 年《隐私和电子通信(欧盟指令)条例》、2009 年《数据留存(欧盟指令)条例》等。英国国内制定法还包括 2000 年《调查权管理法》、2003 年《通信法》、2006 年《无线电信法》、2010 年《数字经济法》等。

一、惩治计算机犯罪领域立法

进入 20 世纪 90 年代,面对日益猖獗的计算机犯罪行为,英国在反计算机犯罪的立法方面分别在 1990 年与 2006 年制定和修订了《计算机滥用法》与《警察和司法法》。《计算机滥用法》成为迄今为止英国在应对网络信息安全犯罪方面的最主要参考法,确立了破坏计算机信息系统罪的三种主要形式,即未经授权侵入计算机、带有其他犯罪意图非法侵入计算机、未经授权修改计算机程序或数据。具体规定为:"1. 如果一个人以进入任何操作系统或数据库为目的,未经许可使他人计算机启动、接近任何系统或数据库,并且明知这种启动是未经许可的,将被判处 6 个月的监禁或者不超过 5 级的罚款。2. 自己参与或者以为进一步进行其他犯罪而扫清障碍为目的,未经许可侵入计算机的违法行为,即使不可能急需从事其他犯罪,也将被认为是犯罪。3. 行为人未经许可侵入他人计算机系统,从事违法行为,并且修改或者删除他人计算机里的内容,将被按照该条惩罚。"而 2006 年修订的《警察和司法法》则进一步对《计算机滥用法》当中所规定的计算机滥用行为与非法访问行为做出了更为具体的规定。

二、信息安全监控领域立法

在信息安全监控立法方面,随着电信和互联网的交叉发展,合法拦截和数据留存成为英国政府打击和防范恐怖主义等重大威胁国家信息安全犯罪的重要手段,加强对网络上信息的监控是英国信息安全立法的重要方面。为了使网络安全监控能够应对互联网和加密技术变革的发展,2000 年《英国调查权管理法》规范了公共机构的监控和调查权利,并规定了截取通信的内容。该法案分别在 2003 年 12 月、2005 年 4 月、2006 年 7 月、2010 年 2 月由议会批准通过加入了一些新内容。对于数据留存,英国在 2007 年《数据留存法》颁布前一直没有强制性要求,只是在 2001 年《反恐、犯罪和安全法案》第 11 部分确立了资源保存原则。基于欧洲议会和理事会 2002 年 7 月通过的关于电信业个人数据处理和隐私保护的 2002/58/EC 指令,欧洲议会和欧盟理事会于 2006 年 3 月通过了关于数据留存的 2006/24/EC 指令。之后,英国议会也于 2007 年 4 月通过了《数据留存法》,对数据留存进行了强制性规定。2009 年又修订了该法案,通过了《数据留存指令》,对网络服务提供商留存数据的义务、数据的留存期限和种类、留存数据的安全和保护做出了明确规定。英国在 2012 年的《开放数据白皮书》中确立了开放数据包含了大数据和个人数据,其中,大数据是可以对所有人开放的,而个人数据仅对所涉及的个人开放。2011 年 8 月发生的伦敦骚乱中,黑莓的加密服务引发了英国内政部对网络信息安全监控水平的担忧。2012 年 6 月,英国内政部向议会提交了《通信数据法》的草案,申请加强网络监控、制定更高效的数据留存法规,但由于该草案引发了隐私和人权团队的反对,至今仍旧在议会评估当中。

同时,为顺应欧盟新的规制框架的要求及适应电信业技术变革、业务融合的发展趋势的新要求,英国议会于 2003 年批准了新的《通信法》,并取代 1984 年《电信法》,新的《电信法》成为英国电信规制的根本性法律文件。该法概括规定了网络服务提供商的信息安全责任,明确了当网络服务提供商的行为严重威胁到公共安全、公众健康或者国家安全时,国务大臣和英国通信管理局都有权暂停或限制供应商提供网络或服务的权利。2006 年《无线电信法》是为进一步巩固英国无线电信领域成文法而颁布的一部法律,该法对涉及频谱的信息安全问题做出了明确规定。英国还制定了《电子签名条例》,对电子签名认证服务提供者的监督、认证服务提供者的责任以及数据保护做出了规定。

三、个人隐私领域立法

针对个人隐私数据的保护问题,英国在 1984 年的时候就通过了《数据保护法》,并于 1998 年根据欧盟的《欧盟数据保护指令》对其进行了修改,确定了个人数据保护的八大原则:"1. 处置个人数据应当正当合法;2. 获得个人数据应当依据一个或者多个合法性目的,不得以该目的外的任何形式处理个人数据;3.个人信息应当保持充分相关性原则,不得超出约定的处置目的;4.个人数据应当保持正确性,应当及时更新;5.依据一定目的被处置的个人数据保存时间不得长于该约定目的所必需的时间;6.处置个人数据应当符合《数据保护法》规定给予数据主体的权利;7.应当采取适当的技术和组织管理措施以防止未经授权或非法处置个人数据,防止个人数据意外丢失或者遭到破坏;8.个人数据不得转移至欧洲经济共同体外的国家或地区,除非该国家或地区在个人数据处理方面对数据主体的权利和自由具有同等的保护水平。"对于违反《数据保护法》的企业、团体或者个人,处罚手段主要包括了责令整改、罚款以及 5 年以内的监禁等手段。《数据保护法》所确立的数据保护的八大基本原则对世界数据保护立法产生了深远影响。2003 年,英国又根据欧盟 2002/58/EC 关于个人数据和个人隐私保护的指令通过了《隐私和电子通信条例》,对包括电子通信领域直销商、网站和在线业务、用户目录的提供商等电子通信领域各个环节的服务提供者的隐私数据保护义务做出了要求,对互联网用户和通过电子邮件或短信服务发送和接收的商业通信者的隐私保护进行了具体规定。

综上所述,英国政府已经清晰认识到了网络在社会服务中的基础性作用,意识到了信息安全对政府、企业和国际基础设施运行的依赖性。英国不断根据欧盟对信息管件基础设施保护和数据保护方面的立法而积极调整国内立法,在网络安全监控、隐私和数据保护、关键基础设施保护等方面不断出台新的法律法规。

第三节　德国的信息安全法律

德国是欧洲的经济强国,也是欧洲信息化程度最高的国家和信息技术最发达的国家。随着信息化战略的不断推进,其所带来的数据管理、技术控制、利益侵害等问题也不断凸显。因此,德国也开始更多地寻求以立法的方式为信息安全和数据保护提供支撑,可以说,德国在世界信息化建设的初期阶段就已经开始对国内的信息安全问题进行法律规制,其信息立法经历了一个不断发展完善的过程,逐渐形成了欧盟统一法律规范与其国内的法律规范、综合性立法和专项立法相结合的多层次的法律体系。德国国内的关于信息安全的法律规范十分全面,走在世界的前沿,其中既有宏观上、一般性的综合性立法和规划,也有针对个人数据保护、网络犯罪、青少年信息保护等具体的信息安全问题而设置的专项立法。

一、信息安全领域的综合性立法

德国在信息安全领域的综合性立法的代表是 1997 年《信息和通信服务规范法》,该法是世界上第一部规范互联网的法律,由 3 个新的联邦法律和 6 个将原有法律进行修改以应用于互联网的附属条款组成。德国从这时起就开始针对信息化社会网络传播的状况,从网络服务提供者、个人隐私权、数字签名、未成年人和版权保护等各个方面全面规范了未来的信息化网络社会。1999 年开始,德国实施信息化战略,对国家信息及通信安全进行年度风险评估,加强互联网内容的控制。2001 年,德国成立联邦信息安全局,开展数据搜集分析、情报预警、网络事件处置等工作,实施德国式的"棱镜"项目,对德国跨国境的数据信息进行监控,从中检查发现可疑信息。为了防范和阻止恐怖组织和恐怖分子利用互联网攻击德国,2008 年,德国实施的《反恐法案》中授权警方可以发送携带木马病毒的电子邮件,对嫌疑对象的电脑实施监控,这一规定引起了广泛争议。

二、惩治计算机犯罪领域立法

面对计算机数据犯罪,德国通过对刑法典的修改与补充来满足全新形势下的信息安全刑法保护需求。如在《德国刑法典》第五十六条的"执行"一词之后增加"或者在存储器上对公众开放"的罪状描述。再如将电子数据纳入出版物的范畴之内,规定"出版物"包括了电子的、视觉的,或者其他类型的数据储存介质,使计算机内存或者网络中的电子数据包含进了刑法典的"出版物"之内,从而增大了刑法典的适用范围。2007 年 8 月,德国为打击计算机犯罪的"《刑法》第四十一修正案"获得通过,该修正案完成了欧洲理事会《关于网络犯罪的公约》和欧盟委员会《关于打击计算机犯罪的框架决议》在德国刑法中的移植,修正案对侵犯计算机数据和信息系统安全方面的窥探数据罪、拦截数据罪、预备窥探和拦截数据罪、变更数据罪、破坏计算机罪等罪名进行了全面调整,以此强化《德国刑法典》在信息化社会中对信息安全问题的保护能力。此外,2004 年颁布的《电信法》规定,网络服务商需严格审核,保证为终端用户提供中性数据,严禁传播包含暴力、色情、纳粹思想、种族主义等的不合法内容,否则可能面临刑事处罚。2015 年,德国修订并发布《信息技术安全法》提案,对信息服务提供商、电信运营商提出了额外的要求。

三、个人信息保护领域立法

德国对于信息化社会的个人信息保护主要集中于《联邦数据保护法》当中。该法最初制定于 1977 年,在进入 21 世纪之后,面对愈演愈烈的个人信息安全问题,德国根据欧盟统一的《数据保护指令》先后于 2001 年、2003 年、2006 年和 2009 年对此法进行了 4 次修订。《联邦数据保护法》对于信息的获取、处理、使用和存储等都做出了详细的规定。明确了信息所有人对于自己被记录之信息、信息记录之主体以及用途享有知情权;私营组织在记录信息前必须将这一情况告知信息所有人;出于广告目的而获取、处理、使用个人信息必须经信息所有人书面同意;如果信息有误,信息处理方有义务将其更正;非法获取或不再需要的信息必须删除;如果某人因非法或不当获取、处理、使用个人信息而对信息所有人造成伤害,此人应为此承担责任;如果违反法律规定,将被处以 5 万至 30 万欧元罚款;如因违法获利,罚款应超出获利金额。此外,还规定要在联邦与州两个层次设立数据保护与信息自由专员,专门负责监督和指导执法部门对个人数据的保护,如果有人认为政府机构在收集、处理或使用自己信息时侵犯了自己的权利,可以向数据保护与信息自由专员办公室投诉。在《欧盟电子签名指令》的指导下出台的 2005 年《德国电子签名框架条件法》也侧重于保障公民的个人信息安全。

四、青少年信息安全保护领域立法

对青少年的保护是德国信息安全监管的重要目标和原则。2004 年颁布的《青少年媒体保护州际协议》针对青少年的媒体信息设立内容分级制度,由管理部门对用户的年龄进行核查,同时按照规定可以视情况删除内容和页面。而《防治青少年有害信息传播法》明确对色情、暴力等有害信息的类别进行了界定,并规定了德国联邦及各州防止有害信息传播的管辖权限。2009 年颁布的《防止网页登录法》则规定了互联网服务商应该根据有关部门提供的列表,封锁相关儿童色情网页。

此外,德国在保障信息安全方面侧重预防,开展综合治理,调动行政、司法等各部门的相关力量,形成一套打击信息犯罪的有效机制。计算机病毒、儿童色情信息和极右言论的传播,网上欺诈宣传和不实广告,信用卡诈骗,网络赌博,知识产权侵犯,黑客攻击等网络违法行为是德国联邦内政部的重点防范对象。联邦内政部通过每年邀请司法界、经济界、科学界、经营管理层和政界等代表,举办以"信息和通信犯罪"为主题的座谈会等方式与社会各界展开合作。联邦内政部下属的信息技术安全局有 380 多名信息专家、物理学家、数学家以及其他专业人员,专门应对计算机安全问题,负责发布和调查信息技术应用中出现的安全风险,敦促互联网服务提供商加强自律,并尝试寻找解决方法。

综上所述,德国信息安全立法采用综合性立法与专项立法相结合的立法模式,法律规范体系完整、清晰,有利于法条的查找、适用和法治的统一。从内容上看,德国的信息安全立法较为充分、全面,对服务提供者、执法部门、监督部门等责任的规定也都比较明确。德国不断根据信息化发展趋势和新技术的产生对原有法律进行反思,修改、补充、废除不适当的法律条款,对多部相关法律进行了多次修改,既确保了法律总体的稳定性,又使具体条款合理化。德国信息安全法律规范体系中所蕴含的基本原则,以及在机构设置、人员安排、规划设计、责任设定等方面采取的措施都适应了信息技术的发展,为我国信息安全法的制定以及聚焦信息安全的刑法保护提供了较好的借鉴。

第四节　法国的信息安全法律政策

作为欧盟的创始国之一和欧洲大陆的传统强国,目前法国的人口数和经济总量在欧盟各国中均排名第二,仅次于德国。法国政府一直以来都颇为重视信息安全,持续不断地制定了一系列政策法规保护信息用户的隐私,保护电子交易的安全性和适应性,与有害的内容和网络犯罪做斗争、净化因特网空间,并通过成立专门机构、应用新技术等综合手段管理网络。经过多年的发展,法国的信息安全政策体系愈加成熟,形成了一个完整、多元、适变的框架体系。法国政府与国会密切合作,推动网络和计算机安全的立法进程,从建设有法国特色信息社会的战略高度认识网络安全问题。

一、法国的信息安全战略

法国于 2003 年提出《信息安全强化的国家计划》，明确将战略目标确立为保障国家领导和政府的通信安全、提升防范计算机攻击的能力、将信息安全纳入国家安全策略等。2008 年的《网络防御和国家安全》提出建立国家网络安全防御中心、加强通信网络管理、增强网络攻击预防手段等措施。自 2008 年以来，法国政府已起草了多个高级别政策文件，包括《法国信息系统防御和安全战略》《国家数字安全战略》等作为网络空间的综合性战略，力主向全球推广自己的互联网管理理念，以期带领欧盟摆脱对美国的技术依赖，挑战美互联网企业的垄断地位。2008 年 7 月，法国政府在《法国国防与国家安全白皮书》中将网络信息安全提升到国家安全的层面，将"重大的网络攻击"与"恐怖主义""导弹威胁"等相提并论，从而为下一步制定专门的信息安全战略确定了基调。2011年 2 月，法国国防与国家安全总秘书 Francis Delon 授权法国网络与信息安全局颁布了法国历史上第一份国家信息安全战略报告《信息系统防御与安全：法国战略》（简称《战略》）。《战略》体现了法国有意参与全球网络空间战略博弈的积极姿态，为法国的信息安全路线图制定了四大战略目标和七项具体举措。四大战略目标依次是："成为网络安全强国""保护主权信息，确保决策能力""国家基础设施保护"和"确保网络空间安全"。为实现目标必须落实的七项重点工作则分别是网络技术研发、网络空间管理、网络人才培养、网络风险监控、网络管理立法、网络国际合作及为调查和说服而进行沟通。《战略》中主张，应当修订法律以适应技术变革和新应用层出不穷的趋势，在信息安全、打击网络犯罪和网络防御等方面开展国际合作，以更好保护国家信息系统及关键基础设施。2013 年的《国家安全与国防白皮书》确定网络攻击是外部威胁，将未来的工作重心确立为网络安全。法国也有类似美国"棱镜"项目的监控计划，对法国民众的短信、电话、邮件等数据信息进行监控。此外，法国设有针对高科技犯罪的侦查部门，负责对非法入侵信息及通信领域的违法犯罪行为进行防范和打击。2015 年的《国家数字安全战略》指出，网络空间已成为不公平竞争和间谍活动一个新的领域，网络谣言、不实宣传、恐怖主义和犯罪行为在网络空间层出不穷，因此要加强数字安全，建立一个安全、稳定和开放的网络空间。该《战略》提出五大目标，包括保障根本利益，维护国防和国家信息系统和关键基础设施的安全,避免重大网络安全危机,通过发展自主的数字专业技术,确立独立自主的战略思维,确保法国在网络空间的基本利益;维护欧洲数字战略的自主性,加强自身的网络安全能力,促进网络空间的整体稳定性,保障法国在网络空间的自主权和强化法国在国际机构的影响力;建立数字信任,保护隐私和个人数据;等等。2015 年,法国还要求谷歌公司在其所有搜索网站全面执行"被遗忘权"。2018 年 2 月,法国国防和国家安全总秘书处(SGDSN)发布《网络防御战略评论》,文中提出了法国网络防御模式,并分析其特点。法国的网络防御模式将进攻能力和防御能力区分开来,通过将网络保护的任务和手段与情报和进攻行动的目标区分开来,加强了国家对政府和经济领域的信息系统安全的干预,强化重点领域分工,尊重个人隐私,允许私人行为者与负责网络保护的国家服务之间建立信任关系。文中还指出法国网络防御模式共有六项任务:预防、预测、保护、监测、归因、应急响应(补救措施、犯罪惩罚及军事行动),明确提出在发现网络攻击后,必须能够追踪到攻击者,以便对其提起法律诉讼或做出适当的反击,如果涉及政治或军事,则需要发现和获取事实证据,警察和军队或会介入。

二、维护"数字主权"领域立法

一直以来,法国都是积极推动网络空间国际立法的倡导者。2018 年 11 月 12 日,法国总统马克龙在第 13 届联合国互联网治理论坛上发表演讲,推出《网络空间信任与安全巴黎倡议》,提出了《国际法》在网络空间适用的主张,强调人们在线下拥有的权利必须在线上同样得到保护,国际人权法适用于网络空间。2019 年 9 月 9 日,法国的《适用于网络空间行动的国际法》正式出台,不仅系统阐述了法国政府关于国际法适用于网络空间的主张,而且是其进攻性防御理念在法理层面的细化体现,标志着法国维护"数字主权"的战略重心在法规建设层面的落地。该法明确指出,"法国对位于其领土内的信息系统行使主权,并采取必要的措施保护该主权。他国任何未经批准进入法国系统的行为或任何通过数字矢量对法国领土造成影响的行为,可构成对法国主权的侵犯,如果该影响达到《联合国宪章》第二条第四款所指的使用武力的影响程度,法国可在《国际法》允许的范围内实施多种反制措施,或将此事提交联合国安全理事会"。这些规定为法国维护网络空间"数字主权"提供了法理依据。2019 年 7 月,法国总统马克龙签署《法国数字服务税法案》,宣布向全球 30 多家互联网巨头征收 3%

的数字税。

三、个人信息保护领域立法

法国政府不仅为法国公民就加强数字信任提供专业措施建议,而且是 2018 年欧盟《通用数据保护条例》坚定的拥护者,主动打击滥用公民个人用户信息的相关企业。2019 年新年伊始,法国国家信息与自由委员会发布公告称,由于美国谷歌公司违反了数据隐私保护相关规定,在处理个人用户数据时存在缺乏透明度、用户获知信息不便、广告订制缺乏有效的自愿原则等问题,法国将对其处以 5 000 万欧元罚款。这是《通用数据保护条例》在欧盟生效以来首个罚单,谷歌也成为第一个受罚的美国科技巨头。法国国民议会还于 2019 年 7 月 9 日通过了《反网络仇恨法案》,要求脸书、推特等月访问量超过 200 万次的网络社交媒体对法国境内的网络活动加强管控,增强社交媒体舆论的数字信任。

综上所述,法国在信息安全的法律政策保护方面注重优化顶层设计配置,总体布局网络空间安全,政策目标主要集中于维护关键基础设施安全、保护公众隐私、预防网络攻击和犯罪行为等方面。政府从一开始的重点防范针对国家信息基础设施的大规模黑客攻击转向避免重大网络安全危机、全球网络空间战略博弈。在技术上,法国积极倡导新技术、新应用的研发,以获得自主权。法国的一系列网络空间政策法规在维护国家网络安全、保障国家和公民的网络权益方面起到了不可或缺的作用。

第五节　日本的信息安全法律政策

日本在信息化建设飞速发展的同时,所面临的信息安全问题也接踵而来,网络犯罪、网络泄密、病毒泛滥和黑客攻击等事件不断考验着日本的信息安全。2006 年 2 月,日本海上自卫队"朝雪"号驱逐舰机密情报泄露,被称为"日本防卫史上最大泄密灾难,其数量之大、细节之全、密级之高史无前例"。同时,日本还不断受到境外黑客发起的网络攻击,日本警察厅、防卫厅和外务省等部门网站以及一些被认为支持右翼势力的公司网站都遭受过不同程度的网络攻击,针对靖国神社网站的网络攻击更是达到了每秒 1.5 万次。日本政府面对国内外严峻复杂的网络安全形势以及 IT 产业升级转型的需要,将建立稳定安全、高度信息化的网络社会作为其执政时期重要事项,开始在各个方面积极建设本国的信息化安全防护体系。

一、日本的信息安全战略

纵观日本网络信息安全战略发展历程,日本政府对网络安全的认识逐步加深,对网络安全作用越发重视。总体而言,根据信息安全战略的地位和作用,可以划分为三个时期。

(一)附属战略时期(2000—2009 年)

日本网络信息安全总体战略时期的开始亦是日本网络信息安全战略的开启,其源于日本政府对网络技术的重视、对 IT 战略的支持及其网络安全意识的觉醒。此时期,日本网络信息安全战略主要包含了四部分,分别是《高度信息通信网络社会形成基本法》《e–Japan 战略重点计划》《信息安全总体战略》和《关键基础设施信息安全措施行动计划》,此四部文件共同支撑起日本网络信息安全起步时期的总体战略框架。

1. 2001 年《高度信息通信网络社会形成基本法》

2000 年,日本政府成立由首相亲自任部长的 IT 战略本部和由业内人士组成的 IT 战略会议,随后,日本政府于 2001 年公布了《高度信息通信网络社会形成基本法》,该部法律作为日本通信网络技术发展的基本法,奠定了日本网络技术发展的基本格局,为日本网络安全战略的形成奠定了法律基础,提供了基本的法律支撑,为日本网络安全的发展乃至日本全球信息化社会的形成指明了发展方向。《高度信息通信网络社会形成基本法》还将原 IT 战略本部与 IT 战略会议合并为新的 IT 战略本部,负责国家 IT 计划的制订与实施工作。

2. 2001 年《e–Japan 战略重点计划》

《e–Japan 战略重点计划》最初起源于 2000 年 11 月日本 IT 战略会议发布的《IT 国家基本战略》,IT 战略会议并入 IT 战略本部后,新的 IT 战略本部在《IT 国家基本战略》基础上于 2001 年公布《e–Japan 战略》,两个月之后,日本 IT 战略本部又在《e–Japan 战略》基础上公布了更为详尽的《e–Japan 战略重点计划》,此外,日本 IT 战略本部还在 2004 年公布了《e–Japan 战略重点计划 – 2004》,其为企业的信息安全保密政策。《e–Japan 战略重点计划》对日本网络安全的以下几方面产生重要影响：第一，明确日本在信息安全方面面临的现实挑战；第二，意识到网络安全对国民经济、日常生活、政府工作、企业运行等各个领域巨大而深远的影响；第三，日本在网络安全的基础设施和技术研发方面存在短板；第四，日本政府在该计划中提出应对网络安全问题所需采取的应对措施。

3.2003 年《信息安全总体战略》

为达到使日本成为世界最先进的 IT 国家的目标，日本经济产业省于 2003 年制定《信息安全总体战略》，该战略对于日本信息安全保护主要有两方面的意义，其一是将信息安全提升至国家安全层面；其二是提出三大基本的推进战略，分别是强化内阁功能、强化公共政策、建设事故前提型社会系统。

4.2005 年《关键基础设施信息安全措施行动计划》

2005 年 12 月，日本国家信息安全中心公布了《关键基础设施信息安全措施行动计划》，该计划的出台将信息安全的保护深化到关键基础设施之上，实现了从全面信息安全保护到关键基础设施安全保护的过渡。该计划对信息安全保护意义重大，归结起来主要是：首先，对什么是关键基础设施做出明确的内涵界定；其次，对关键基础设施部门的种类进行详细划分，共分为十类，分别是电信、金融、民航、铁路、电力、燃气、政务、医疗、水利和物流；再次，明确规定对关键基础设施保护的措施；最后，规定了提升关键基础设施自身防护能力的相应办法。

（二）独立战略时期（2010—2012 年）

独立战略时期最显著的特点是日本信息安全政策从日本 IT 战略中独立出来，成为日本政府一项关键而独立的国家战略。其标准性事件是信息安全政策委员会于 2010 年公布的《保护国民的信息安全战略》，该战略的出台是国家信息战略时期开启的标志，也是国家信息安全战略时期最重要的文件。该战略最终的发布经历了漫长的过程，可追溯到 2004 年日本 IT 战略本部公布的《致力于信息安全问题的政府作用、功能的修正》，文件中强调了信息安全的重要意义。2005 年，新成立的内阁官房情报安全中心设立了信息安全政策会议，该会议于 2006 年公布了《第一次信息安全基本计划》。2009 年，信息安全政策会议在《第一次信息安全基本计划》的基础上调整方案，并公布了《第二次信息安全基本计划》。2010 年，信息安全政策会议在前两次信息安全基本计划的基础内容上,制订了更为长期、详细的发展计划,该战略最为核心的内容可归纳为三个特征和五个方向,此八项均是围绕网络安全政策。三个特征分别是:预防性、适应性和主动性,意指日本信息安全政策应当立足于预防网络攻击,强化应急处置;信息安全政策应当具有较强的网络环境适应能力;信息安全政策应当主动应对网络安全问题。五个方向则分别是国民安全、发展技术、三位一体、利于经济和国际合作,意为以为日本民众创造安全网络环境为归宿;重视通信技术的研发;安全保障、经济发展和权益保护三位一体;促进日本经济的发展;加强国际间合作。

(三)深化战略时期(2013年至今)

网络技术的迅猛发展及网络威胁的日益严重,使得人们意识到网络安全的重要意义。附属于信息安全的网络安全越发显现出自己的特殊性与重要性,从IT战略中独立出来的信息安全战略越发难以应对日益严重的网络威胁,于是将网络安全战略从信息安全战略中独立出来的趋势展现出来,日本的网络信息安全战略步入深化阶段。

1. 2013年《网络安全战略》

日本信息安全政策委员会于2013年6月对外公布了新制定的《网络安全战略》,该战略的地位和意义与先前的《保护国民的信息安全战略》类似,它的出台意味着网络安全战略从信息安全战略中独立出来,独立成日本政府重要的国家战略之一。该战略对于日本网络空间的发展提出三项目标主张,即构建具有高防御能力与恢复能力的网络空间、构建充满产业活力的网络空间,以及构建全球领先的网络空间。为能够有效实现此三项目标,在《网络安全战略》中,战略制定者针对不断变化的网络风险与网络威胁提出一系列的应对举措。值得一提的是,《网络安全战略》明确提出各相关主体所应承担的职责,共划分出五类主体,分别是国家,重要基础设施运营商,企业、教育与科研机构,普通用户与中小企业,网络相关从业者,具体规定了每类主体在网络安全中所应承担的职责,明确职责划分权限是整合各方力量、维护网络空间安全的基础工作。

2. 2013年《国际网络安全战略网络安全合作计划》

日本信息安全政策委员会在公布《网络安全战略》后,紧接着在2013年10月,对外公布了旨在加强国际合作的《国际网络安全战略网络安全合作计划》。

网络空间没有界限,网络威胁的应对也并非一个国家所能完全应对的,加强国际合作是应对日益严重的网络威胁的必经之路。基于此项前提,日本政府主动推出网络安全领域内的国家合作与协助,《国际网络安全战略网络安全合作计划》制订的目的便在于此。

3.2014 年《网络安全基本法》

政府基本理念的落地离不开以法律作为抓手,日本网络安全战略的实施离不开法律的支持。2014 年,日本国会通过了《网络安全基本法》,以法律条文的形式将网络安全战略理念、规划、责任和相关措施等事项明确规定下来。《网络安全基本法》的颁布,使得日本网络安全战略以国家战略的形式更加持续、稳定地存在于日本。自此,日本的网络信息安全战略框架基本形成,网络安全体系趋于稳定。此外,随着《网络安全基本法》的实行,相应的行政机构组织也逐步成立、运转起来,在应对日益严重的网络安全问题方面发挥了积极作用。

二、通信秘密、通信自由领域立法

为防止少数人利用电子邮件发送垃圾广告、进行网络欺诈、散发反动或色情信息、传播木马病毒等,避免本国成为垃圾邮件发送者的"避风港",为了应对当时网络上的电子邮件欺诈和造谣等危害信息安全的行为,日本于 2002 年 4 月颁发了《特定电子邮件法》,禁止在未经他人允许的情况下以盈利为目的向他人发送电子邮件;盈利为目的性邮件必须有明显的主题信息;邮件被拒绝之后就不能再次发送;网络服务提供者禁止以盈利为目的提供特定邮件发送服务等。同年 7 月,日本又颁发了《反垃圾邮件法》。2003 年,日本对《电波法》进行修改,增加擅自接收通信数据和破解加密信息行为的处罚规定。如《电波法》第一百零九条规定:"非法获取无线通信信息或者破解加密信息的,处 1 年以下徒刑或 50 万日元以下罚金;从事无线通信业务的责任人,非法获取信息或破解的,处 2 年以下徒刑或 100 万日元以下罚金。"

三、个人信息保护领域立法

在个人信息安全保护方面,2003 年,日本正式制定了《个人信息保护法》,该法从本质上来说并不是一部单纯对个人信息安全进行保障的法律,而是一部保障日本的企事业单位能够合理而有效地利用个人信息的法律,主要通过对处理个人信息的企事业单位的行为进行规制,来达到保护个人信息安全的目的。如规定了企事业单位在利用个人信息的时候有"告知用途""通知发布"等义务,以此来平衡信息化社会中个人信息的利用与个人信息的安全之间的矛盾。为打击网络色情犯罪、净化网络空间,2003 年 9 月 13 日,日本实施了《交友类网站限制法》,旨在为未成年人提供更安全、更健康的网络信息环境。

四、惩治信息犯罪领域立法

日本还注重通过调整刑法典中多个罪名,从而加大对信息犯罪的惩治。例如,日本《刑法》第一百六十三条之二第一项的取得、提供信息罪,规定了"出于扰乱他人处理财产事务的目的,非法制作供处理事务用的信用卡以及其他供支付价款和费用的磁卡的电磁记录的,处 10 年以下徒刑或者 100 万日元以下罚金。非法制作银行卡的电磁记录的,也同样处理。"第一百六十三条之四第一项的保管信息罪,规定了出于供第一百六十三条之二第一项的犯罪行为使用的目的,取得同款所规定的电磁记录信息的,处 3 年以下徒刑或者 50 万日元以下罚金。知情而提供信息的,同样处理。未遂犯,处罚之。又如第一百六十三条之四第三项所规定的保管信息罪,出于前款目的,将非法取得的第一百六十三条之二第一项的电磁记录信息加以保管的,和前款同样处理。所谓保管信息,就是受委托而保管有关磁卡的信息。在信息机器中的记录装置上加以储存保管的行为就属此类,有偿还是无偿,在所不问。

综上所述,日本网络安全战略体系主要涉及三个历史时期、八项文件,历时十余年,一脉相承。第一个时期是附属战略时期,此时期信息安全战略附属于 IT 战略之下,是 IT 战略的组成部分;第二个时期是独立战略时期,此时期信息安全战略从 IT 战略中独立出来,发展为日本政府关键而重要的国家战略之一;第三个时期是深化战略时期,此时期日本信息安全战略深化为网络安全战略,重中之重在于关键基础设施网络安全保护。而在立法方面,日本政府更是充分吸收了美、德、英等国家的信息安全立法先进经验,结合本国实际情况建立起一套极具日本本土化特色的信息安全法律体系。2000 年 11 月,由自民党、公明党、保守党组成的执政党提出的《高度信息通信网络社会形成基本法》在日本国会参议院以多数票获得通过,并定于 2001 年 1 月正式实施,自此,日本网络信息安全时代序幕正式拉开,日本网络信息安全步入迅速发展轨道。在接下来的几年内,以本法为中心,先后颁布了和修改了包括《个人信息保护法》《服务商责任限制法》《特定电子邮件法》《交友网站规制法》《版权法》《电气通信事业法》和《电波法》等在内的多项法律,从个人信息安全、未成年人保护、通信秘密和网络犯罪等方面对本国的信息安全问题做出了详细的法律规制。日本网络信息安全方面的政策与立法发展时间并不久远,但却走在了世界的前列,日本政府的各项战略文件、专门立法等各项力推网络信息安全发展的举措,都为当今日本网络信息安全做出巨大的贡献,值得借鉴学习。

第六节　俄罗斯的信息安全法律政策

　　俄罗斯是地跨欧亚大陆的世界大国,但其在实现信息化方面,包括信息基础设施建设进程、信息产业发展起步、信息技术发展水平等都明显落后于西方发达国家。因此,当俄罗斯国家建设、军事建设以及信息产业发展面对西方"信息战"理论与实践的冲击,俄罗斯对信息安全问题高度重视。在俄罗斯看来,其信息安全包含在广义的国家安全之内,军事和国防安全、国际安全、经济安全、公共安全,反恐活动都与信息安全关系十分密切。就信息安全建设而言,俄罗斯新的国家安全观要求它在一体化和保护主义、多极和单极之间进行选择,即俄罗斯将寻求融入国际社会,但只是在其认为适当的范围内、在自己选择的条件下,而不是按照其他国家规定的路线进行。近年来,俄罗斯对信息空间和信息安全的认识日益深刻,对信息安全建设的考虑更加全面和务实。

一、俄罗斯的信息安全战略

　　俄罗斯国内十分重视纲领性文件,1995 年的《联邦信息安全纲要(草案)》首次提及"信息安全"概念,1997 年的《国家安全构想》强调国家安全的前提和保障是国家信息安全,1998 年的《国家信息政策纲要》明确了保护国家信息安全的政策及措施,建立隶属于总统的国家信息安全政策委员会。2000 年,俄罗斯联邦政府出台了首份国家信息安全战略文件——《国家信息安全学说》,正式将信息安全作为战略问题进行考虑,并就信息安全建设做出顶层设计和战略部署。2004 年,俄罗斯出台《国际信息交换领域信息安全保障条例》,防范国内互联网及计算机系统受到黑客及外界的恶意破坏。2013 年,俄罗斯发布《信息技术发展路线图》,加快技术研发,广纳技术人才,增强军队的网络攻防能力。随着信息安全威胁日趋复杂严峻,以及信息领域的国家利益不断扩大,俄罗斯联邦政府于 2016 年发布了《俄罗斯联邦信息安全学说(2016)》(以下简称《信息安全学说(2016)》),明确新时期保障信息安全的战略目标和行动方向。

《信息安全学说(2016)》的内容分成"总则""信息领域的国家利益""信息安全的主要威胁和信息安全态势""保障信息安全的战略目标和行动方向"及"信息安全的组织基础"等五章。与之前出台的各项政策相比,其内容更加丰富、任务更加明确,并首次提出了"信息领域的国家主权"。明确指出了俄罗斯在信息领域的国家利益由五方面组成:一是保障公民获取和使用信息的权利与自由、使用信息技术时的隐私安全,为民主机构、国家与公民社会的互动机制提供信息支持,以及使用信息技术保护俄罗斯联邦各族人民的历史、文化和精神财富;二是无论在平时还是战时,都要确保信息基础设施在遭受威胁时稳定和不间断运行,重点保障关键信息基础设施和电信网络的安全;三是发展信息技术和电子产业,扶持信息安全产业发展;四是向国内外舆论准确传达俄罗斯联邦的国家政策及对国内外重要事件的官方立场,运用信息技术保障文化领域的国家安全;五是促进国际信息安全体系的建立,抵御以信息技术破坏战略稳定的威胁,加强信息安全领域平等的战略伙伴关系,维护信息领域的国家主权。

《信息安全学说(2016)》中认为新时期俄罗斯信息安全的主要威胁包括:第一,一些国家出于军事目的正加强其利用信息技术影响信息基础设施的能力,同时国外情报机构对俄罗斯国家机关、科研机构和军工企业的技术侦察活动日益增强。第二,个别国家的特殊服务部门为破坏他国政治与社会局势的稳定,损害他国主权和领土的完整,正利用信息技术积极施加意识形态领域的影响。当前,国外媒体否定俄罗斯国家政策的报道数量有增加的趋势,俄罗斯媒体在国外经常遭到公开歧视,负面信息对俄罗斯民众尤其是年轻人的影响越来越大。第三,恐怖组织和极端组织广泛利用信息技术对个人、团体和社会意识的影响力,加剧民族间和社会的紧张局势,煽动民族与宗教的仇恨或敌对,宣扬极端主义思想,拉拢新的支持者参与恐怖主义活动,甚至破坏关键信息基础设施。第四,计算机犯罪大规模增长,尤其是在金融信贷领域,在使用信息技术处理个人数据方面,侵犯公民依宪法享有的权利和自由的犯罪数量也不断增加,计算机犯罪的方式、方法和手段正变得越来越复杂。基于上述认识,确定了未来一段时期俄罗斯在五大领域保障信息安全的战略目标和行动方向,分别是国防领域、国家和社会安全领域、经济领域、科技和教育领域,以及战略稳定与平等的战略伙伴关系领域。在实现措施方面,俄罗斯联邦政府及军方重视通过组建信息战部队、构建信息安全机制、加强信息安全人才培养、推动信息安全技术自主、利用黑客开展行动计划等措施,持续推动国家信息安全战略的实施,力争加快国家信息安全战略目标的实现进程。

总体而言,俄罗斯信息安全战略的发展与实施的主要特点包括:

(一)坚持使用颇具本国特色的概念

长期以来,俄罗斯官方文件坚持使用"信息安全"和"信息空间"概念,而基本不用经美国使用推广的"网络安全"和"网络空间"概念。2000年版的《信息安全学说》指出,"信息安全"是指国家利益在信息领域受保护的状态,是由个人、社会和国家利益平衡后的总和决定的。2014年,《俄罗斯联邦网络安全战略构想(草案)》首次明确界定了两对网络术语的基本概念,并且认为"网络空间"概念小于"信息空间","网络安全"概念比"信息安全"狭窄。后因草案的起草者坚持主张借鉴欧美等国家以"网络安全"取代"信息安全"一词,尽管该提议得到了多数专家的赞同,但却遭到俄罗斯联邦安全局的强烈反对,并最终导致草案"胎死腹中"。《信息安全学说(2016)》中"信息安全"的定义是国家、社会和个人免遭国内外信息威胁的防护状态,但这与以前的定义差别不大。由此可看出,俄罗斯官方在网络术语上的使用是坚持自己的话语体系特色的,并且其所定义的"信息安全"概念不能等同于"网络安全"。

(二)突出维护信息空间主权

欧美等西方发达国家早已将网络空间提升到与陆、海、空、天等实体空间同等重要的位置来认识。俄罗斯则根据国家安全实际需要,积极推进与网络空间相对应的信息空间建设。俄罗斯专家认为,信息空间作为一种虚拟空间,其对国家安全有着非常重要的影响,信息空间主权的丧失可以导致社会动荡,甚至政权更迭。俄罗斯联邦政府对此深为认同,因此在新版《信息安全学说》中首次明确提出要保护俄罗斯联邦信息空间主权。信息空间主权的提出,表明俄罗斯已明确将国家主权拓展、延伸至信息空间,信息空间主权已成为俄罗斯国家主权的重要组成部分。根据《信息安全学说（2016）》，俄罗斯政府可依据信息空间主权原则实施独立自主的信息安全政策，采取经济、军事、外交、法律等一切措施管理本国主权范围内的信息活动，这不仅巩固了俄罗斯政府在信息安全维护中起到的主导作用，而且向国际社会展现了俄罗斯坚决捍卫本国信息空间领域安全和国家利益的决心和力度。

（三）重视推进国际信息合作

俄罗斯认为，随着信息安全威胁越来越复杂严峻，各国之间在信息领域的共同利益和合作空间也日益扩大，因此主张信息领域利益攸关方应加强对话与合作，共同构建和平、安全、开放的信息空间新秩序，保障信息空间安全。早在2000年版的《信息安全学说》中，俄罗斯联邦政府就明确提出要扩大与国际和其他国家机构的合作，解决国际电信传输中信息安全保障的技术和法律问题。但在信息技术和资源的国际竞争日益加剧，特别是在一些国家的有意针对下，俄罗斯在国际信息领域中面临的信息资源分配不公、信息政策受到外部干涉、信息基础设施频遭攻击等问题越发严重。为应对外部信息安全环境的恶化，俄罗斯在不断提升自身信息安全保障能力的同时，也更加重视信息领域的国际合作，并开始积极倡导建立信息空间的国际安全体系，以期通过信息领域利益攸关方平等参与到国际信息空间的治理当中，从而打破一些国家对国际信息空间的主导与控制优势，使信息领域保持战略平衡，而这些在《信息安全学说（2016）》中有着明确的体现。

二、个人信息安全保护领域立法

2015年，俄罗斯的《个人数据保护法》规定，经互联网传输的俄罗斯网民的数据必须在俄罗斯境内服务器中存储，涉及俄罗斯公民的个人数据的处理必须使用俄罗斯境内服务器。2015年，俄罗斯的《网络隐私法》规定，公民有权要求网络搜索引擎服务商删除涉及个人隐私的信息。俄罗斯的《关于信息、信息技术和信息保护法》，又被称作《被遗忘权法》，为了加强对公民个人隐私的保护，这部法律中规定了"被遗忘权"，却由于被遗忘权可能损及公共知情权而引起人们的普遍忧虑。由于信息具有"部分之和大于整体"的"涌现性"，信息流动、汇聚及由此带来的信息透明对于公共利益意义重大，被遗忘权不但减少了信息的总量,甚至可能帮助公众人物抹去不光彩的经历,导致蓄意"改写历史",因此值得考量。

三、重视反恐信息的运用

为了更好地适应反恐形势,2006 年的《俄罗斯联邦反恐法》在保留了 1998 年《反恐法》所确立的大部分内容的基础上,扩展了该法并修改了先前的附加立法。这部联邦法律为利用信息来打击俄罗斯境内的恐怖主义奠定了国内法律基础。俄罗斯曾多次试图扩大反恐法律,包括 2004 年的一系列修正案,增加了俄罗斯行政安全机构的权力。新颁布的法律旨在防止"一切形式和表现的恐怖主义",其第 1 条规定,除俄罗斯宪法外,该法实施的法律基础应是"公认的国际法原则和规则、俄罗斯联邦缔结的任何国际条约"。该法与先前法律的区别在于一项域外适用条款,旨在赋予俄罗斯总统和安全机构消除俄罗斯联邦境外安全威胁的法律权力。新法令模糊的定义和行政权力的扩大之共同作用使俄罗斯总统有能力在世界任何地方部署俄罗斯特别力量,这显然违反了国际法律规范,需要进行修改。而 2006 年的《俄罗斯联邦反恐法》第十一条,也特别考虑了关于信息技术条款的修正以及如何更好地利用信息进行反恐的事宜。

综上所述,俄罗斯在信息安全领域目前形成了以 2000 年公布的第一版《信息安全学说》以及《信息安全学说(2016)》等若干纲领性文件为政策指导,立法上以《俄罗斯联邦宪法》为根本立法依据,以《国家安全法》《信息、信息技术和信息保护法》《国际信息交换法》《通信法》为基础,以总统令等法规文件为补充的、较为完备的信息安全法律政策体系。法律架构(法律中信息安全)、主体架构(信息安全主体)、运行架构(信息管理技术)、分析研判技术、查询技术、共享技术(预警技术)、合作架构(国际合作)、人才架构(技术人才)等组成了俄罗斯独具特色的信息安全体系。

信息安全刑法保护的检视与反思在宏观意义上并非刑法一个部门法所能解决的问题,通过对比大陆法系与英美法系典型国家在信息安全领域的立法规范与主要政策,以期为完善我国信息安全刑法体系的建设提供一定的参照经验与借鉴。当前我国网络空间政策、法规体系总体还较为封闭,在大数据和云计算背景下,离不开积极接轨国际治理体系,携手保证全球网络空间安全,这对于一个高速成长的网络大国而言,既是责任,也是权利。

第七章　我国信息安全刑法保护的完善路径

第一节　信息系统安全方面刑法保护的完善

一、大数据时代信息安全法益的刑法保护应当由泛化走向集中

从刑法中所用于保护信息安全的硬件设备上看,罪名主要集中在非法侵入、非法控制、破坏计算机信息系统。根据《计算机信息系统安全解释》,所谓的计算机信息系统是指具备自动处理数据功能的系统,包括计算机、网络设备、通信设备、自动化控制设备等。这一解释虽然已经体现出了在保护信息安全中对网络硬件设备的高度重视,却无法覆盖在现实生活中已被广泛使用的大数据平台、云计算平台。在不断发展的大数据技术与大数据理论之下,我们已经切实享受到了其给社会管理与生活方式所带来的改变。所有的团体与个人都可能通过云端相互连接,生活、工作的点点滴滴,如文字信息、位置信息,甚至浏览网页的痕迹等,都可能被上传到网络平台之上。科学研究、城市建设、工农业发展与医疗改革的进程当中也频繁出现大数据平台、云计算平台的身影。大数据平台与云计算功能同个人、商业与国家信息的结合越来越紧密。

但大数据本身并不是一个静态的概念,而是非常动态的、以数据流为中心的一个庞大的系统,它运用云计算能够从看上去平淡无奇的事物中提取出信息,并通过创新性的应用创造出这些信息独特的价值。在这样庞大的大数据"系统"当中,每一个人获取信息的能力都变得更为强大。这也直接引起了违法犯罪行为的新变化,使得计算机信息系统的传统界定和相关罪名面临着全新的挑战。从理论上讲,只要行为人获得足够庞大的数据资源并具备分析出信息的能力,一切相关信息都会变得触手可及。大数据作为信息和数据存储、传输、处理的主要平台,其安全问题开始脱离旧有的附庸形式,成为一项具有现实意义的独立性法益。某些案件中,大数据平台、云计算平台已经具备了与传统计算

机信息系统相类似甚至更强大、更重要的功能,固有的静态信息数据的保护方法已经跟不上时代发展的需要。因此,必须通过罪名的增设或者现有罪名的调整对这部分法益予以及时、有效的保护。大数据对于信息安全法益在信息的集成过程中可能已经形成危害,必须更多地根据大数据、云计算的特点,关注信息数据的形成过程,使刑事立法的保护贯穿至全新时代背景下信息从产生到流通再到利用的各个环节。

二、对非法侵入计算机信息系统罪保护的领域做出调整

(一)扩大非法侵入计算机信息系统罪保护的领域

根据我国现行刑法对非法侵入计算机信息系统罪的规定,非法侵入国家事务、国防建设和尖端科学技术这三个领域的计算机信息系统的行为才构成本罪。但是如今的社会日新月异,计算机信息系统已经普遍适用到了人类生活的各个领域,大到金融系统、交通系统、社会保障系统和医疗保障系统,小到公司企业的办公系统,居民自用系统,商超购物所使用的支付宝、微信扫码支付系统,计算机技术已经渗透到了人类生活的各个领域。尤其是我国的金融领域、交通领域、社会保障领域和医疗保障领域等重要领域都已经建立起了自身高度发达的计算机信息系统体系,这些领域都与人类的生活息息相关,其所使用的计算机信息系统的重要性也显著提升。因此,可以考虑扩大我国《刑法》第二百八十五条第一款非法侵入计算机信息系统罪的保护领域,对侵入金融领域、交通领域、航运领域、社会保障领域和医疗保险领域等社会重要领域的计算机信息系统的行为也以本罪制裁,加大打击力度。

(二)明确"国家事务"的认定标准

由于目前我国刑法和司法解释都没有对非法侵入计算机信息系统罪所规定的"国家事务"的范围做出具体的界定,其标准的不确定性导致司法机关在具体案件的定罪上因理解的不同而产生案件定性的差异。结合立法宗旨及此类犯罪的逻辑层次,"国家事务"的范围应该包括从中央到地方的各级国家机关因工作需要所处理的各项工作事务,这里的各级国家机关应该包括所有的国家职能部门、事业单位及其下属的从事公共事务的基层组织。这些部门所从事的各

项工作事务共同构成了国家事务。对于前文提到的"金融领域、交通领域、航运领域、社会保障领域和医疗保险领域等社会重要领域"能否解释为"国家事务"，应尽早明确，防止因认定标准不同而使判决结果不公的现象发生。

三、完善破坏计算机信息系统罪的客观要件

（一）明确"干扰"行为的认定标准

"干扰"行为作为认定破坏计算机信息系统罪的重要组成部分，对其认定的标准直接影响到此罪与彼罪、罪与非罪。目前我国刑法和司法解释都没有对"干扰"行为进行具体的界定，其内容的不确定性导致司法机关在具体案件的定罪上因理解的不同而产生案件定性的差异。作者认为，"干扰"行为是指行为人利用具有影响计算机运行系统功能的程序、软件或病毒等工具对目标计算机信息系统的运行程序进行功能误导，改变计算机信息系统原定运行程序或使计算机信息系统无法正常运行的行为。建议相关司法部门应尽早明确"干扰"行为的概念和表现形式，防止因认定标准不同而使判决结果不公的现象发生。

（二）明确"直接经济损失"的认定标准

"直接经济损失"表征着行为的社会危害性程度的大小，其认定标准可以直接影响到罪与非罪的界限。应当将计算机信息系统所有者的"直接经济损失"理解为被破坏的计算机信息系统的硬件和软件等部件的自身价值损失、硬件和软件等系统内存数据价值损失，而不应包括计算机信息系统被破坏后所有者为维持正常运营的支出和可期待利益。这主要是由于在司法解释中已经明确间接损失是指用户为恢复数据、功能而支出的必要费用，而计算机信息系统被破坏后所有者为维持正常运营的支出和可期待利益，从因果关系链条上明显要高于用户为恢复数据、功能而支出的必要费用，将其解释为直接损失，于理不合，也不符合民众对直接损失的文义认知。但是，在审判实务中可以将所有者为维持正常运营的支出和可期待利益等作为量刑的要素加以考虑。

（三）破坏计算机信息系统罪应惩罚危险犯

我国刑法目前对破坏计算机信息系统罪只惩罚结果犯，如果未出现十台以

上计算机信息系统的主要软件或者硬件不能正常运行；二十台以上计算机信息系统中存储、处理或者传输的数据遭到删除、修改、增加；违法所得达到五千元以上或者经济损失达一万元以上；为一百台以上计算机信息系统提供域名解析、身份认证、计费等基础服务或者为一万以上用户提供服务的计算机信息系统不能正常运行累计一小时以上等结果，通常就不会遭到法律的制裁。然而，通过与网络、大数据等的结合，计算机信息系统对于信息传播的重要性和影响力得到了扩大。与传统犯罪不同，信息犯罪不会因为犯罪行为发生的时间和地点而局限在特定的区域内，网络空间是无国界的，信息犯罪也表现出无国界的特征。犯罪行为人坐在电脑前点一点鼠标就可以将虚拟空间的信息或数据传送到世界上的任何角落，同样，危害信息安全犯罪行为所造成的危害也可以不受犯罪行为人控制地传播到世界上任何角落，造成无法控制的危害后果。由此可见，破坏计算机信息系统的犯罪行为一旦实施，就已经使相关的计算机信息系统处于危险当中或使巨大的危害存在于虚拟世界当中。不论危害后果有没有发生，这种危险状态就已经对社会秩序产生了侵害。如果一律以结果作为定罪的条件会在某种程度上放纵犯罪行为人，因而应对破坏计算机信息系统罪增加惩罚危险犯的规定。

四、立法与司法领域注重科学处罚此类犯罪

（一）提高法定刑幅度

我国刑法在惩治针对计算机信息系统实施的各类犯罪行为时，通常都是将被侵害的计算机信息系统所有者遭受的损害程度作为定罪量刑的依据，但是这些计算机犯罪行为与传统犯罪不同，其后果具有延续性，即使案件终结，所造成的后果还有可能继续对目标计算机信息系统进行侵害，从而造成更严重的危害后果，相关罪名的刑罚与其社会客观危害性不相适应。由于计算机犯罪所能带来的经济利益巨大，而行为人面临的法定刑惩罚又偏轻，因此，许多犯罪分子肆无忌惮，甚至在已经因为计算机犯罪接受处罚的情况下无法抵抗犯罪所能带来的收益而甘愿以身试法。因此，我国刑法应加大对此类行为的打击力度，设置较高的法定刑量刑幅度，从而加大计算机犯罪的犯罪成本，有效打击为追逐利益疯狂实施计算机犯罪的行为人。

（二）大力推进职业禁止令的适用

由于计算机犯罪是典型的智能犯罪和职业犯罪,其主体以具备计算机专业技能且从事计算机相关职业的人为主。甚至有很多行为人实施计算机犯罪,只是为了展示自己的技能,证明自身的价值,这时候如果只对其处以自由刑和罚金刑,并不能有效阻止这类群体再犯罪。但职业禁止令可以发挥很大的作用,通过禁止利用职务便利实施计算机犯罪的犯罪行为人在一段时期内从事计算机相关职业,可以明显减少此类犯罪行为人再犯罪的可能。因此,我国司法机关在处理计算机犯罪案件时应该大力推进对职业禁止令的使用,以更好地惩治与预防犯罪。

第二节　特定信息保密性方面刑法保护的完善

一、国家秘密、情报刑法保护之完善

（一）更严密地界定国家秘密、情报、军事秘密、绝密及机密文件等概念

大数据时代,国家重要信息的拥有者和发布者不断分散、存在方式发生巨大变化,不法分子通过数据分析获取国家重要信息的途径增多、能力增强,这将对国家秘密、情报,军事秘密、情报,资料的范围的制定造成巨大的影响。对此,在制定、修订某些行业、系统、领域保密事项范围时,应当引进专业的大数据公司和数据科学家,依托科学合理的应用模型,评估保密事项范围在大数据背景下的可行性,评估哪些大数据可能产生危害国家安全的后果且应当作为国家秘密进行保护。对于已不具有可保性的国家秘密事项,要及时从保密事项范围中剥离出去。对于一些通过大数据分析有可能被准确预测,且确实关系国家安全的信息,要研究其是否具有保密的必要性和可保性;如果可以通过切断数据获取、分析和预测的途径达到保密效果的,应当纳入保密事项范围予以保护。要坚持以大数据互联共享为原则,而关系国家安全的保密数据为例外,把必须保密的数据控制在最小的知悉范围,准确、合理、动态地调整国家秘密范围。

(二)依法准确认定国家秘密与商业秘密

对于国家秘密和商业秘密,虽可能存在竞合,但刑法将这两种对象赋予了不同的法益属性,只有在对涉案信息准确定性的基础上,才能恰当地适用罪名。对此,必须严格依照刑法及相关法律的规定。

《刑法》第二百一十九条第三款对"商业秘密"做出了明确的界定,即"不为公众所知悉,能为权利人带来经济利益,具有实用性并经权利人采取保密措施的技术信息和经营信息。"可见,它具有如下特征:(1)不为公众所知悉,如果某种信息已经为公众所知悉,就称不上秘密,更称不上商业秘密,这是商业秘密的最基本条件;(2)能为权利人带来经济利益,商业秘密即商业上的秘密,这种秘密必须能够为权利人带来经济利益,否则不能称其为商业秘密;(3)具有实用性,商业秘密必须具有现实的实用价值;(4)权利人采取了保密措施,如果没有采取保密措施,该秘密就无法被认定为商业秘密。不难发现,与国家秘密相比,"商业秘密"这一概念侧重于表述商业活动、商业领域中经济利益和实用价值属性,二者在立法意图、法律特征、权利主体、确定程序、秘密标志、泄露的危害对象、泄露的法律责任七个方面都存在一定的差别。在司法实践中,国家秘密与商业秘密最主要的区别应当在于权利主体与秘密标志的不同。国家秘密的权利主体是国家,相关犯罪行为侵犯的是国家的保密制度及国家的安全和利益;而商业秘密的权利主体是不特定的民事主体,包括单位和个人。在客观表现上,国家秘密要经过法定程序确认,而且确认后,一般分为绝密、机密和秘密三个等级,这三个不同的等级如何在密件或密品上标识也有专门的规定;而商业秘密没有明确的确定程序,权利人可自行采取保密措施,而且商业秘密的分级与标识可自行确定,但不得与国家秘密标识相同。

同时也应看到,在特定情况下国家秘密与商业秘密之间的重合关系,因此可能发生重合的问题。亦即行为人所获取的有关机密信息既可能是商业秘密,又可能是国家秘密,或者说是商业秘密与国家秘密的有机统一体。当行为人以窃取、刺探、收买的方式加以非法获取或加以泄露时,因犯罪对象、行为方式上的重合,可能产生法条竞合的情况。对此,必须在准确理解和区别这两类对象的基础之上,且只有当某种行为确实难以判断是构成涉及国家秘密的犯罪,还是构成侵犯商业秘密罪的基础上,才宜按照法条竞合的关系处理。选择法律适用时,原则上应根据特别法优于普通法的原则,对行为人以非法获取国家秘密罪或故意泄露国家秘密罪论处。

(三)补充规定非法获取国家秘密罪的客观行为方式

虽然在司法实践中,窃取、刺探和收买是最为常见的非法获取国家秘密的行为方式,基本上概括了具有严重社会危害性的非法获取国家秘密的行为模式,但也不排除抢夺、抢劫国家秘密行为发生的可能性。当然,由于国家具有相对严密的保密制度,因此在司法实践中抢夺、抢劫国家秘密的犯罪行为较为罕见,但也不应存在万一发生刑法却无计可施的情况。否则将出现行为人以"窃取、刺探、收买"的方式较为"平和"地非法获取国家秘密,构成了犯罪,而以社会危害性更大的抢夺、抢劫等暴力方式非法获取国家秘密,反而不成立犯罪,于情于理不合。有学者曾提出,对于以抢夺、抢劫等暴力方式非法获取国家秘密的行为,可以按照以下思路处理:(1)国家秘密本身是国家机关文件的,不论抢夺或抢劫,均以抢夺国家机关公文罪论;(2)国家秘密是物品的,以抢劫罪、抢夺罪论;(3)如果作为国家秘密的物品属于枪支、弹药爆炸物的,以抢劫、抢夺枪支、弹药、爆炸物罪论处;(4)国家秘密属于国家所有的档案的,不论抢劫、抢夺,均以抢劫、抢夺国家所有的档案罪论。上述情形有重合的,从一重处断。这一理论根据国家秘密及其载体的不同表现形式,将相应抢夺、抢劫国家秘密的行为定性为不同的犯罪,虽有助于缓和刑法条文与司法实践之间的紧张关系,但并非圆满。行为人无论主观目的,还是客观方面都是针对国家秘密而实施的抢夺、抢劫行为,不将这些行为认定为非法获取国家秘密,反而仅凭国家秘密的不同外观而认定为本义上与国家秘密毫不相干的其他犯罪,也不妥当。因此,应明确将以抢夺、抢劫等暴力手段非法获取国家秘密的行为规定为本罪。具体建议为:在《刑法》第二百八十二条增加规定"以其他手段非法获取国家秘密",并增设一款规定:"以抢夺、抢劫等暴力手段,非法获取国家秘密的,从重处罚。"从而实现法律的严谨与公平正义。

对于行为人以其他方式非法获取国家秘密而言,行为人偶然拾得,或被他人主动告知了某项国家秘密。这种情况下,行为人主观上缺乏非法获取国家秘密的直接故意,主观恶性较小,所造成的社会危害一般也不大,因此不宜以本罪论处或不以犯罪论处,但如果行为人拾得载有国家绝密、机密的文件、资料或物品而非法持有,又拒不说明来源和用途,情节严重,可以以非法持有国家秘密罪论处。

(四)宜采用分立式的立法模式规定故意与过失泄露国家秘密、军事秘密罪

故意与过失的区分,体现出行为人主观恶性程度的不同,因而历来被作为区分犯罪情节轻重以及对其定罪量刑的主要指标之一。在故意犯罪中,行为人对于危害结果持积极追求或不管不顾、听之任之的心理态度,而过失犯罪的行为人对危害结果的发生持的却是反对的心理态度。可见,故意犯罪行为人在主观恶性程度上显著大于同类型的过失犯罪,进而其在人身危险性、社会危害性等方面也相应大于同类型的过失犯罪,这导致过失犯罪的可责性与可罚性也就相应小于故意犯罪。通常,立法者对于那些主观恶性、社会危害性较大的故意犯罪施以较重的法定刑,而对主观恶性、社会危害性较小的过失犯罪规定了较轻的法定刑,甚至免予刑事处罚。各国、各地区刑法中关于过失犯罪的处罚潮流均表现为"以处罚故意犯罪为一般,过失犯罪为特例"。我国刑法中过失犯罪在种类和数量上也远远少于故意犯罪,对故意犯罪所设置的法定刑一般都要高于同类型的过失犯罪。因此,即使是涉及国家安全、军事安全的重要信息,也不能突破上述刑法的基本立场,应当采取分立式的立法模式,将故意与过失泄露国家秘密罪、故意与过失泄露军事秘密罪以同条分款的形式在刑法条文中列出,并分别规定两种梯度档次的法定刑,这样一方面有利于实现罪责刑相适应的刑法原则,另一方面也有利于保持刑法的统一性和完整性。具体来说,可以将过失泄露国家秘密罪修改为"过失犯前款罪情节严重的,处三年以下有期徒刑或拘役;情节特别严重的,处三年以上五年以下有期徒刑"。

(五)对泄露国家秘密罪应增设单位犯罪的规定

既然单位能够违反《保守国家秘密法》的规定,实施泄露国家秘密的行为,并且社会危害性较大,那么现行刑法将单位排除在泄露国家秘密罪的主体范围之外,就难免有所疏漏。因此,应当将单位规定为泄露国家秘密罪的主体。单位违反《保守国家秘密法》的规定,故意或者过失泄露国家秘密,情节严重的,属于单位犯罪,应当实行"双罚制",既对单位处以罚金,又对相关责任人员按照现

有泄露国家秘密罪规定判处刑罚。从而有利于提高单位的保密意识,加大保密管理力度,强化保密工作责任制,确保国家秘密安全。

需要指出的是,在故意泄露国家秘密罪尚未增设单位犯罪规定的前提下,如果在当前司法实践中确实发生了因单位的决策机构集体研究决定泄露国家秘密的案件,那么尽管刑法不能追究单位的刑事责任,但是仍应当追究单位决策机构成员各自做出该决定的刑事责任,即单位的领导班子成员属于直接责任人员,认定其构成故意泄露国家秘密罪。

(六)完善涉及国家秘密、军事秘密的犯罪中剥夺政治权利刑的配置

剥夺政治权利是我国刑法中重要的附加刑,是一种剥夺犯罪人参加管理国家和政治活动的权利的刑罚方法。根据《刑法》第五十六条与第五十七条的规定,对下列两类犯罪人应当附加剥夺政治权利:一是危害国家安全的犯罪分子;二是被判处死刑、无期徒刑的犯罪分子。作者认为,对于涉及国家秘密、军事秘密的犯罪主体附加剥夺政治权利十分必要。虽然非法获取国家秘密罪、故意泄露国家秘密罪、过失泄露国家秘密罪、非法获取军事秘密罪、故意泄露军事秘密罪、过失泄露军事秘密罪等罪名并没有规定在《刑法》分则第一章"危害国家安全罪"之中,但是该罪的犯罪对象是国家秘密、军事秘密,其侵犯的客体包括国家安全和重大利益,因此理应附加剥夺政治权利。而且,接触、知悉和掌握国家秘密的人员往往是国家机关工作人员或特定人群,他们往往利用自己职务或业务上的便利,使得犯罪行为得以顺利实行或完成。因此,从有效预防犯罪发生的角度来看,应当通过剥夺政治权利刑的适用给予犯罪人及其行为在政治上的否定评价,以彰显对国家秘密、军事秘密在政治层面上的重视,其积极作用是其他刑罚无可比拟的。

此外,还应当考虑对涉及国家秘密、军事秘密的故意犯罪行为人适用《刑法》第三十七条之一所规定的从业禁止。因为涉密犯罪行为中许多都是利用其职业便利实施危害特定领域信息安全的犯罪,或者违背职业要求的特定义务而犯罪,符合从业禁止适用的前提。犯罪人在经过一段时间的监狱改造刑满释放后,往往其本身贪图私利的劣根性以及其在业务活动中所形成的粗心大意、过于自负等心理态度有时并不能立即消失。通过从业禁止,最大限度地剥夺或限制行为人的再犯能力,预防重新犯罪,维护特定职业品性。这是有力打击涉及

国家秘密、军事秘密的犯罪行为的客观需要,有利于巩固对犯罪人的改造成果以及实现社会防卫的目的,在客观上也能产生正面的积极效果。人民法院可以根据犯罪情况和预防再犯罪的需要,依法禁止涉密犯罪行为人自刑罚执行完毕之日或者假释之日起从事相关职业,期限为 3 ~ 5 年。

二、司法案件信息刑法保护之完善

(一)确定不应公开的案件信息的范围与内容

泄露不应公开的案件信息罪与披露、报道不应公开的案件信息罪中,都以"依法不公开审理案件中不应公开的案件信息"的判定为入罪条件,因此,必须要确定哪些是属于不应公开的案件信息。基于言论自由、报道自由的原则,应当承认,即使是不公开审理的案件,也不是任何案件信息都不能公开。因此,对"依法不公开审理案件中不应公开的案件信息"应进行适当的限缩解释,而且,不应公开的案件信息不该一概而论,应根据案件类型有所区别。就涉密案件而言,无论是国家秘密还是商业秘密,不应公开的案件信息应限于秘密的具体内容和秘密知悉人员的身份信息,对其他涉案信息则无保密的必要。对于涉及个人隐私的案件需要解决两个问题:一是隐私案件的范围,除强奸案,强制猥亵、侮辱案等两类案件外,还应该包括与个人生活密切相关、可能引起被害人被歧视的其他犯罪,如重婚罪、拐卖儿童罪、收买被拐卖的妇女儿童罪、猥亵儿童罪、引诱幼女卖淫罪、引诱未成年人聚众淫乱罪等。在民事案件中,还应包含离婚案件。这些案件的审理中同样会涉及被害人的隐私,若被公开报道,则有可能危害他们生活的安宁。二是这类案件中不应被公开报道的案件信息应该是受害人、被引诱人、无过错方和无辜者的信息,实施此类犯罪的成年犯罪人的犯罪记录和身份信息属于公共信息,并不具有隐私性,当然也就不属于不应公开的案件信息。三是不应报道的应该是与其身份相关的一切信息。针对未成年犯罪人,其涉案信息的保护应该尽量完备。除身份信息外,其违法犯罪前科、犯罪过程、涉嫌罪名、就读学校和法庭中的陈述等可能识别出该个体的一切信息,应列为不应公开的案件信息。此外,为了鼓励报案人、控告人、举报人揭发犯罪,为了确保证人、鉴定人大胆地参与到案件审判中,客观地提供证明,做出鉴定,更为了防止他们受到打击报复,在一些特殊案件中,不应公开的案件信息也应包括上述人员的有关身份信息。

依法不公开审理案件中不应公开的信息涉及面多，内容繁杂，不宜在刑法条文中一一罗列，但应通过建立健全配套法律、法规或司法解释的形式，具体路径可以考虑如下几种：第一，制定《信息保护法》，设专章规定依法不公开审理案件中不应公开的信息范围与内容；第二，在《人民法院组织法》中增加规定不公开审理案件中不应公开的信息的具体内容；第三，在刑事诉讼法、民事诉讼法、行政诉讼法中分别规定各类诉讼中不应公开的案件信息；第四，在最高人民法院《关于严格执行公开审判制度的若干规定》或者《人民法院法庭规则》中统一确定依法不公开审理案件中不应公开的案件信息。有了配套法规支撑，"披露、报道依法不公开审理的案件中不应公开的信息"中"依法"才有了实质意义。

（二）明确"造成其他严重后果""情节严重"等入罪条件的界定标准

本罪属于情节犯，是否造成其他严重后果、情节是否严重关乎罪与非罪。正因为如此，其界定标准至关重要。对于泄露不应公开的案件信息罪，是只要具有公开性就能认定为"公开传播"，还是在具有公开性的前提下造成信息在何种场合、何种知悉人数的传播方能认定为"公开传播"。"造成其他严重后果"是造成诉讼参与人的个人隐私为他人或公众所知悉即可，还是要达到给司法秩序和当事人合法权益造成严重损害，或者造成诉讼参与人的名誉、人格遭到贬损，甚至引发自伤、自杀等严重后果的方能入罪；不同的依法不公开审理案件中的信息，"情节严重"是否应有不同的标准；"情节严重"的认定是否应从披露、报道的次数，造成的影响，经有关部门责令停止后披露、报道行为是否停止等方面展开等问题，都有待最高司法机关尽快根据实际情况出台司法解释。没有达到相应入罪条件的，只能认定为民事侵权行为或者治安违法行为，而不能一律追究刑事责任。

（三）当事人同意应当可以认定为此类案件中的违法性阻却事由

泄露、披露、报道不应公开的案件信息既妨害司法机关依法独立、公正地审理相关案件，也会侵犯利害关系人的合法权益，此类犯罪危害的是双重法益。本罪虽然被规定在妨害司法罪一节中，似乎旨在保护司法秩序，但是本罪的司法秩序的具体内容是"依法不公开审理的案件中不应当公开的信息"未被泄露，实质是为了保护当事人的权利。《刑事诉讼法》第一百八十三条规定："人民法院审判第一审案件应当公开进行。但是有关国家秘密或者个人隐私的案件，不公开审理；涉及商业秘密的案件，当事人申请不公开审理的，可以不公开审理。"第二百七十四条规定："审判的时候被告人不满十八周岁的案件，不公开审理。但是，经未成年被告人及其法定代理人同意，未成年被告人所在学校和未成年人保护组织可以派代表到场。"《民事诉讼法》第一百三十四条规定："涉及国家秘密、个人隐私或者法律另有规定的不公开审理，离婚案件，涉及商业秘密的案件，当事人申请不公开审理的，可以不公开审理。"《行政诉讼法》第四十五条规定："涉及国家秘密、个人隐私或者法律另有规定的不公开审理。"显然，除有关国家秘密外，不公开审理是为了保护被告人或者被害人的权利。所以，在不公开审理的案件审理终结后，行为人泄露不应当公开的信息，即便没有破坏本案的司法秩序，也依然成立本罪。相反，就不公开审理的案件而言，经当事人同意的泄露、披露、报道行为，应当可以阻却违法性。

（四）应将披露、报道不应公开的案件信息罪的主体限定为第一披露、报道者

首次披露、报道不应公开的案件信息者是造成该信息被传播和扩散的始作俑者，侵犯了当事人的信息安全，扰乱了司法秩序，如果情节严重，需要追究刑事责任，第一披露、报道者应是首先被考虑的主体。将第一披露、报道者确定为犯罪主体，可以从源头上阻止不应公开案件信息被转载、转播、分享，防止负面影响无限扩大和局面的无法控制，能起到正本清源的功效；也可以警示其他媒体及其从业人员，不涉足依法不公开审理案件中的不应公开信息，最终实现刑罚特殊预防和一般预防的目的。将第一披露、报道者作为犯罪主体也能防止犯罪圈过大，进而防止因打击面过宽而引发的人人自危和社会恐慌。因此，将第一披露、报道者作为本罪主体是较为妥当的选择。对于转载者、转播者、分享者则可以依照新闻机构的职业规范处理或者由当事人起诉追究其民事侵权责任，未必一律以刑事犯罪论处。

（五）科学确定披露、报道的案件信息涉及国家秘密时的处理原则

《刑法》第三百零八条之一的第二款规定："司法工作人员、辩护人、诉讼代

理人或者其他诉讼参与人,泄露依法不公开审理的案件中不应当公开的信息,造成信息公开传播或者其他严重后果的构成泄露不应公开的案件信息罪,同时还泄露国家秘密的,依照本法第三百九十八条泄露国家秘密罪的规定定罪处罚。"然而,在紧随其后的披露、报道不应公开的案件信息罪中却只字未提。对此,在本罪的条文中也应当明确。泄露国家秘密罪保护的是国家的安全和利益,原则上犯罪主体应由国家机关工作人员构成,但非国家机关工作人员也可以以本罪酌情处罚。本罪的犯罪主体一般是新闻媒体从业者,其中可能是国家机关工作人员,也可能是非国家机关工作人员,所以在其所披露、报道的案件信息涉及国家秘密时,依照《刑法》第三百九十八条进行处罚并无不可。

（六）在披露、报道不应公开的案件信息罪的刑罚中增加从业禁止的适用规定

资格刑在《刑法修正案（九）》中有了更为丰富的样态,从业禁止作为预防性措施被增设出来。由于本罪的犯罪主体包含新闻媒体从业者,若新闻媒体从业者触犯此罪,可以适用从业禁止。同时,可以结合该罪中的"情节严重"进行详细规定,根据不同的情节,适用 3～5 年的从业禁止,以预防新闻媒体从业者再次犯罪。从而确保新闻媒体、信息发布和传播者能够遵守其职业道德,正确行使舆论监督权和言论自由权。

三、商业信息刑法保护之完善

（一）完善商业秘密刑法保护的罪名设置

（1）依据侵权人的身份,细分出知情人侵犯商业秘密罪,在对其进行量刑时,可以处以比普通人更加严厉的处罚。这是因为他们有一定的职务和权力,掌握的信息和技术更多、更细、更有价值,对这些技术和信息负有比普通人更为严格的保密义务。如果他们违反了商业秘密保密义务,会比普通人造成的影响和后果更加严重和恶劣,不仅在经济上使权利人产生损失,而且在社会上甚至国家利益上都会造成无法挽回的损失。

（2）关于侵犯商业秘密的行为,以盗窃、贿赂、欺诈、胁迫、电子侵入或者其他不正当手段获取权利人的商业秘密以及披露、使用或者允许他人使用以上述

第一种手段获取的权利人的商业秘密的"非法获取型"行为方式与违反保密义务或者违反权利人有关保守商业秘密的要求,披露、使用或者允许他人使用其所掌握的商业秘密的"滥用合法获取型"行为方式,从恶劣程度和社会影响来看,后者明显较低,在司法实践中应当予以区别。但是,我国的刑法中却只是模糊地将它们归于同一罪名之下,适用相同的刑罚,不够合理。应该依据违法行为人造成的社会危害影响大小,设置轻重有别的刑罚,以体现出罪刑相适应的原则。

(3)根据犯罪的危害性,考虑设立经济间谍罪。世界一体化和经济全球化的发展,使国家之间的技术合作日益紧密,竞争更加激烈,因此,有些国家或组织会以各种方式获取经济、技术情报,这样的行为明显比国内的商业秘密侵权行为更加恶劣,因为它已经涉及国家利益和安全。所以,对这类犯罪应当设立经济间谍罪,并设立恰当的判定标准,放宽各种限制,加大惩处力度。当前在美国、俄罗斯、法国、瑞士、德国等国家都设有经济间谍罪,因此,我国应增设该项刑罚,以充分满足国家经济安全和国际经济发展的需要。

(二)科学界定侵犯商业秘密罪的客观要件

1.行为方式的含义

无论是"非法获取型""滥用合法获取型",还是"间接型"侵犯商业秘密,对于法条所列举的行为方式都必须加以准确认定。如"以盗窃、贿赂、欺诈、胁迫、电子侵入或者其他不正当手段获取权利人的商业秘密"中,盗窃,一般是指通过窃取商业秘密的载体而获取商业秘密。贿赂,是指给予对方单位或者个人金钱或其他利益而获取商业秘密,其中既包括主动给予的贿赂,也包括被勒索、暗示而给予的贿赂。欺诈,是指故意虚构事实、隐瞒真相,并使对方因陷入错误认识而交付商业秘密。胁迫,是指对知悉商业秘密的人进行恐吓、威胁,迫使他人提供商业秘密。电子侵入,是指行为人不具有对存储权利人商业秘密信息电子载体的访问权限或未经授权,或超越其访问权限或授权范围,通过各种电子信息技术手段非法获取权利人商业秘密的行为。其他不正当手段,是指除上述行为方式以外的其他不正当手段,如抢夺载有商业秘密的图纸等。"披露、使用或者允许他人使用以上述第一种手段获取的权利人的商业秘密"中,披露,是指将其非法获得的商业秘密告知权利人的竞争对手或其他人,或者将商业秘密内容公布于众:使用,是指将自己非法获取的商业秘密用于生产或者经营。允许他人使用,是指允许他人将自己非法获得的商业秘密用于生产或者经营,包括有偿与无偿两种情况,等等。必须结合最新的立法理念和立法宗旨,对客观要件中的每一个要素做出科学、合理、无歧义的解读,才能真正准确地使用罪名。

2. 情节严重的认定

成立本罪还要求达到情节严重,这一入罪条件是 2020 年 12 月 26 日《刑法修正案(十一)》调整之后的规定,原本的规定为"给商业秘密的权利人造成重大损失的"。2010 年《追诉标准(二)》将"重大损失"解释为四种情形,分别是给商业秘密权利人造成损失数额在五十万元以上的;因侵犯商业秘密违法所得数额在五十万元以上的;致使商业秘密权利人破产的以及其他给商业秘密权利人造成重大损失的情形,并被司法实践大量采用。这一解释将"重大损失"解读为侵权人的非法经营数额或违法所得数额,突破了其文义本身,且在实际运用中面临着计算方面的种种困境。《刑法修正案(十一)》虽然将该表述修改为"情节严重",但何为"情节严重"依然需要科学、合理、具体、详细的标准。在认定多人、多事的案件时,需要司法机关对其进行由表及里、层层剥落、针对性的剖析。在对侵权人的侵权所得进行评定时,既要视其非法所得而定,又要考虑商业秘密所能带来的效益,并将二者进行合理的调和。在对情节是否严重进行认定时,既可以将侵权人的非法利润作为标准进行衡量,又可以将研发成本或许可使用费作为衡量的标准。既可以考虑由侵权行为带来的经济损失,又可以考虑由此带来的社会危害。

3. 对于"间接侵犯商业秘密"中行为人"明知"的理解

"明知"包含客观上知道和结合具体案情判断应当知道,不可能不知道。过失不可以构成本罪,如果行为人自己确实不知道,也不可能知道自己使用、披露了他人商业秘密的,不以本罪论处。

(三)适当调整对侵犯商业秘密罪的处罚

1. 对本罪确立倍比罚金刑制度

在司法实务中,侵犯商业秘密罪的行为及造成的后果有较大差距,造成的不利影响也不同,因此,如果仅有"处罚金"的相关规定,则难以确定量刑幅度,如果数额过高,则很难执行,如果数额过低,则达不到警示的目的,甚至还亵渎法律的严肃性。我国刑法中对许多经济犯罪都规定了倍比罚金的模式,我们也可以将其引用到侵犯商业秘密罪的罚金制度中,这样不仅便于操作和执行,而且更有利于维护法律的一贯性和稳定性。为了与其他绝大部分经济犯罪的倍比罚金标准一致,建议将侵犯商业秘密罪的罚金数额规定为其违法所得数额的一至五倍,并根据案件的实际情况予以灵活适用。

2. 注重"从业禁止"这一非刑罚方法的适用

商业秘密的侵权人之所以能够肆无忌惮地实施该类犯罪行为,很大程度上在于他对某领域的经济活动非常熟悉,对某些技术或工艺十分精通,甚至本身就是特定商业领域的从业人员、管理人员。这些便利条件为其实施犯罪行为提供了极佳的机会,即使在受到处罚后,由于其对该领域或行业非常熟悉,因此其进行再次犯罪的可能性非常大。对此,人民法院可以通过"从业禁止"方式的适用,限制或者消除特定行为人在某领域的从业资格,以降低其在该领域再次犯罪的机会,达到预防犯罪的效果。

(四)确定监管机构与司法实务部门在内幕交易刑事违法性认定中的职责

一方面,对于内幕交易犯罪中涉案行为刑事违法性的认定问题,司法实务部门有职责进行独立且全面的司法判断与审查,而不应将证监会的认定函等作为认定该罪刑事违法性的唯一抓手。另一方面,我们也不能全面否定证监会在行政程序中形成的证据材料,而应当对这些文件材料进行综合论证、分析,并进行合法化转化。我国《证券法》赋予证监会认定内幕交易刑事违法性的法定职权,证监会在行政执法过程中会根据《证券法》和查明的事实出具书面文件,这些文件通常具有证据可采性。但毕竟证监会的职权限于行政程序,司法机关不得以节省司法资源、专业知识缺乏等为由而不对刑事违法性进行独立的审查和判断。司法实务部门必须将监管部门出具的认定函的结论性意见等经过合法性认定与转化之后,才可以作为刑事案件的证据使用。在实务中,那些能够证明内幕交易犯罪刑事违法性的证据大部分都是由监管机构现行调取、固定和采集的,而司法机关不可能重新进行采集和调取,所以,对这些证据进行合法性认定和转化是必须的。证券期货监管机构在执法过程中调取的证券期货交易笔录,账户资料等书证、物证,视听资料等客观性材料,经司法机关认定具有合法性、关联性的,应当直接作为认定涉案行为刑事违法性的依据。而对于涉及证人证言、当事人陈述等主观性较强的证据材料,司法实务部门应当重新进行采集和调查,而不应直接依据证监会形成的材料。

(五)对内幕交易、泄露内幕信息罪的主体资格进行准确界定

我国刑法按照行为人的身份将内幕交易、泄露内幕信息罪的主体划分为内幕信息知情人员和非法获取内幕信息人员两类,但是仅对该两类人员的范围做出了笼统的界定,相关概念的定义过于原则化和模糊。学界和实务界对于"非法"获取应如何认定,近亲属、关系密切的人应如何把握等存有一定争议。对此,应当借鉴国外对内幕交易、泄露内幕信息罪主体资格的界定,将该罪的主体限定为知悉内幕信息的人员,而不考虑其身份,也不论其通过何种手段,经过几轮传递等因素。凡是不应当知悉内幕信息而知悉者都应当被认定为该罪的主体。但是,也应当结合相关的司法解释将那些无意间或偶然获悉内幕信息的人员排除在外。《内幕案件解释》第二条第三项的规定不仅将内幕信息知情人员近亲属、关系密切的人之外的人纳入内幕交易犯罪主体范围,而且合理适当地排除了那些偶然因素。

在现有的法条和司法解释之下,也需要对内幕信息知情人员的近亲属、关系密切的人等概念进行准确界定。根据《内幕案件解释》第二条第一款第二项的规定,"非法获取证券、期货交易内幕信息的人员"包括内幕信息知情人员的"近亲属"和"关系密切的人员"。在司法实务中对这样两个概念的理解,多是借鉴利用影响力受贿罪中近亲属和关系密切的人员的内涵与外延,其合理性值得考量。内幕交易、泄露内幕信息罪是一种严重破坏证券市场公平交易秩序的犯罪,是一种资本市场上的"盗窃"行为,对于关系密切人的范围的界定,则应着重于判断内幕信息知情人员与该行为主体之间是否存在着相互影响、相互黏合、紧密联系的人际关系。从社交层面来看,可能包括与知情人员关系密切的朋友、同事、同学等;从情感方面来看,可能包括恋人、情妇等;从亲属方面来看,可能包括除近亲属以外的与知情人员关系密切的亲属;从利益方面来看,可能是与其有共同利益的人,这种利益关系可能来自依附、胁迫等。

(六)补充并确定内幕信息及价格敏感期的标准

内幕信息敏感期的确定直接关系到内幕交易、泄露内幕信息罪的认定,而

内幕信息敏感期又与内幕信息的真实、确定性紧密相关。然而在我国的司法实践中,有些辩护律师常常混淆内幕信息"真实、确定性"和内幕信息最终形成的概念,将内幕信息最终确定之时等同于内幕信息形成日。这种误解和混淆主要在于我国刑法未能确定内幕信息的"真实、确定性标准"。内幕信息的形成是一个动态的过程,要经历多个阶段,如果认为内幕信息敏感期开始于内幕信息经历所有阶段而最终形成时,就大大缩小了价格敏感期间,也有违立法初衷,更是放纵犯罪。因此,我国法律对于内幕信息的认定除了非公开性和重大性以外,还应该附加"真实性、确定性"的要求,这样内幕信息的构成要件才显得更加完整、严谨,即只要形成于公司内部的信息是真实的,不是谣言或者凭空想象,并且该信息正处在发展阶段,尽管尚未转化为现实,都认为该内幕信息具有真实性,如果该信息影响到证券、期货交易价格,就认定该内幕信息已经形成。

四、个人信息、隐私刑法保护之完善

(一)确定侵犯公民个人信息罪中"公民个人信息"的判断标准及外延

1. 关联说之否定

关联说之所以不可取,最核心的理由在于其会极大地扩张刑法的打击范围。按照关联说的观点,个人信息的内容包罗万象,既涵盖姓名、出生年月、性别、血型、星座、政治面貌等身份信息,又包括个人行踪、购物记录、消费偏好、生活习惯等日常活动行为。倘若将与公民有点联系的信息,都认定为个人信息,那么侵犯公民个人信息的行为比比皆是,此种做法明显与刑法的谦抑性原则相矛盾。此外,关联说甚至将不真实的信息涵盖在内,必然会加大司法机关的工作量,实践中不具备可操作性。

2. 隐私权说之否定

隐私权说虽然缩小了个人信息的范围,提高了司法效率,但其缺点也非常明显。一方面,隐私的认定依靠个人的主观意愿,认定标准模糊且缺乏客观性。例如,大多数人不介意让别人知道自己的兴趣爱好,但可能有的人讳莫如深;大多数人都介意别人知道自己的收入所得,但有的人愿意公之于众。另一方面,个人信息与个人隐私不能混为一谈,个人信息的外延大于个人隐私,个人隐私是个人信息的一部分。在司法实务中，一些公开的个人信息尽管不属于个人隐私，但仍受到刑法的保护。《民法典》中也明确区分了对个人信息权与隐私权的保护，分别以不同的条款加以规制。

3.识别说之合理性

相较于关联说和隐私权说，识别说最具合理性。第一，符合刑法的谦抑性原则。识别说可以直接或者间接地联系到该信息主体，非法获取或者提供该信息就会产生严重的社会危害，如果信息不能和特定的人相匹配，那么就不具有刑法保护的价值。第二，与权威司法解释的立场一致。《个人信息解释》规定的公民的个人信息，是指以电子或者其他方式记录的能够单独或者与其他信息结合识别特定自然人身份或者反映特定自然人活动情况的各种信息。第三，识别说以能否识别出信息主体为标准，客观性强，实践中具有可操作性。

需要注意的是，个人信息与个人隐私既相互联系又彼此独立。个人信息依据公开程度划分为公开的个人信息与不公开的个人信息。毋庸置疑，不公开的个人信息被刑法所保护，但公开的个人信息在一定程度上也具有被刑法保护的价值。例如，行为人是合法经营的房地产中介公司的职员，从公司内部的网站上下载业主公开的个人信息提供给他人，刑法是否需要规制此类提供行为，行为人是否构成本罪，这成为司法实务的难题。作者认为，公开的个人信息分为两种情形，一种是权利人愿意公开、甚至主动公开的公民个人信息；另一种是公民非自愿公开的信息。不应一概而论，应当具体问题具体分析。针对第一类权利主体乐意并积极主动公开的信息，行为人获取信息之后，再出售给他人或者提供给他人的行为，不构成本罪。一方面，本罪所保护的法益应当是个人信息权。权利人自愿公开自己的个人信息，比如，为了扩大自己的交际圈公开自己的手机号码、邮箱和社交账号等。行为人获取上述信息后提供、出售的行为，不会打破权利人的正常生活状态，没有刑法保护的必要性，因此不构成犯罪。而且，有时权利人希望传播此类信息，如涉及公民个人信息的求职信息和求租信息，若将此类信息纳入刑法的保护范围，超出了民众对违法犯罪行为的认知，缺乏合理性。另一方面，从立法的主旨和精神的角度出发，保护未公开的个人信息才是个人信息保护的应有之义。当下，我国对个人信息的保护处于探索阶段，保护的水平有待提高。若是将公开的信息也纳入刑法的保护范围，不能有的放矢，进而提高案件的侦办难度，浪费司法资源，降低司法效率，削弱了对未公开的个人信息的保护力度。针对第二类公民被动或被强迫公开的个人信息，行为人获取后出售、提供等后续行为，应当具体情况具体分析。实践中常见的情形是个人信息被他人通过网络等途径公布；政府部门为救济、资助或者奖励公民而公示的个人信息。这些情形中获取个人信息的行为是合法的，但后续的出售或提供行为可能会扰乱个人日常生活的安宁。比如，被害人或者被告人的相关信息被公开，普通公民能够在任意时间、不受任何限制地查询和传播，这种情形严重扰乱被害人的生活秩序，阻碍被告人的社会回归。此外，屡见不鲜的人肉搜索行为，也会严重影响权利人正常的生活工作秩序，侵害个人生活的安宁。对非自愿或未主动公开的个人信息，出售和提供行为倘若暴露了个人隐私或扰乱日常生活安宁，严重侵犯了公民的合法权益，则构成侵犯公民个人信息罪。

综上所述，部分公开的个人信息也具有被刑法所保护的价值；公开的个人信息是否在刑法的射程之内，要根据信息的公开是否违背权利主体的意愿而进行分类讨论。对于信息主体乐意公开的个人信息，行为人获取后再实施其他行为，原则上不会侵犯公民的个人信息权；对于信息主体被迫公开的个人信息，要结合案件的具体情况进行全面综合的考量。

（二）明确侵犯公民个人信息罪所保护的法益

法益的确定为刑法的保护对象提供经验的、事实的基础，不管是在解释论上还是在立法论上，法益概念均发挥着指导作用。厘清侵犯公民个人信息罪所保护的法益，对区分罪与非罪具有重要意义。

1. 人格权说之思辨

人格权说的显著缺点是太过宽泛，而且一些纯财产类信息，如银行交易流水并不能为人格权所包含。再者，法益具有区分此罪与彼罪的功能，人格权是一个属概念，内部包含各种权利，若将人格权理解为本罪的法益，则有些泛化。例如，侮辱罪、诽谤罪与强奸罪均是侵犯公民人格权的行为，但在每种罪中具体的法益是不同的。侮辱罪、诽谤罪的法益是他人的名誉，强奸罪的法益是妇女的性的自主决定权和幼女的身心健康权。名誉和性自主权虽都属于人格权，但其保护的人格权的方面是不同的，将公民个人信息认定为人格权并不合适，不能发挥法益应有的功能。

2.财产权说之思辨

不可否认,公民个人信息已成为公民个人获取服务的前提,但将其简单化为财产权性质的交易则不甚妥当。购买火车票、飞机票,邮寄物品,办理护照等都需提供公民个人信息,但是提供公民个人信息不是获取相应服务的对价,除提供公民个人信息外,我们仍需支付相应货币,此时仍是货币与服务之间的交易,而非公民个人信息与服务之间的交易。而且,在此交易中,用户所提供的个人信息仅限于本次服务使用,信息收集主体也仅有在此次服务中使用的权利以及永久妥善保存的义务。若超出此次服务目的,将获取的信息另作他用则是侵犯公民个人信息的行为。由此,将涉及公民个人信息的交易理解为财产权的交易则不甚合适。另外,某些公民个人信息的人身依附性极强,是无法与公民个人相脱离的,也是无法按照一般财产进行交易的。如公民的学历、所获荣誉、社会关系等,属于公民个人信息,也应受到法律的保护,但无法借用对财产的保护方式来对其加以保护。因此,将公民个人信息视为一种财产,忽略了个人信息与信息主体之间的紧密依附性,人为地割裂它与信息主体之间的关系,而且对某些公民个人信息的保护也不具有解释力。

3.隐私权说之思辨

实际上,公民个人信息远非"隐私"一词所能完全涵盖,公民个人信息应是公民隐私的上位概念。"隐私"一词本身就具有明显的范围限制,所谓"隐私",是指个人所不愿公开的信息,强调的是私密性,其范围受约定俗成的社会观念限制。而公民个人信息的涵盖范围远大于隐私的范畴。现实中有大量处于公开状态的公民个人信息。例如一些服务性的商家、店铺为招揽生意,方便顾客及时联系,便将店铺的老板姓名和手机号码打印于广告牌上,此时店铺老板的姓名和手机号就完全处于公开状态,但我们无法说店铺老板个人信息不受保护。"隐私权说"不当限缩了公民个人信息的保护范围,不符合市场经济时代信息主体积极使用其个人信息的社会特征,不利于公民个人信息的保护。另一方面,侵犯公民个人信息罪在刑法分则中所处的位置与其保护范围没有逻辑关系,以罪名所处的位置而主观限缩侵犯公民个人信息罪的保护范围是没有正当性的。

4.超个人法益之思辨

第一,从本罪所处的章节位置进行判定。刑法将侵犯公民个人信息罪规定在侵犯公民人身权利、民主权利罪的章节之中，这意味着本罪保护的法益是公民的人身权利和民主权利。公民的人身权利和民主权利都是与公民个人相关的权利，与公共信息安全、社会秩序没有直接的联系。因此，本罪属于个人法益而不是超个人法益。第二，侵犯公民个人信息行为虽然为后续犯罪，如诈骗、绑架、敲诈勒索提供了帮助，但此只能论证侵犯公民个人信息行为的社会危害性严重，刑法介入的必要性强，与确定侵犯公民个人信息罪的法益并无关系。而且后续诈骗侵犯的都是公民财产权、生活安宁权等具体、切实的个人法益，并不是超个人法益，不能因为后续犯罪涉及被害人众多而将众多被害人的个人法益概括理解为超个人法益。

综上所述，笔者认为应当将本罪的法益归属于个人信息权说。首先，随着移动互联网和物联网的兴起，每个人都进入网络生活中，人们有意无意地使用个人信息来享受丰富便捷的生活。例如，为了换取出行的便利，授权各种打车软件进行定位。个人信息所具有的概念随着时代的发展不断完善，个人信息兼具人身和财产双重属性，单纯的人格权说、财产权说和隐私权说不能囊括个人信息的全部定义。其次，个人信息权在相关部门法中得到确认。例如，《个人信息保护法（草案）》第一条明确规定，制定个人信息保护法的根本目的是保护自然人的个人信息权以及其他合法权益。《民法典》中也直接对个人信息权进行了规定。最后，以"侵犯公民个人信息罪"为案由的司法裁判文书中也越来越多地出现了"个人信息权"的表述。说明个人信息权正在一步步受到认可。

（三）完善侵犯公民个人信息罪"情节严重"的认定标准

《个人信息案件解释》中对于"情节严重"的认定标准存在信息类型不明确、数额认定的标准不完善，以及主观恶性导致的定罪情节与量刑情节相混淆等问题，需要进一步加以完善。

1. 明确信息类型

针对行踪轨迹信息和财产信息的范围不明确的问题，应根据信息与主体的关联程度、信息的用途、信息被侵害后对权利主体造成的后果等加以综合认定。（1）行踪轨迹信息是高度敏感信息，入罪门槛低，轻易将其纳入刑法的视野会干预其他部门法的制裁，不利于人权保障。如果仅凭单纯的位置变化就认定为行踪轨迹信息，会扩大刑法的打击范围。例如，火车票，虽然载明了乘车人姓名、车次、时间、始发站和终点站等信息,依据车票可以推算出他人的行踪,但不能直接定位出乘车人的具体坐标,不宜将其认定为行踪轨迹信息。但可以将具有可识别性的活动信息认定为公民个人信息。对于行踪轨迹信息的范围,要结合与主体的关联程度来明确。可识别性是公民个人信息的基本特征,如果某个信息无法识别出特定的人,就没有侵害公民的个人信息权,也就丧失刑法保护的必要性。在信息时代,通过活动轨迹往往也能识别出特定的人。犯罪分子可以通过活动轨迹找到模糊笼统的侵害对象,然后进一步通过其日常活动情况分析家庭住址、工作单位和财产状况等,将侵害对象具体化。因此,对于具有可识别性的活动信息可以根据具体案情认定为行踪轨迹信息。(2)"财产信息"通常被认为是直接反映主体财产状况的信息。既可以包括存款、房产等直接反映个人财务状况的信息,又可以包括第三方支付结算账户等金融账户的身份认证信息。但一些信息涉及的内容虽然具有财产属性,却不能直接反映出主体的财务状况,不宜认定为财产信息。

2. 完善数额标准

规定销售或者获利金额时,要结合当地经济发展水平,因地制宜。侵犯公民个人信息的刑事案件地域分布呈现出不均衡,多数集中在江苏、浙江、上海、广东、福建等经济发展水平较高的地区,行为人实施此类案件在经济发达地区的获利数额明显高于经济欠发达地区。但经济相对落后的地区也时有发生,如果出台适用于全国的统一的数额标准,则不能精确地打击侵犯公民个人信息的行为。因此,对于销售或者获利数额的认定应当与当地的经济发展水平相适应。

3. 明确区分定罪和量刑情节

为了避免对同一事实情况进行重复评价,必须对量刑情节和定罪情节进行区分,作为定罪的情节不能出现在量刑阶段,作为量刑情节不能在定罪阶段被评价。一个事实应当作为侵犯公民个人信息的定罪情节,还是量刑情节,需要具体问题具体分析。针对有前科的行为人,在认定本次犯罪是否属于"情节严重"时,应把屡教不改的情节作为最后一个认定标准。亦即,如果行为人侵犯公民个人信息的行为依照信息数量、违法所得数额、信息用途、主体身份的标准,能够认定为"情节严重",则其再三违法犯罪的情节应当作为量刑情节,在判处刑罚时从重处罚;如果行为达不到其余四个认定标准,主观恶性就应当以定罪情节论处。同时,要完善相关的行政法规,加大行政法对个人信息的保护力度,增强行政法与刑法的有效衔接,双管齐下,以便更好地保护公民个人信息。

(四)增设非法持有公民个人信息罪

刑法中之所以设置持有型犯罪,从立法动机与政策方面来看,一般是因为行为人非法持有特定物品或财产通常是更为严重的接续犯罪的过渡、预备状态。鉴于公民个人信息在当下网络时代的重要属性,将非法持有公民个人信息的行为犯罪化,能够有效防止更加严重犯罪的发生。

从该罪名的具体设计来看,罪状可规定为"违反国家规定,非法持有公民个人信息的"。首先,没有客观证据证明这些公民个人信息是违反国家有关规定获取、窃取或是以其他非法途径获取的,或是行为人为实施其他犯罪进行的预备行为而获取,通常只能是行为人通过搜集、整理已公开的公民个人信息而获得。其次,"违反国家规定"是指行为主体本身并非国家规定的具有公民个人信息管理资格的主体,但却获取公民个人信息后持有的行为。再次,"持有"是行为人对搜集、整理的公民个人信息事实上的支配。与其他持有型犯罪一样,并不要求行为人在物理上握有或是时刻将这些信息随身携带,只要行为人认识到公民的个人信息处于其管理、控制下即可。最后,本罪的主体应当包括自然人和单位。因为无论是个人还是单位都能够实施搜集、整理公民个人信息并持有的行为,进而处于非法持有公民个人信息的状态。之所以规定单位犯罪,是由于从目前的社会实际情况来看,很多公司为了获取经济利益推销产品,进行商业营销,都存在搜集、整理公民个人信息并持有的行为,而这些公司本身不属于互联网服务提供者,其获得的公民个人信息也不属于提供服务的过程中获得的公民个人信息,这些公民个人信息一旦泄露会严重侵害公民的个人权益,有必要对这类单位予以严惩。

为了避免刑法打击的范畴过大,并非持有公民个人信息就一律入罪,而是要有一定信息数量或情节上的要求。可以将入罪条件设定为持有公民个人信息5 000条。这主要是参考2017年《个人信息案件解释》第五条第一款第三、四、五项的规定,其根据非法获取、出售、提供的公民个人信息的性质的不同,分别将侵犯公民个人信息罪的入罪条件确定为50条、500条和5 000条。而在拟增设的持有公民个人信息罪中,行为人搜集、整理的是公民已公开的个人信息,一般不属于该司法解释第三、四项规定的行踪轨迹、通信内容、征信信息、财产信息、住宿信息、健康生理信息、交易信息等较重要公民信息，而是与第五项规定的信息类型相类似。因此，可以通过司法解释的形式将非法持有公民个人信息的入罪数量定为5 000条以上。

第三节　信息内容安全方面刑法保护的完善

一、政治煽动信息刑法惩治之完善

（一）明确煽动与言论自由的区分标准

网络上充斥的信息五花八门，有一些属于针对社会现象、社会问题发表观点，甚至有时还会因为立场、表达方式、情感因素等的影响而使这些观点显得颇为激进，但它们不会涉及刑法所保护的社会秩序。而网络教唆煽动往往是以恶意虚构或者夸大某些社会事件为手段，以造谣、诽谤等方式向网络社会发出引诱、号召，向其他网民施加影响，以实现其犯罪目的，其反秩序性是极其明显的，其社会危害也是极其严重的。实际上，对教唆煽动型网络有害信息加以刑事治理本身就是在自由权利与社会秩序之间寻找平衡点的过程，也是在预备行为实行化与防止刑罚权过度膨胀之间寻找平衡点的过程。我们既不能为了国家、社会稳定而牺牲弥足珍贵的言论自由，也不能为绝对的、毫无限制的言论自由而危及国家、社会、他人的权利。要从宪法保护言论自由的目的出发，通过衡量网络言论、信息的社会价值及其可能产生的危险或者造成的侵害，得出妥当结论，这样才有助于公民更好地行使自己的言论自由权利，维护自己的合法利益，从而更好地促进网络社会生活的有序进行。

对教唆煽动型网络有害信息动用刑法加以惩治，不能只单纯关注其外在形式是否具有教唆、煽动的色彩，而是应当更多地关注所谓"教唆""煽动"所涉及的内容以及行为人的主观心态。一方面，行为人所教唆、煽动的必须是非法行为，即该有害信息所教唆、煽动的内容涉及刑法所保护的社会秩序，与刑法分则规定的其他犯罪的关系十分密切。尽管煽动型犯罪的构成并不以关联的实行行为的实施或者完成为必要，但无疑二者之间有着天然的联系，关联的实行行为是煽动行为的内容及目的所在。例如，煽动分裂国家罪、煽动颠覆国家政权罪、煽动逃离部队罪与分裂国家罪、颠覆国家政权罪、逃离部队罪等罪名之间便存在极其密切的联系。只有当网络有害信息所表达的主要、重要或者核心部分的内容直接指向某些犯罪的本质内容——分裂国家、颠覆国家政权、恐怖主义、极端主义、民族歧视等时,方有以煽动型犯罪处罚的必要性。

另一方面,对于涉及国家、政府和其他公共事务的网络信息,还必须同时考察行为人发布该信息的主观目的,只有在发布者具有危害国家安全、公共安全的目的时才可以考虑动用刑事治理手段,而其他一些过激的、批判性的言论及监督性质的言论则应排除在处罚的范畴之外。例如,煽动颠覆国家政权类的案件中,行为人张贴诽谤政府、颠覆社会主义制度内容的大字报的现象较为常见,但是,这并不意味着所有张贴大字报的行为都要入罪,有些人并不是出于煽动群众去颠覆国家政权、推翻社会主义制度的犯罪目的,而仅仅是为了发泄怨气、引起相关部门对自己某些要求的重视等,这样则仅属于行使言论自由权超过限度,或用错误的方式伸张自己的权利,而不能认定为刑事犯罪,至少不能以特定的煽动型犯罪论处。

当行为人出于正当目的就公共事务发表观点时,更不得以犯罪论处。在民主社会里,公共意见或者公共决策的形成都需要公众的参与。互联网的兴起更是为广大民众提供了一个参政议政以及评判公共政策的良好平台,人民通过网络发表观点、参与政治生活、行使宪法规定的言论自由权,堪称公共意见自由形成的最好方式。事实上,我国政府与立法机关在制定、出台某些决策时也利用了这种方式。例如,立法机关在网络上曾公布《刑法修正案(九)》(草案)、《反恐怖主义法》(草案)等,其目的就在于听取国民的意见,任何人,不管其年龄、性别、种族、党派,都可以发表自己的看法。而互联网平台则可以借助强大的技术功能,轻而易举将民众的意见整合成强大的社会舆论,这是时代的进步,有益的看法,决策者可以采纳;无益的看法,决策者可以排除在外。互联网时代的到来也对政府的执政能力提出了更高的要求,政府应当对民众善意的批评建议给予更大的宽容,即使其言论具有一定的虚假或者夸大成分,其可罚性也应受到必要的限制,而不宜动辄将其治罪。例如,对政府言辞较为激烈的批评如果没有直接涉及颠覆国家政权的内容,不能轻易以煽动颠覆国家政权罪定罪处刑。

(二)对煽动型犯罪认定的相关问题予以明确

1.明确成立煽动型犯罪所针对的对象应当为不特定或者多数人

当煽动的对象为特定人或者少数人时,则不能以刑法所规定的六个特定煽动型罪名论处。当煽动行为针对的对象为个人时,该煽动行为所造成的后果相对比较有限,波及的范围是可以估量的。尤其是当特定个人并未实施行为人所煽动的相关行为或产生相应的心理状态,也没有造成大众心理上的恐慌,那么该煽动行为的社会危害性与针对不特定或者多数人所实施的煽动行为显然不可同日而语。对此,如果还认定为煽动型犯罪显然是不合适的。许多国家都出于保护公民相关宪法权利的考量,对针对个人的煽动行为不予惩罚。在我国,这种针对特定个人的"煽动"以教唆犯论处更为合适。

2.明确煽动行为的公开程度

刑法及相关司法解释并未明确指出煽动应当在怎样的环境下进行,作者认为,煽动应当在公共场所进行或具有相当的公开性,使得其发布的煽动信息得以传递给不特定或者多数人,这时才能认为煽动行为具有紧迫危险。例如,借助微博平台、QQ群、微信群等社交平台进行煽动的,由于发生在网络公共平台上,相当于公共场所,即便实时关注者只有三五人,也不影响其煽动行为的认定。现实中还存在很多以大规模向不特定公众随机发送电子邮件等手段进行煽动的情形,但其涉及的对象也是不特定或者多数人,依然不影响煽动行为的性质。有学者主张,在煽动分裂国家罪以及煽动颠覆国家政权罪中,应当考察被煽动对象的具体身份,如果被煽动的对象是在政治或军事上具有特殊身份的人,他们在接受煽动的内容后可能会对重大法益直接造成毁灭性的损害,煽动行为与目标行为之间距离很短,故而可以不具有公开性,发生在私人场合即可。对此种意见,作者并不认同,如果行为人仅在私人场合以特定的人为对象进行一对一的"洗脑",鼓动分裂国家罪或颠覆国家政权,可以考虑以教唆犯论处。

3.合理划定煽动型犯罪的既遂标准

如何判断煽动型犯罪是否具备了犯罪构成的全部要件,是否宣告完成,需要考虑煽动行为本身的危险程度,即该行为对法益是否具有现实的紧迫危险。煽动型犯罪不属于实害犯,即不以对法益造成的现实侵害作为处罚根据,而是属于危险犯。对于危险犯,还可以根据对法益侵害的危险大小,进一步划分为抽象的危险犯与具体的危险犯。抽象的危险犯中的危险是被法律拟制出的,只要行为人在某些特定条件下或者针对某种特殊对象实施不法行为,法律就拟制该行为存在危险状态,一般无须再对行为的危险性进行具体判断。例如,我国刑法中的生产、销售有毒有害食品罪,盗窃、抢劫枪支、弹药、爆炸物罪等罪名都属于抽象危险犯。而具体的危险犯中的危险,不仅要求行为存在危险状态,还要求该危险达到了一定程度,在司法上需要以行为当时的具体情况为根据,以一般的社会生活经验为基准,来认定行为对法益造成侵害的可能性。例如,我国刑法中的破坏交通工具罪、放火罪等罪名都属于具体危险犯。相较而言,刑法对抽象危险犯打击的力度更大,不需要像具体危险犯那样加以司法上的认定而直接认定为具有危险。

对于我国刑法所规定的六个煽动型犯罪的罪名,结合立法宗旨及司法实践中的具体情况,将其作为具体危险犯处理更为恰当。一是为避免刑法的介入过度提前。煽动型犯罪是由刑法对某些重大法益进行前置性的保护,将一些可能引发分裂国家、颠覆国家政权、滋生民族仇恨、引起民族歧视等极其严重后果的行为扼制在萌芽阶段,其本质是将预备行为实行化。如果再将煽动型犯罪划入抽象危险犯的范畴,就意味着刑法可能在保护某些特定法益时触角过分敏感、动辄伸出,将一些尚未具备法益侵害性或者具备相当危险性的行为也纳入刑法评价的范围,有违刑法的谦抑性原则。二是煽动行为仅是对他人的犯意起到引起或促成的作用,作用的对象是被煽动者的意志层面,它与实行行为和帮助行为有所不同,并不是直接实施特定的不法侵害或为该不法侵害提供物质帮助。煽动行为的作用仅在于引发被煽动者的犯意,煽动者期望出现的犯罪结果是无法依靠煽动行为自身加以实现的,在煽动行为与被煽动之罪被实施之间,阻隔着被煽动者自己的犯罪意志及实行行为两大要素,这两大要素才是最终决定是否造成犯罪结果的决定性因素。因此煽动行为本身对犯罪的支配力是比较有限的,对其处罚也应在一定程度上加以限制,而不是一味严苛。综上所述,在以煽动型犯罪对部分网络有害信息的发布者进行惩治时,认定其犯罪既遂应当结合具体案情综合考察煽动行为本身危险性的大小,即危险转化成实害的可能性,只有出现现实的、紧迫而具体的危险,才是煽动型犯罪成立既遂的前提。不同主体的表达方式是有差异的,有的选择明示,有的选择暗示;有的较为直接,有的相对间接,但无论具体方式如何,所传递的要素应当能够被受众所理解和接受。如果煽动行为人发表的网络有害信息的核心、主体部分隐含着煽动内容，并且这种隐藏的信息能够被表达的对象所接收到，并产生煽动的效果，例如，通过开脱罪名，隐瞒事实，美化、赞美煽动型犯罪所指向的目标等行为来引诱信息接收者去实施相关的实行行为等，属于煽动型犯罪的既遂；如果无法被不特定的或者多数的被煽动者所理解，不足以激发被煽动者的犯意或造成恐慌和混乱，则只能认定为煽动型犯罪的未遂。

二、破坏社会秩序的虚假信息刑法惩治之完善

（一）明确虚假恐怖信息与虚假信息的内涵及外延

首先，能否认定为信息，应结合"关联性""重大性"等核心特征具体判断。其次，"虚假恐怖信息"的范围不应无限扩张，恐怖性的本质特征必须坚守，并非所有影响社会安定、具有社会危害性的虚假信息都能被本罪所包容。从立法宗旨上看，编造、故意传播虚假恐怖信息罪不是口袋罪，即使重大疫情、灾情在恐怖性程度上也略低于恐怖信息。因此，在编造、故意传播虚假信息罪出台之后，原有司法解释的内容应立即废止。司法解释固然是应对传统犯罪异化、新型犯罪滋生的一种途径，但当某些犯罪的社会危害性已经达到即便扩张解释也难以规制之时，修正、完善刑事立法便成为必然。最后，"虚假信息"的范围应进一步扩大，如增加了险情、疫情、灾情、警情。但即便做扩张解释，面对日益严重的针对国家职能部门、国家领导人、社会不特定人、商品、单位的虚假信息依旧无能为力。因此，可在四类虚假信息之后增加"等"，为应对其他类型的虚假信息保留必要的解释空间，以期更加周延地保护法益。

（二）对传播虚假、有害信息的行为方式进行协调、统一规制

对于编造、故意传播虚假信息罪的客观要件规定，删除"在信息网络或其他媒体上"传播的限制，实现此类犯罪规定上的协调与统一。在信息网络或其他媒体上进行传播固然是立法者在网络时代、自媒体时代意图着重强调和打击的范围，但是，对于借助其他渠道传播虚假的险情、疫情、灾情、警情等虚假信息的，即使达到严重扰乱社会秩序或者造成严重后果的程度，却因为法条中对"传播"一词的限制性规定而无法适用。这种限制是没有必要的，因为通常情况下，

借助信息网络或者其他媒体传播,足以严重扰乱社会秩序,即使删除这一传播渠道的限制,也依然能够实现立法者的立法目的。

(三)秉持类型化立法的理念,理性增设与修改相关罪名

类型化最早由德国著名社会学家、政治学家、经济学家、哲学家马克斯·韦伯(Max Weber)提出并用于社会学的研究,继而对人文社会科学研究产生了重大影响,刑法各罪的设定就是类型化思维的运用,构成要件就是刑法所规定的犯罪类型。类型是对抽象概念的演绎和细化,也是对具体个案的抽象和概括,是一种介于抽象和具体、概念和个案之间的桥梁或者中点。因此也是落实罪刑法定原则的重要保障,类型化立法能充分弥补过分精细化立法和高度概括抽象立法的弊端,这一思维应始终贯彻在刑事立法的过程中。类型来源于生活事实,但并不是对具体事实的表述,而是归纳、概括,进而把握事实的本质和核心特征。因此,类型化的构成要件不是对具体案件的描摹,而是在规范目的之下,对具体案件的重要共同特征加以抽象,在这个过程包含立法者的选择与评价。

编造、故意传播虚假信息罪和编造、故意传播虚假恐怖信息罪,二者的区分仅在于"对象"的不同。之所以被设立为两个罪名,在于立法中过分关注微观具体的事实性因素,忽视了更深层次对事物本质的概括,这导致在罪名设置上的不协调以及司法适用中的左右摇摆。如虚假灾情和虚假疫情,同时具备虚假信息罪和虚假恐怖信息罪的特定要素,适用哪个罪名都会有疑义,都会出现评价不充分问题。作者认为,可以将编造、故意传播虚假信息罪和编造、故意传播虚假恐怖信息罪重新统合为一罪——编造、故意传播虚假信息罪。这样就不会再有罪名适用上的困境,类型的开放性、包容性也使得这一罪名能够涵盖虚假药品信息犯罪、虚假食品信息犯罪等其他虚假信息罪,更好地适应纷繁复杂的社会现象治理需要。同时,由于不同种类的虚假信息的社会危害性不同,因此可以根据虚假信息本身承载法益的重要程度、涉及的范围设置不同档的法定刑。一般普通的虚假信息适用基准法定刑,虚假恐怖信息适用加重法定刑,其他种类的虚假信息也能通过解释加以归类适用。

（四）对此类犯罪行为排除寻衅滋事罪的适用

1. 不能将网络空间与公共场所、公共秩序与公共场所秩序简单等同

《刑法》第二百九十三条第四款规定的是寻衅滋事"造成公共场所秩序严重混乱"，《网络诽谤解释》却将公共场所秩序直接替换为公共秩序。该司法解释的核心和目的是将网络空间的言行与现实空间的公共秩序对接起来，用原本规制现实行为的罪名来规制网络空间的言论行为，是传统空间犯罪向网络空间犯罪的一次大胆扩张。虽然有其积极意义，但是其解释内容的正当性和合理性却饱受质疑。

从文义及相关规范性文件来看，所谓"公共场所秩序"是指保证公众安全出入公共场所、尽情享用公共场所的设施及功能的公众行为准则和客观有序状态。这里的公共场所是供人们学习、工作、娱乐等活动的一切公共建筑物、场所及其设施的物理性空间。而"公共秩序"是指为维护社会共同生活所必需的秩序，既包括公共场所秩序，也包括非公共场所秩序。这一点在刑法条文和司法解释中都有充分体现。例如，《刑法》第二百九十一条"聚众扰乱公共场所秩序、交通秩序罪"，对公共场所进行了列举式规定：车站、码头、民用航空站、商场、公园、影剧院、展览会、运动场或者其他公共场所。2013 年的《关于办理寻衅滋事刑事案件适用法律若干问题的解释》也同样肯定了"公共场所"应当具备的物理性和公共性特征。事实上，公共秩序是公共场所秩序的上位概念，扰乱公共场所秩序，一定扰乱公共秩序，但是扰乱公共秩序，却并不一定会扰乱公共场所秩序。司法解释将公共场所秩序提升为公共秩序，如同将刑法条文中规定的"妇女"提升为"人"的概念一样，这是无法接受的。因此，无法轻易认定网络空间属于公共场所、网络秩序属于公共秩序，寻衅滋事罪也就无法轻易适用。

2. 网络空间秩序严重混乱的标准难以确定

《刑法》第二百九十三条第一款第四项所规定的寻衅滋事罪强调保护"公共场所秩序"，要造成"公共场所秩序"的混乱，行为人的行为须冲击公共场所原有的稳定有序的秩序，导致公共场所无法为公众提供正常的交往交流环境。这一项的法条表述为"在公共场所起哄闹事，造成公共场所秩序严重混乱"，前后使用了两次"公共场所"的概念，前者是指起哄闹事的场所，后者是指起哄闹事所造成的结果发生的场所。从体系解释的角度分析，两个"公共场所"之间应当具

有共体性与共时性,即在甲公共场所起哄闹事,继而造成甲公共场所秩序严重混乱。因此,对于编造虚假信息,或者明知是编造的虚假信息,仍在信息网络上散布,以寻衅滋事罪的规定模式来讲,也必须是造成网络秩序的混乱。然而,网络秩序的混乱如何界定? 仅有涉及该虚假信息的文章、视频、图片等信息的点击量、转发量、评论量巨大能说明网络秩序因此而混乱吗? 引发了网民的猜疑、议论、人心惶惶? 这似乎并不能认为是网络秩序本身的混乱,而是延展到了物理空间中,造成了现实社会秩序的混乱。这种无法界定的情况使得寻衅滋事罪的适用更加不具有合理性。

3."网络造谣""网络传谣"无法等同于现实空间的"起哄闹事"

"网络造谣""网络传谣"涉及的内容和领域颇广,有的涉及党政国家领导人,社会主义制度,政府决策,行政部门不作为、暴力执政,法院暗箱操作、不公正审判;有的则涉及赈灾黑幕,工程黑幕,明星、名人丑闻,偷孩子、割器官等虚假犯罪案件,五花八门。但这些虚假信息中的绝大部分,从性质上无法认定为起哄闹事,从主观心态上也未必是为了起哄闹事,在构成要件上并不吻合。

在《网络诽谤司法解释》公布之后不久,《刑法修正案(九)》就出台了规制网络虚假信息的专有罪名——编造、故意传播虚假信息罪。从虚假信息的范围来看,虽然编造、故意传播虚假信息的规制范围较小,仅为虚假的险情、疫情、灾情、警情四类,而网络型寻衅滋事则包罗万象。但在行为主体、行为方式、犯罪后果等方面,二者都高度相似,均为编造、在网络上故意传播虚假信息、造成公共秩序严重混乱。因此,对于编造、传播各类虚假信息、严重扰乱社会秩序的犯罪行为,应当全部纳入编造、故意传播虚假信息罪的处罚范围之中,寻衅滋事罪应退出惩治破坏社会秩序的虚假信息的舞台,从而维护刑法的权威性和科学性。

应当承认,社会上虚假信息泛滥不仅是个法律问题,更是个社会问题。虚假信息有其生存壮大的土壤,有其根深蒂固的社会环境,可以说有人类的地方,就有虚假信息,单靠刑法规制无法彻底解决问题,还需结合社会治理办法,如净化网络环境、加大普法宣传力度、提升网民素质、健全政府信息公开制度等措施,多措并举,共同发力。

三、破坏市场经济秩序的虚假信息刑法惩治之完善

(一)对欺诈发行股票、债券罪的犯罪主体进行增设

目前刑法中规定的欺诈发行股票、债券罪的行为对象仅包括四种,分别为招股说明书、认股书、公司债券募集办法和企业债券募集办法。实际上,在股票和公司、企业债券发行过程中,需披露的文件远不止以上四种文件。这些文件中,发行保荐书、上市保荐书、审计报告和法律意见书对于证券发行审核和投资者进行投资至为关键。以保荐书为例,保荐书由保荐人出具,根据《证券法》第二章和《保荐管理办法》第三章的规定,在证券的发行上市阶段,保荐人履行尽职推荐职责,为申请发行人合规上市提供保障。因此,保荐书是保荐人履行保荐职责成果的集中体现,保荐人作为市场中介组织的领头人,承接了地方政府遴选、甄别上市公司的职能。对于审核人和投资者来说,这些文件实际上起到了前置性审查的作用,中介组织在发行人的证券发行之前,做了层层筛选和审查,前置性审查的可取性不仅是因为中介组织会根据发行人的实际情况考虑是否与发行人签订协议,还因为中介组织需要对发行人提交文件的真实、准确和完整负责。从这个角度来看,保荐书、审计报告、法律意见书与招股说明书对于证券发行审核和投资者投资来说同样重要。

因此,应将提供上述重要文件的中介组织及其人员列为本罪的犯罪主体,同时也应扩大本罪的犯罪对象至包括发行人出具的招股说明书和中介组织出具的相关文件。这样可以加强中介组织的前置性审查,充分发挥市场而非公权力的力量监督发行人的证券发行过程。中介组织因为自身的职责而加强对发行人的审查力度,这本身是在利用市场规律对信用风险进行控制。

(二)明确欺诈发行股票、债券罪可以追究未遂形态

对于欺诈发行股票、债券罪能否追究未遂,核心点来自对一个问题的认识不同:刑法中“发行股票”是指发行股票的过程还是发行股票的结果。单纯对《刑法》第一百六十条进行文义解释并不能回应这一争议,而是要进行更为深入的论证。

首先,从现有规定中无法推出是否处罚未遂犯。发行股票是一个耗费时间

的过程,实践中发行人要经过多个阶段才能完成发行。而对《刑法》第一百六十条进行文义解释并不能有效回应"发行股票"是行为还是结果的争议。

其次,处罚未遂犯确有必要。在风险刑法适用的场景下,刑法适用的一个重要理念是把不可承担的风险控制在风险实际发生之前。在我国发行上市一体化的机制下,欺诈发行的证券一旦发行就意味着上市,产生的信用风险是投资者难以承受的,而目前刑法的其他规定又不能填补该罪未遂犯处罚的空白。因此,为将欺诈发行的信用风险控制在前期,在未遂阶段处罚欺诈发行股票、债券行为确有必要。

再次,根据《立案追诉标准(二)》第五条第二项的规定,"伪造、变造国家机关公文、有效证明文件或者相关凭证、单据"属于"其他严重后果",被列入该罪的追诉标准,但是伪造、编造国家机关公文的行为实际上发生在发行未完成前的阶段。可见,发行未完成前的过程中的发行行为也可被"其他严重后果"所涵盖。

最后,司法解释中不乏肯定行为犯、明确未遂犯的例子。诈骗罪、盗窃罪等其他多种犯罪也存在应理解为"过程"还是"结果"的争议。对此,最高司法机关都通过司法解释的形式对犯罪未遂的认定问题进行补正。例如,最高人民法院《关于审理诈骗案件具体应用法律的若干问题的解释》中明确了诈骗罪存在未遂,并且情节严重的诈骗未遂亦应承担刑事责任,从而昭示了"诈骗公司财物"属于"过程"而非"结果"。对于本罪,也可以用司法解释的形式明确该罪未遂犯的处罚。

(三)拓宽编造并传播证券、期货交易虚假信息罪的行为方式

编造并传播证券、期货交易虚假信息罪中,编造与传播行为之间并非其他罪名所采用的"或"的关系,而是"且"的关系,导致本罪的入罪标准最高,缩小了适用范围。从保持刑法条文的体系性方面来看,应将"编造并传播"修改为"编造、故意传播"。从保护法益方面来看,也应做此修改,以严密刑事法网,打击故意传播证券、期货交易虚假信息的行为,维护证券、期货交易秩序和投资者的合法权益。这一修改也能实现刑法和行政法相关规定的协调。2019年12月28日新修订的《证券法》第五十六条规定,"禁止任何单位和个人编造、传播虚假信息或者误导性信息,扰乱证券市场","编造、传播虚假信息或者误导性信

息,扰乱证券市场,给投资者造成损失的,应当依法承担赔偿责任"。其表述仅为"编造、传播虚假信息"。2007 年的《上市公司信息披露管理办法》第五十七条、2019 年的《非上市公众公司信息披露管理办法》也都采用了"编制、传播虚假信息"的表述,将两种行为方式相并列。此外,对"足以扰乱证券、期货交易市场"的理解需考虑定量和定性相结合的方法。

(四)调整编造并传播证券、期货交易虚假信息罪法定刑的配置

编造并传播证券、期货交易虚假信息行为经常会造成证券市场动荡不安、给股民造成重大经济损失、严重扰乱市场秩序。但本罪却只有一档法定刑,且刑罚偏轻,在法定刑设置上难以体现出罪刑相适应的原则。在罚金刑的设置上,不论是与《刑法》第一百八十一条第二款规定的诱骗投资者买卖证券、期货合约罪相比,还是与《证券法》的规定相比,都明显过轻,难以发挥刑法的惩戒和威慑作用。因此,应调整本罪的法定刑为:"编造、传播……,造成严重后果的,处五年以下有期徒刑或拘役,并处或者单处一万元以上十万元以下罚金;造成特别严重后果的,处五年以上十年以下有期徒刑,并处三万以上三十万以下罚金。"从而协调刑法各罪名之间及与其前置法《证券法》之间的关系。

(五)明确各类行为人能否以虚假广告罪追究刑事责任

1.欺骗性广告的发布者不属于本罪的广告主身份

从广义上看,虚假广告分为两种,一种是欺骗性广告,另一种是不真实广告。对于商品或者服务根本不存在而谎称能够提供的发布欺骗性广告者,其主观上存在着欺骗消费者的故意,其发布广告的行为目的不在于通过宣传促成交易行为,而是希望消费者基于错误认识而交付或处分财物。从法条表述看,构成虚假广告罪的广告主是"利用广告对商品或者服务做虚假宣传",也就意味着,成立本罪是有客观存在的商品或者服务的,只不过广告中对商品或服务做夸大事实的宣传,即对产品的质量、成分、性能、用途、生产者、有效期、产地、来源等情况,和对所提供的服务的质量规格、技术标准、价格等交易资料做出了无中生有或者夸大其词的宣传。因此,对于商品或者服务根本不存在而谎称能够提供的发布欺骗性广告者,应以诈骗罪论处。

2. 细致探讨第三方平台能否被认定为本罪的广告发布者

主体被认定为广告发布者,应该满足三个条件:第一是对广告内容有审查的客观条件;第二是有符合广告内容的存储平台;第三是有发布的行为。

(1)对于第三方平台将独家代理的广告发布权转让给他人的情况。虽然第三方网络平台是广告资源的所有权方,但是广告资源的经营权已经通过授权转让给他人。因此,第三方网络平台对广告最终的内容以及形式没有实质参与的过程,它既不是广告业务的承接方,也对广告内容没有修改权和决定权,因此,无法认定其为广告发布者。

(2)对于第三方平台仅提供空间支持的情况。如腾讯公司作为第三方平台的提供人,为一些公司、企事业单位、政府部门提供了微信公众号或微信账号服务。如果有商品推销者或者服务提供者通过认证申请取得微信公众号或微信账号后发布了虚假广告信息。由于行为人在账号认证申请过程中,以申请公函的形式承诺若其微信号内容违法,责任自行承担。双方已明确责任和义务,故可视为当事人以自媒体形式运作广告的制作和发布,应当自行承担法律责任,而不能要求第三方平台承担虚假广告罪的刑事责任。

(3)对于第三方平台仅提供技术支持的情况。新的广告发布模式 RTB("Real Time Bidding"的缩写,意为"实时竞价")的广告发布时间甚至已经缩短到了万分之一秒。但从物理模式看,第三方平台仅提供技术性服务手段,无法事前知道广告发布的内容,并没有真正参与广告发布的过程,故也不应认定为广告发布者。

3. 广告代言人也有以共犯身份成立本罪的可能性

新《广告法》之所以将广告代言人作为一个特殊主体纳入责任范围内,是因为广告代言人在提高商品或服务的知名度上存在特殊的优势。因此,广告代言人代言虚假广告,给消费者造成的危害性更大。广告代言人是向不特定对象推荐商品或者服务,应有审慎的义务。广告代言人虽然不是虚假广告罪的适格主体,但是其代言虚假广告的行为并非完全不可能构成虚假广告罪。如果该广告代言人明知所代言的产品或服务存在虚假的情况,却为了谋取非法利益而进行代言活动,其与其他虚假广告罪犯罪主体形成共同的犯罪故意,广告代言行为实质上是帮助行为,在情节严重的情况下,当然应以虚假广告罪进行刑事处罚。由于广告代言人只是起到了帮助作用,构成从犯,因此应当比照主犯从轻、减轻或者免除处罚。如果广告代言人虽明知所代言的产品或服务存在虚假的情况，但是未达到情节严重的标准，不构成本罪。但是其行为应当根据《广告法》等相关的法律法规承担民事责任和行政责任。如果该广告代言人已经尽了审查义务，但是由于受到其他主体的欺瞒或诱骗而未能发现广告的虚假性而进行代言活动的，其主观上并不具备犯罪的故意，不构成本罪。

四、诽谤他人的虚假信息刑法惩治之完善

（一）科学划定"散布"行为的打击半径

行为人未捏造虚假内容，但其实施散布行为时具备明知的故意，并造成严重的侵害后果的，刑法中应当对其进行有效规制。当然并不是要完全破除复合行为说，而是由于这种行为的特殊性和危害的严重性，可以将其认定为复合行为说的一种例外情形。虽然《网络诽谤解释》对网络诽谤行为中"明知而散布"的行为进行了规定，但是由于刑法中不能适用不利于行为人的类推解释，导致传统诽谤罪中"明知而散布"行为无法可循，所以，我国诽谤罪立法应当根据行为人的动机、所散布的内容、造成的后果对"明知而散布"的行为进行科学界定。

（二）增加单位为犯罪主体

对于诽谤罪的犯罪主体，我们应当充分考虑网络诽谤犯罪的复杂性及其与传统诽谤罪的不同之处来确定。诽谤罪的犯罪主体除了自然人之外，还应将单位纳入诽谤罪的规制范围。单位不可能只依靠几个自然人来运行，而是由几个部门协调运作，所以不能将单位犯罪简单地归于自然人的犯罪。因此，应在诽谤罪条款中增加对单位犯罪的处罚条款，对单位的处罚应当采取双罚制，追究单位责任的同时，对单位直接负责的主管人员和其他责任人进行处罚。因此，对于单位为自身利益捏造事实内容并对其虚假内容进行散布，企图损害他人名誉的，应当通过立法上对诽谤罪犯罪主体的增设，以单位犯罪加以制裁。对于互联网服务提供者来说，在网络上实行的诽谤行为，他们都是知情的，但是知情不报或为自身利益刻意隐瞒而放任诽谤信息蔓延，最终给受害人的名誉造成损害，也应当以单位犯罪追究其诽谤罪的责任。

（三）准确定性诽谤公职人员案件

国家公职人员由于其职业的特殊性，在被牵涉到一些虚假言论时，司法机关不能一味地将这类案件按照普通公民的标准进行办理。当普通百姓是出于对公职人员工作的不满而在网络上发表夸大失实的言论时，不能一概将这种言论当作诽谤内容。政府公职人员的身份与普通百姓不同，他们既是享有公民权利的社会大众，同时也是代表人民管理国家的一员，所以他们的工作难免与本身的身份结合在一起。当百姓对公职人员的工作提出批评时，即使其建议批评有不当之处，只要事出有因，而不是寻衅滋事，一般就不能被认为是对公职人员名誉的诽谤。具体可以参考美国最高法院在"纽约时报诉沙利文案"中设立的"实际恶意原则"，即当公共性言论与名誉权相冲突时，对公共性言论给予倾斜式保护。因此，当行为人对公职人员的工作发表意见时，即使可能因为夸大失真而使公职人员的名誉受损，但其能够认定属于公共性言论，则行为人就不能轻易因为发表的虚假信息而构成诽谤罪。

但这也不代表公职人员的名誉不受保护，当公民不是因为对公职人员工作不满，而是出于私下报复或者其他原因在网络上散布虚假言论，贬损公职人员名誉达到情节严重程度时，就应当承担诽谤罪的刑事责任。总之，我们应尽力鼓励普通公民监督国家公职人员权力的行使，同时也要保障公职人员作为普通公民时享有的名誉权。

（四）规范认定点击、浏览和转发次数

在传统的诽谤罪中，司法机关通常是根据受害人的生活和工作所受到的影响来判断是否达到情节严重的标准，然而这种对"情节严重"的判断方法由于对法官的自由裁量过于依赖，因此很容易出现同案不同判的情况。对此，应尽早出台相关的司法解释，将犯罪手段、虚假内容的性质、虚假事实的虚假程度、诽谤者的目的动机、实行诽谤行为次数、虚假信息传播范围、受害人名誉受损后给日常生活和工作带来的影响等方面纳入评价传统诽谤罪是否情节恶劣的考量范围。

而在网络诽谤行为中，诽谤内容的每一次点击、浏览或转发都有痕迹进行计算，大大方便了司法部门的工作，不仅提高了工作效率，也能做到不偏不倚，

公平对待每个诽谤罪案件。但在有关网络诽谤"情节严重"认定的司法解释中，过分机械地以数字，即"同一诽谤内容点击、浏览数量达 5 000 次或转发次数达到 500 次"作为标准，可能伴生着对行为人人权的侵害和法律上的不严谨。首先，应对相关司法解释做出适当调整，体现出对虚假信息发布的方式、平台的区分，以及实际对被害人名誉权损害的关注。其次，司法机关必须对网络诽谤案件中点击、浏览和转发次数进行侦查和筛选，实现数据的真实性。数据的筛选首先要将由网络平台设置问题而造成的重复数据去掉，例如同一位用户在这个平台上每一次浏览同样的内容都会导致次数的增加，在这种情形下，诽谤内容的浏览次数虽然增加了，但受害人的名誉却没有受到实际的影响。最后，还应去掉其他因素所导致的无效的浏览或转发次数，从而实现对行为人的主观恶性和客观危害性的真实评价。

五、骗取财物的虚假信息刑法惩治之完善

（一）对"两头骗"型案件进行准确定性

1. 严格区分"两头骗"案件中"民事欺诈"和"诈骗罪"的界限

对于前文所列举的案例，行为人隐瞒真实的目的骗取车辆的行为毫无争议地被认为构成诈骗罪。问题在于，行为人利用骗得汽车进行质押借款的行为究竟是构成诈骗罪还是属于"民事欺诈"行为。不可否认的是，行为人在"两头骗"的过程中都存在一定的欺骗因素。但是否只要存在欺诈行为，就一定会构成诈骗罪？未必如此。对"两头骗"案件中被告人行为性质准确定性的前提是正确区分民事欺诈和诈骗罪的界限。对此，应采用"综合分析方法"，从行为人的主观目的、行为方式、履约能力等方面，进行综合分析、比较之后再对被告人的行为性质做出判断。实际上，民事欺诈和诈骗罪区分的关键是行为人是否希望在建立民事法律关系后"无对价"地占有他人财物。例如，行为人在建立民事法律关系时根本就不具有履行的意思或者不具有履行的能力，在不支付对价或者履行合同约定一小部分义务后就完全占有对方财物。在这种情况下，合同只是行为人骗取对方财物所利用的工具，此时，应当认定其行为构成诈骗罪。而在民事欺诈中，行为人与当事人之间存在真实的民事法律关系，虽然交付的标的物存在一定瑕疵，但是行为人并不是无对价地占有他人的财产，行为人仍希

望履行合同谋取财产性利益。比较行为人交付财物和获取被害人财物的"客观价值"是区分民事欺诈和诈骗罪的关键标志,如果行为人交付的财物价值和获取被害人财物的客观价值大致相当,则不会构成诈骗罪,只会构成民事意义上的欺诈行为。

2."两头骗"案件中,后一阶段的行为属于"事后不可罚"行为

在前文为说明"两头骗"犯罪模式所举的案例中,被告人利用骗取的汽车质押借款的本质属于事后处分"赃物"的行为。在财产犯罪中,除了获得货币这一最为普通的种类物外,在非法获取其他物品以后,行为人一般都会通过"销赃"方式兑换成货币。但是,财产犯罪的本犯是不需要再认定为销赃罪或者掩饰、隐瞒犯罪所得、犯罪收益罪的,因为其在处分赃物时并没有侵害新的"法益",属于"事后不可罚"的行为。案例中,行为人以租车名义对汽车租赁公司实施了诈骗行为,取得了对汽车的非法占有后,可以认为第一个诈骗罪已经构成了犯罪既遂,犯罪数额应当认定为骗取汽车的财产价值。后面行为人将汽车进行质押借款的行为只不过是对第一个犯罪所得"赃物"的处分行为。虽然被告人隐瞒了车辆系其诈骗所得,并利用其向他人质押借款的行为属于欺诈行为,但是就借款和汽车的客观价值比较而言,债权人则不存在任何实质的财产损失。并且行为人利用骗取汽车质押借款的行为也没有侵犯到任何新的法益,因此将骗取汽车质押借款的行为并不会构成诈骗罪,而是属于"事后不可罚"的行为。

(二)对"不知情交付"类案件的思辨

1."处分意识必要说"更具合理性

在"不知情交付"类型的案件中,仅从案件的形式上来看,行为人实施了一定欺诈行为,被害人因此转移财产占有的行为貌似符合了诈骗罪的特征,但是深入分析则不难发现,"不知情交付"类型的案件中,被害人交付财产的行为并非基于其内在的自由意志所实施。学界通常认为,区分盗窃罪和诈骗罪关键在于对被害人"处分意志"的判断。相较而言,处分意识必要说更有助于保障诈骗罪逻辑构造的严密性。行为人对"不知情交付"部分的财产并无处分给被告人的意识。行为人在转移财产的占有时缺乏诈骗罪成立所必备要素,因此不构成诈骗罪。其占有被害人财产的结果是因为其采用了秘密窃取的手段,违背被害人内在的自由意志所得,因此构成盗窃罪。此外,在"盗、骗交织"取财型犯罪的

场合,处分意识必要说可以准确区分"占有转移"和"占有迟缓"。"占有转移"是指被骗人在将自己占有的财物交给他人时,主观上具备完全自由的意识状态,在此场合下,行为人转移财产占有和处分意识具有内在的逻辑关系。而"占有迟缓"是指被骗人虽然将财物现实地交付给了他人占有,但是根据其本意以及一般社会观念来看,他人也只是形式上暂时占有财物,权利人主观上并无转移所有权的意思。

2."处分意识必要说"之下又形成了"严格论"与"缓和论"的立场,继而会对"不知情交付"类案件得出不同的定性结论。

实际上,即使坚持"处分意识必要说"的观点,但是如果对其中被害人处分意识的内容的理解不同的话,则会得出不同的结论。如果在认定诈骗罪中"处分意识"时,对被害人主观上处分意识的内容采用了"严格论"的立场,即认为只有被害人在处分财产时对交付对象、价格、数量等方面具有了全面的认识,才能认定被害人在主观上存在财产"处分意识"。由于通常无法认定被害人具有处分意识,因而也就无法对行为人以诈骗罪追究刑事责任,而只能认定其行为构成盗窃罪。而按照"缓和论"立场来判断,被害人虽然对一部分财产没有意识到占有关系的转移,但是从整体行为来看,被害人对财产的整体的占有转移具有处分意识,只不过被告人的欺骗行为导致被害人对其交付财物的整体的价值产生了一定的错误认识,因此可以认定被害人对财产具有处分行为和处分认识,行为人的行为构成诈骗罪。

(三)对"偷换他人收款二维码"案件应准确定性

对于偷换他人收款二维码并取得财物的,应以盗窃罪论处为宜。偷换他人二维码案中,主要的问题是判断被害人是收款方(商家)还是付款方(顾客),顾客转移的货款是属于谁占有。有观点认为,偷换二维码案的被害人应是顾客,理由是顾客是本案的被害人,顾客将钱款交付给了被告人而不是商家,由于错误履行了付款义务,因此负有再次支付钱款的义务。而作者认为,第一,使用二维码支付钱款是经过商家确认和认可的支付方式,一旦完成了付款行为,则该民事交易行为即告终结,二维码被偷换的风险应由商家承担,顾客无须承担退货或者赔偿责任。商家是危害行为直接指向的主体,也是最终财产遭受损害的主体,所以原收款人(商家)是被害人。第二,在顾客向商家展示支付结果时,债权已由顾客转移给了商家。商家对支付款已经建立了占有,这里的占有不是现金,而是财产性利益,即对顾客的债权,行为人取得的是商家占有的应收账款。综上,因为作为被害人的商家与行为人之间没有对具体财产决策事项进行沟通,商家自始至终没有参与到犯罪过程中,商家不知晓行为人的行为,也就没有认识错误,更不可能错误处分财产,因此不成立诈骗罪。行为人是通过秘密偷换二维码的方式,在顾客付款的同时转移了商家对顾客的债权为自己占有,构成盗窃罪。

六、淫秽信息刑法惩治之完善

(一)坚持"淫秽"定义的严格标准

2004 年 7 月,《最高人民法院、最高人民检察院、公安部关于依法开展打击淫秽色情网站专项行动有关工作的通知》中表示,"淫秽色情网站传播的淫秽色情信息是腐朽文化的突出表现,与加强社会主义精神文明完全背道而驰。开展打击淫秽色情网站专项行动,是加强社会主义精神文明建设的必然要求,是保护青少年身心健康的迫切需要,是实现和维护广大人民群众根本利益的重要举措。"可见,对淫秽色情网站传播的淫秽色情信息加以治理,是对腐朽文化的摒弃,也是为了精神文明建设和维护社会风尚。但这并不意味着对于"淫秽"要做扩大解释,并非所有带有淫秽内容的信息都可以被判定为淫秽信息,有些虽具有淫秽色情性质,本质上可能粗鄙不雅,但仍然应该受到言论自由的保障,而不应以相关刑事犯罪论处。在对具体作品进行认定时,不能仅从具有性描写就妄下结论,而应始终坚持整体性、客观性和关联性相统一。首先,要看性描写在作品中的比重,如果作品含有大量与主题无关的性描写,则有违作品创作的初衷,也失去了其艺术内涵,应认定为淫秽作品。其次,要看是否为表现主题思想所必需。最后,要看作品本身的科学艺术价值对性描写的淡化程度如何。一般而言,艺术作品蕴含的艺术价值绝非浮于表面,艺术的光辉是超越现实而存在的,倘若该作品中的性描写仅是无端刺激人的性欲,则就亵渎了艺术的精髓,而是具有淫秽性的存在,视为淫秽信息。如果出于保护未成年人健康成长的考虑,避免其性观念的形成受到网络淫秽色情的负面影响,应当考虑借鉴国外的影视作品分级制度,对于限制级的影片不允许未成年人观看或者必须由父母陪同观看,做出适当指引。或者在网络上设置成年人封闭空间,以实现成年人性信息需求的满足与保护未成年人之间的平衡,而不是通过盲目扩大对淫秽信息的认定范围而实现。

(二)妥善处理淫秽电子信息的数量认定问题

首先,对于淫秽视频、音频文件、淫秽文章等淫秽电子信息个数、件数的计算,原则上应当以自然的个数、件数为准,而不需要合并或者拆分。这是由于无论是时长较长的淫秽视频、音频或篇幅较长的淫秽文章,还是时长较短的、篇幅较短的,只要满足了认定视频、音频、文章的基本要素,都能带给观看者诲淫性的刺激,就都应当在数目上独立认定。况且,对淫秽电子信息进行合并或者拆分,在技术上过于烦琐,而且合并或拆分以何种标准为限也缺乏统一的标准,实际操作的可能性不高。但在量刑时可以将文件大小、影响范围、获利多少以及社会危害程度等内容作为量刑情节加以考量。此外,在极个别案件中,查获的各视频、音频、文章等确实为拆分而来,而且所拆分的各部分时长、篇幅极短,根据拆分后的数目定罪量刑明显过重的,可以考虑合并后予以认定。其次,对于查获的淫秽图片中由一组图片或多张图片构成的,其数目确定应当根据每张图片的内容具体加以判断,其中具体描绘性行为或者露骨宣扬色情的即可认定为一张,之后计算自然的张数。而对一组图片中的正常图片则不参与图片数目的统计。最后,对于境外淫秽网站的网络点击数,如果确实无法直接获取点击数的,首先应当考虑通过文件数量、违法所得等其他标准定罪量刑。如果上述内容也无法适用的,可以通过该淫秽网站、网页上显示的点击数来对网络点击数加以认定。

(三)对不同情况下的网络淫秽视频聊天予以准确定性

网络淫秽视频聊天是一种笼统的概括,在司法实践中可能表现为多种情况,这时就需要对网络环境下传播流媒体形式的淫秽信息的行为加以认定,结合具体案情,确定以哪种罪名认定更为妥当,更符合哪个罪名的本质属性。常见情形之一是多人在同一个网络聊天室内进行淫秽视频表演,聊天室内的每一个人都可以看到其他成员的表演。这种类似视频会议的模式通常是不收费的,会议室的管理员可以将聊天室设为开放,允许任何人随意参加,也可能设定一定的权限或密码,只有通过身份验证或者知道密码者方能登录。有时会有一人或多人作为主导和作为主持人,有时并没有严格的组织者和主持人,参与的人员往往也不固定,且通常不以牟利为目的。另一常见情形是,两个人利用私人聊天室或者一些即时通信软件进行付费单聊,一方支付费用观看表演,另一方收取费用提供表演。这些情况到底应当认定为何种罪名,在司法实践中存在一定争议,有观点认为,应当认定为传播淫秽物品牟利罪或者传播淫秽物品罪;有观点认为,应当认定为组织淫秽表演罪;还有观点认为,应当认定为聚众淫乱罪。对此,我们认为应当以组织淫秽表演罪论处更为合适。首先,传播淫秽物品牟利罪和传播淫秽物品罪都涉及所传播的内容是淫秽物品,所谓物品,可以是有形的形态,也可以是无形的、在网络空间流传的电子信息,但无论是有形还是无形,其应当具有可再现性,具有可被多人反复播放、传阅、观看的可能性,因此,对其加以传播的行为才足以影响社会秩序,才具有严重的社会危害性。但是,网络视频聊天采取的是实时视频聊天的形式,以视频流的形式传输给聊天室内的每一个人,相关的淫秽视频信息不能事后再现,即使办案人员收集作为证据的,也只是通过技术手段录制的视频文件,而不是视频聊天当时的原始形态。其次,聚众淫乱罪是指聚集众人进行集体淫乱活动的行为。淫乱活动,仅限于发生在现实生活中的身体淫乱活动,必须是以多人进行身体之间有接触的性行为或变相性行为为前提。这一点,虽然在法条中没有写明,但是是符合这个罪的立法目的的,也在民众的预期之内。因此,聚众淫乱不能包括聚众观看淫秽物品,也不包括聚众进行淫秽色情表演。因此,对于前述网络淫秽视频聊天行为,应当以组织淫秽表演罪论处更为恰当,接受刑罚惩罚的并不是所有在网络聊天室内参与聊天的人员,只有对聊天室的建设者、管理员、主持人等起到组织者作用的人才能认定为组织淫秽表演罪,其余的一般参与者以及单聊模式下的观看者和表演者通常不应当以刑事犯罪论处。

此外,并未面向社会整体,而是在家庭成员、亲朋好友等特定亲密关系的网民之间私下进行的网络聊天,即使具有暴露的内容或者大尺度的言行,但是由于不存在特定的组织者,也没有进行传播或扩散,因而不需要接受刑罚处罚。由此可见,对于淫秽色情型网络有害信息制造和传播中涉及的各方主体是否构成犯罪,构成何种犯罪,也需要具体加以分析。对于组织者,如网站设立者、维护者和色情表演组织者等,根据其是否以营利为目的、是否情节严重等加以判断;对于被组织者,如进行淫秽表演或线下卖淫者,一般进行治安管理处罚;对于网民,积极参与和转发淫秽色情信息者,可以视情节考虑能否认定为传播淫秽物品罪;而那些只是浏览、观看、下载的网民则通常不以刑事犯罪论处。

参 考 文 献

[1]《总体国家安全观干部读本》编委会. 总体国家安全观干部读本[M]. 北京：人民出版社,2016.

[2] 张明楷. 刑法学[M]. 5 版. 北京：法律出版社,2016.

[3] 高铭暄,马克昌. 刑法学[M]. 8 版. 北京：北京大学出版社,2017.

[4] 张明楷. 刑法格言的展开[M]. 3 版. 北京：北京大学出版社,2013.

[5] 刘仁文. 网络时代的刑法面孔[M]. 北京：社会科学文献出版社,2017.

[6] 刘会霞. 网络犯罪与信息安全[M]. 北京：电子工业出版社,2014.

[7] 于冲. 网络刑法的体系构建[M]. 北京：中国法制出版社,2016.

[8] 戴长林. 网络犯罪司法实务研究及相关司法解释理解与适用[M]. 北京：人民法院出版社,2014.

[9] 于冲. 域外网络法律译丛·刑事法卷[M]. 北京：中国法制出版社,2015.

[10] 黄波,刘洋洋. 信息安全法律法规汇编与案例分析[M]. 北京：清华大学出版社,2012.

[11] 全国人大常委会法制工作委员会刑法室. 中华人民共和国刑法修正案（九）解读[M]. 北京：中国法制出版社,2015.

[12] 汉斯·海因里希·耶赛克,托马斯·魏根特. 德国刑法教科书[M]. 徐久生,译. 北京：中国法制出版社,2001.

[13] 山中敬一. 刑法各論[M]. 2 版. 東京：成文堂,2005.

[14] 涂子沛. 大数据：正在到来的数据革命,以及它如何改变政府、商业与我们的生活[M]. 桂林：广西师范大学出版社,2012.

[15] 胡昌平. 信息管理科学导论[M]. 修订版. 北京：高等教育出版社,2001.

[16] 王世洲,郭自力,张美英. 危害国家安全罪研究[M]. 北京：中国检察出版社,2012.

[17] 姚建军. 中国商业秘密保护司法实务[M]. 北京：法律出版社,2019.

[18] 周铭川. 侵犯商业秘密罪研究[M]. 武汉：武汉大学出版社,2008.

[19] 毛玲玲. 金融犯罪的实证研究:金融领域的刑法规范与司法制度反思
    [M].北京:法律出版社,2014.

[20] 汪东升. 个人信息的刑法保护[M].北京:法律出版社,2019.

[21] 皮勇、王肃之. 智慧社会环境下个人信息的刑法保护[M].北京:人民出版
    社,2018.

[22] 马民虎. 欧盟信息安全法律框架:条例、指令、决定、决议和公约[M].北
    京:法律出版社,2009.

[23] 班克庆. 煽动型犯罪研究:以宪法权利的保障为视角[M].北京:法律出版
    社,2013.

[24] 赵文胜. 论信息安全的刑法保障[D].武汉:武汉大学,2014.

[25] 杨溯. 大数据时代信息安全的刑法保护问题研究[D].长沙:中南林业科技
    大学,2016.

[26] 李源粒. 大数据时代信息安全的刑法保护[D].北京:中国政法大学,2014.

[27] 罗建波. 以总体国家安全观构建中国特色国家安全道路[J].中国井冈山
    干部学院学报,2020,13(4):31 – 37.

[28] 孙建国. 坚定不移走中国特色国家安全道路:学习习近平主席总体国家安
    全观重大战略思想[J].求是,2015(5):53 – 56.

[29] 于志刚,李源粒. 大数据时代数据犯罪的制裁思路[J].中国社会科学,
    2014(10):100 – 120,207.

[30] 皮勇,王启欣. 论信息化环境中核心国家秘密泄露危险的刑法规制[J].江
    汉论坛,2015(12):119 – 124.

[31] 王倩云. 人工智能背景下数据安全犯罪的刑法规制思路[J].法学论坛,
    2019,34(2):27 – 36.

[32] 赵秉志,徐文文. 论我国编造、传播虚假信息的刑法规制[J].当代法学,
    2014,28(5):3 – 15.

[33] 卢英佳. 法国网络空间安全治理体系[J].电子技术与软件工程,2019
    (10):209 – 210.

[34] 王新雷. 英国信息安全法律法规建设情况[J].中国信息安全,2013(2):
    63 – 65.

[35] 安会杰. 德国信息安全法律法规建设情况[J].中国信息安全,2013(2):

60 – 62.

[36] 王康庆,蔡鑫.日本网络信息安全战略体系实证研究及启示[J].辽宁警察学院学报,2017,19(2):13 – 19.

[37] 李彦.俄罗斯互联网监管:立法、机构设置及启示[J].重庆邮电大学学报(社会科学版),2019,31(6):59 – 72.

[38] 高德胜,王瑶,金玉.信息主权视域下的信息犯罪问题规制[J].行政与法,2016(12):122 – 128.

[39] 李锡海.信息犯罪的类型、特点及控制对策[J].河南省政法管理干部学院学报,2010,25(3):112 – 117.